Augsburger Rechtsstudien

Herausgegeben im Auftrag der
Juristischen Fakultät der Universität Augsburg von

Professor Dr. Arnd Koch
Professor Dr. Thomas M. J. Möllers
Professor Dr. Matthias Rossi

Band 79

Univ.-Prof. Dr. med. Manuela Dudeck/
Prof. Dr. Johannes Kaspar/
Prof. Dr. Michael Lindemann (Hrsg.)

Verantwortung und Zurechnung im Spiegel von Strafrecht und Psychiatrie

Nomos

Die Deutsche Nationalbibliothek verzeichnet diese Publikation in
der Deutschen Nationalbibliografie; detaillierte bibliografische
Daten sind im Internet über http://dnb.d-nb.de abrufbar.

ISBN 978-3-8487-1178-9 (Print)
ISBN 978-3-8452-5329-9 (ePDF)

1. Auflage 2014
© Nomos Verlagsgesellschaft, Baden-Baden 2014. Printed in Germany. Alle Rechte, auch
die des Nachdrucks von Auszügen, der fotomechanischen Wiedergabe und der Übersetzung, vorbehalten. Gedruckt auf alterungsbeständigem Papier.

Vorwort

Der Umgang der Gesellschaft mit »abweichendem Verhalten« bildet den Gegenstand sowohl des Strafrechts als auch der Psychiatrie. Hier wie dort geht es um den Bruch von geschriebenen oder ungeschriebenen Regeln des sozialen Zusammenlebens und um die Frage, wie Staat und Gesellschaft darauf angemessen reagieren sollten. Darüber hinaus ist beiden Disziplinen gemeinsam, dass ein möglicher Freiheitsentzug und damit ein schwerwiegender Grundrechtseingriff im Raume steht, der nur unter engen, rechtsstaatlich klar bestimmten und einer unabhängigen Überprüfung zugänglichen Voraussetzungen in Betracht kommt. Der Fall »Mollath« hat gezeigt, wie sehr die Furcht vor einer möglicherweise unberechtigten Freiheitsentziehung die Menschen bewegt – eine Gefahr, die auch bei Sicherungsverwahrten oder Strafgefangenen besteht, für diesen Personenkreis jedoch deutlich zurückhaltender in der Öffentlichkeit thematisiert wird.
In beiden Bereichen finden überdies Abgrenzungs- und Ausgrenzungsprozesse statt, die sich auch durch nachhaltige Bemühungen der beteiligten Akteure wohl kaum ganz vermeiden, sondern bestenfalls in ihrer stigmatisierenden Wirkung abmildern lassen. Es geht um die »Anderen«, die »Fremden«, um Personen, deren Verhalten die Allgemeinheit entsetzt oder jedenfalls irritiert und das Bedürfnis nach staatlicher Intervention entstehen lässt.
Unterschiede ergeben sich zumindest idealtypisch im Hinblick auf den Adressatenkreis der in Betracht kommenden strafrechtlichen Sanktionen. Mit echter Kriminalstrafe belegt werden nur Personen, die ihre Taten schuldhaft begangen haben. Bei Menschen mit gravierenden psychischen Störungen, die gem. § 20 StGB ihre Einsicht- oder Steuerungsfähigkeit aufheben, steht das Schuldprinzip einer Strafe entgegen. Hier kommen als sog. Maßregeln der Besserung und Sicherung lediglich eine Unterbringung in der Psychiatrie (§ 63 StGB) oder in einer Entziehungsanstalt (§ 64 StGB) in Betracht. Diese stationären Maßregeln markieren eine Schnittstelle zwischen Strafrecht und Psychiatrie: Es geht neben der Sicherung um Besserung bzw. Therapie, aber im Rahmen einer strafrechtlichen Sanktion im weiteren Sinn.
Im Ausgangspunkt lassen sich beide Sanktionsformen mit ihren Zielgruppen also eindeutig unterscheiden – hier der voll schuldfähige Straftäter,

dort der psychisch Kranke, der für sein Handeln strafrechtlich nicht zur Verantwortung gezogen werden kann, »mad or bad« sozusagen. Tatsächlich sind die Übergänge jedoch fließend: Der gem. § 21 StGB verminderт Schuldfähige kann sowohl bestraft als auch im Maßregelvollzug untergebracht werden, und in der neuen Rechtsprechung und Gesetzgebung zur Sicherungsverwahrung und Therapieunterbringung hat sich eine Zwischenkategorie der »psychischen Störung« herausgebildet, die in ihren Voraussetzungen noch nicht abschließend geklärt ist.

In diesem Spannungsfeld von großer aktueller Bedeutung bewegen sich die Beiträge im vorliegenden Sammelband. Es handelt sich (mit Ausnahme des Gastbeitrags von *Stefan Orlob*) um Vorträge, die im Wintersemester 2013/2014 an der Universität Augsburg im Rahmen einer von uns gemeinsam veranstalteten Ringvorlesung gehalten wurden. Es ging uns darum, die zentralen Kategorien der Verantwortung und der Zurechnung sowohl aus strafrechtlicher als auch aus psychiatrischer und medizinethischer Sicht zu beleuchten, wobei neben der Erörterung der theoretischen Grundlagen auch Erfahrungen aus der gutachterlichen und anwaltlichen Praxis einfließen sollten.

Heinz Schöch erläutert in seinem einführenden Beitrag die rechtlichen Grundlagen der Sanktionierung schuldunfähiger und vermindert schuldfähiger Straftäter. Die Aufgaben und Probleme des Sachverständigen bei der Begutachtung von Straftätern werden von *Stefan Orlob* dargestellt. *Heiner Fangerau* thematisiert die medizinethische Problematik der Behandlung von psychisch Kranken in einer geschlossenen Unterbringung; *Manuela Dudeck* beleuchtet die psychobiologischen Grundlagen und Therapiemöglichkeiten bei Gewaltdelinquenz insbesondere in den Fällen einer antisozialen Persönlichkeitsstörung. Anhand des Falles »Mollath« stellt *Johannes Kaspar* die Maßregel der Unterbringung gem. § 63 StGB sowie die in diesem Bereich aktuell diskutierten Reformen vor. Der Umgang des Rechtssystems mit »querulatorischen« Eingaben samt seiner verfassungsrechtlichen Implikationen wird von *Michael Lindemann* thematisiert. Die auch für die Praxis sehr relevante Frage der Zulässigkeit einer Zwangsbehandlung im Maßregelvollzug wird von *Tilman Steinert* aus psychiatrischer Sicht geschildert; *Katrin Höffler* zeigt in ihrem kriminologischen Beitrag auf, dass in diesem Bereich noch Bedarf für empirische Forschung besteht. *Rüdiger Deckers* nimmt schließlich Stellung zum Umgang der Verteidigung mit psychowissenschaftlichen Gutachten.

Unser erklärtes Ziel war und ist es, nicht nur die Kolleginnen und Kollegen aus der Wissenschaft, sondern gezielt auch Studierende und eine interessierte Öffentlichkeit für dieses Thema zu sensibilisieren und zum

Nachdenken anzuregen über den richtigen gesellschaftlichen Umgang mit »abweichendem Verhalten«. Dabei wurde bewusst ein interdisziplinärer Ansatz gewählt: Strafrecht, Kriminologie und Forensische Psychiatrie stehen nicht isoliert nebeneinander, sondern sind als Teile der »Gesamten Strafrechtswissenschaft« aufeinander bezogen. Das macht einen wissenschaftlichen Austausch zwischen den Vertretern der genannten Fachrichtungen unerlässlich – auch diesem Ziel dient der vorliegende Sammelband.

Danken möchten wir den Mitarbeiterinnen und Mitarbeitern am Augsburger Lehrstuhl von Prof. Dr. Johannes Kaspar, die sich mit großem Einsatz an der Erstellung des vorliegenden Bandes beteiligt haben, insbesondere Herrn stud. iur. Philipp Schmidt sowie Frau stud. iur. Samantha Mayinger und Frau Michaela Braun.

Prof. Dr. Manuela Dudeck
Prof. Dr. Johannes Kaspar
Prof. Dr. Michael Lindemann

Inhalt

Vorwort   5

Heinz Schöch
Schuldfähigkeitsbeurteilung und strafrechtliche Sanktionen bei
psychisch Gestörten   11

Stefan Orlob
Begutachtung im Maßregelvollzug – Aufgaben und Probleme   39

Heiner Fangerau
Medizin und geschlossene Unterbringung: Von der Spannung
zwischen ärztlicher Ethik und gesellschaftlichem Auftrag   73

Manuela Dudeck
Die psychobiologischen Grundlagen und Therapieoptionen von
Gewaltdelinquenz anhand der antisozialen Persönlichkeitsstörung   87

Johannes Kaspar
Der Fall Mollath und die Folgen – zur Reform der Unterbringung
in einem psychiatrischen Krankenhaus gem. § 63 StGB   103

Michael Lindemann
Pathologischer Rechtsmissbrauch oder verdienstvoller
»Kampf um`s Recht«? – Zum Umgang des Rechtssystems mit
»querulatorischen« Eingaben   135

Inhalt

Tilman Steinert
Die Zwangsbehandlung im Maßregelvollzug und in der klinischen
Psychiatrie nach den Entscheidungen des
Bundesverfassungsgerichtes   167

Katrin Höffler
Kriminologische und rechtstatsächliche Überlegungen zur
Zwangsbehandlung in der Psychiatrie   193

Rüdiger Deckers
Verteidigung und Psychosachverständige   205

Verzeichnis der Autorinnen und Autoren   225

Stichwortverzeichnis   227

Schuldfähigkeitsbeurteilung und strafrechtliche Sanktionen bei psychisch Gestörten

Heinz Schöch

I. Schuldfähigkeit im deutschen Strafrechtssystem

Im deutschen Strafrecht wird – wie in fast allen neueren Rechtsordnungen – die Strafbarkeit eines Verhaltens von der Schuldfähigkeit des Täters abhängig gemacht. Das Gesetz geht bei Personen ab dem 18. Lebensjahr davon aus, dass sie schuldfähig sind, weshalb in § 20 StGB die Schuldunfähigkeit als Ausnahme von der Regel formuliert wird.[1] Kinder gelten bis zum vollendeten 14. Lebensjahr generell als schuldunfähig (§ 19 StGB) und Jugendliche vom vollendeten 14. Lebensjahr bis zum vollendeten 18. Lebensjahr als bedingt schuldfähig, d.h. die Schuldfähigkeit muss in jedem Fall gesondert festgestellt werden (§ 3 JGG).

Jeder erwachsene Mensch ist grundsätzlich als verantwortliches Mitglied der Rechtsgemeinschaft zu behandeln, solange seine Ansprechbarkeit gegenüber Normen nicht widerlegt oder erschüttert ist. § 20 verlangt keine positive Feststellung der Schuld eines Menschen in einem bestimmten Einzelfall, sondern nur die Prüfung, ob Störungen vorliegen, welche die Schuldunfähigkeit begründen können.[2] Die Schuldfähigkeit bedarf nur einer näheren Prüfung, wenn Umstände behauptet werden oder erkennbar sind, die ihren Ausschluss oder ihre Verminderung möglich erscheinen lassen.[3]

Das Erfordernis der Schuldfähigkeit als Voraussetzung für die individuelle Zurechnung tatbestandsmäßigen und rechtswidrigen Verhaltens hat Verfassungsrang. Es folgt nach der Rechtsprechung des *BVerfG* aus der in Art. 1 GG garantierten Menschenwürde und dem in Art. 20 III GG nor-

---

[1] *Schöch*, Die Schuldfähigkeit, in: Kröber/Dölling/Leygraf/Sass (Hrsg.), Handbuch der Forensischen Psychiatrie, Band 1, 2001, 58.
[2] *Hassemer*, Verantwortlichkeit im Strafrecht, in: Roth/Hubig/Bamberger (Hrsg.), Schuld und Strafe, 2012, 7, 16.
[3] *Schöch*, in: Leipziger Kommentar,12. Aufl., 2007, § 20 Rn. 31; OLG Düsseldorf NStZ-RR 96, 134.

mierten Rechtsstaatsprinzip.⁴ Auch wer – wie *Johannes Kaspar* in seiner Habilitationsschrift – das Schuldprinzip bei der Begrenzung des Strafrechts und der Strafzumessung durch den Verhältnismäßigkeitsgrundsatz ersetzen will, akzeptiert die mit der Schuld gemeinte normative Ansprechbarkeit als Voraussetzung für die präventive Sinnhaftigkeit der Sanktionierung.⁵

II. Strafrechtliche Schuld und Willensfreiheit

Strafrechtliche Schuld bedeutet »subjektive Zurechnung normabweichenden Verhaltens«.⁶ Der *BGH* hat in einer seiner ersten Entscheidungen im Jahr 1952 Schuld als »Vorwerfbarkeit«⁷ bezeichnet und dies mit einem klaren Bekenntnis zur Willensfreiheit verbunden: »Der innere Grund des Schuldvorwurfs liegt darin, dass der Mensch auf freie, verantwortliche, sittliche Selbstbestimmung angelegt und deshalb befähigt ist, sich für das Recht und gegen das Unrecht zu entscheiden … , solange die Anlage zur freien sittlichen Selbstbestimmung nicht durch die in § 51 StGB genannten krankhaften Vorgänge vorübergehend gelähmt oder auf Dauer zerstört ist«.⁸

Dies hat die damals führenden forensischen Psychiater der Heidelberger Schule um *Kurt Schneider* dazu veranlasst, bei den Gutachten zur Schuldfähigkeit die letztlich entscheidende Frage nach der Einsichts- und Steuerungsfähigkeit des Täters nicht zu beantworten, weil sie ein Bekenntnis zur wissenschaftlich nicht beweisbaren Willensfreiheit des Menschen voraussetzte.⁹ Inzwischen hat aber die Strafrechtswissenschaft klargestellt, dass strafrechtliche Schuld keine Entscheidung über die weder beweisbare noch widerlegbare Willensfreiheit voraussetzt. Nach der heute in der Literatur führenden Definition ist Schuld »unrechtes Handeln trotz normativer

---

4   BVerfGE 20, 323, 331; 45, 259; 91, 27; 96,104; *Roxin*, Strafrecht, Allgemeiner Teil, Band II, 4. Aufl., 2006, § 3 Rn. 52.
5   *Kaspar*, Verhältnismäßigkeit und Grundrechtsschutz im Präventionsstrafrecht, 2014, 270 ff.
6   *Schreiber/Rosenau*, Rechtliche Grundlagen der psychiatrischen Begutachtung, in: Venzlaff/Foerster (Hrsg.) Psychiatrische Begutachtung, 5. Aufl., 2009, 81.
7   BGHSt – GS – 2, 194, 200.
8   BGHSt 2, 194, 200 f.
9   *Schneider*, Die Beurteilung der Zurechnungsfähigkeit, 4. Aufl., 1961, 16, 18.

Ansprechbarkeit«.[10] Dem Täter wird im Schuldvorwurf vorgehalten, dass er sich für das Unrecht entschieden hat, obwohl er sich rechtmäßig hätte verhalten können. Bei der normativen Ansprechbarkeit handelt es sich um ein praktisches Postulat, das den Bedürfnissen des sozialen Zusammenlebens entspricht und das durch die tägliche Erfahrung im Leben der Menschen bestätigt wird. Man spricht deshalb vom pragmatisch-sozialen Schuldbegriff, der auf den Vergleich des konkreten Täters mit dem Durchschnittsmenschen abstellt, dem wir im sozialen Leben die Verantwortlichkeit für sein Verhalten zuschreiben.[11] Diesen Vergleich kann auch ein Determinist anstellen, der nicht an die Willensfreiheit glaubt. Legitimiert wird diese Verantwortlichkeit für sein Tun und Unterlassen im Übrigen durch das subjektive Freiheitsbewusstsein jedes Menschen.[12]

Diese Schuldkonzeption wird auch durch die moderne Hirnforschung nicht widerlegt. Im Anschluss an das Experiment von *Libet* zu den im EEG messbaren Gehirnaktivitäten vor einem Handlungsentschluss[13], vertreten allerdings einige Protagonisten dieser Forschung einen neurophysiologischen Determinismus, der angeblich dem Prinzip persönlicher Schuld die Grundlage entziehen soll.[14] Natürlich können die Erkenntnisse der modernen Hirnforschung und die dabei entwickelten bildgebenden Verfahren dazu beitragen, die in § 20 StGB genannten forensisch relevanten Störungen differenzierter zu erfassen[15] und Diagnose und Therapie psy-

---

10 *Roxin* (FN. 4), § 19 Rn. 36; *Schreiber/Rosenau* (FN. 6), 83; *Merkel*, Ist Willensfreiheit Voraussetzung strafrechtlicher Schuld?, in: Roth/Hubig/Bamberger (Hrsg.), Schuld und Strafe, 2012, 39, 55 f.
11 *Schöch* (FN. 3) § 20 Rn. 19 f.; Streng, in Münchener Kommentar zum Strafgesetzbuch, 2. Aufl., 2011, § 20 Rn. 20; *Hassemer* (FN. 2), 14.
12 *Schöch* (FN. 3), § 20 Rn. 22 f.; *Burkhardt*, Freiheitsbewusstsein und strafrechtliche Schuld, in: FS Lenckner, 1998, 1 ff.
13 *Libet*, A testable field theory of mind-brain interaction, J. Consciousness Studies I, 1994, 119 ff.
14 *Roth*, Willensfreiheit, Verantwortlichkeit und Verhaltensautonomie des Menschen aus der Sicht der Hirnforschung, FS Lampe, 2002, 43, 57; *Roth*, Fühlen, Denken, Handeln. 2. Aufl., 2003, 536 ff.; *Roth,* Gewalttäter – böse oder psychisch kranke Menschen, in: Roth/Hubig/Bamberger (Hrsg.), Schuld und Strafe, 2012, 89, 94 ff.; *Singer*, Conditio humana aus neurobiologischer Perspektive, in: Elsner/Schreiber (Hrsg.), Was ist der Mensch?, 2002, 143, 194; *Prinz*, Freiheit oder Wissenschaft?, in: Cranach/Foppa, Freiheit des Entscheidens und Handelns, 1996, 86, 98.
15 *Müller*, Forensische Psychiatrie zwischen Psychopathologie und Neurowissenschaften, in: Roth/Hubig/Bamberger (Hrsg.), Schuld und Strafe, 2012, 59, 63, insbesondere auch bei Persönlichkeitsstörungen.

chisch kranker oder gestörter Menschen zu verbessern.[16] Aber die Erkenntnis, dass unseren Entscheidungen messbare biochemische Reaktionen im Gehirn vorausgehen, sagt nichts darüber, ob diese frei sind oder nicht.[17]

III. Aufbau der §§ 20, 21 StGB

In §§ 20, 21 StGB wird die Schuldfähigkeit nicht positiv formuliert, sondern es werden Umstände genannt unter denen sie ausnahmsweise nicht gegeben ist.

Für die Bestimmung der Schuldfähigkeit legt das Gesetz eine zweistufige bzw. zweistöckige »psychisch-normative Methode« zugrunde.[18] Teilweise wird diese ungenau noch als »biologisch-psychologisch« bezeichnet.[19] Auf der ersten Stufe wird das Vorliegen einer psychischen Störung anhand der vier Eingangsmerkmale des § 20 StGB geprüft; auf der zweiten Stufe geht es um die Frage, ob der festgestellte psychopathologische Zustand auch Auswirkungen auf die Einsichtsfähigkeit oder Steuerungsfähigkeit des Täters hatte. Der Täter muss als Folge seiner geistigen oder seelischen Störung unfähig sein, das Unrecht der Tat einzusehen oder nach dieser Einsicht zu handeln.

Der deutsche Gesetzgeber hat sich, anders als viele ausländische Gesetze, bei der Reform im Jahr 1975 für eine »Einheitslösung« entschieden, d.h. die §§ 20, 21 StGB setzen die gleichen psychischen Merkmale voraus. Die Unterscheidung zwischen Ex- und Dekulpation erfolgt ausschließlich über die auf der zweiten Stufe vorzunehmende Wertung, ob der Täter zur Tatzeit aufgrund der Störung unfähig (§ 20 StGB) oder vermindert befähigt (§ 21 StGB) war, das Unrecht der Tat einzusehen oder nach dieser Einsicht zu handeln. Mit der Aufnahme der »schweren anderen seelischen Abartigkeit« wollte der Gesetzgeber keine neuen Normen setzen, sondern der Entwicklung der Rechtsprechung zu § 51 StGB a. F. Rechnung tragen. Diese hatte schon seit längerem den klassischen klinisch-psychiatrischen Krankheitsbegriff, nach dem Krankheit nur beim Vorhandensein eines körperlichen Prozesses vorliegen sollte und der insbesondere von der

---

16 *Nedopil*, Das Infragestellen der Schuld und ihre Folgen, in: Roth/Hubig/Bamberger (Hrsg.), Schuld und Strafe, 2012, 65, 71.
17 *Schöch* (FN. 3), § 20 Rn. 26; *Roxin* (FN. 4), § 19 Rn. 44 f.
18 *Jescheck/Weigend*, Lehrbuch des Strafrechts, Allgmeiner Teil, 5. Aufl., 1996, § 40 III 1, FN. 19; *Schreiber/Rosenau* (FN. 6), 84 m.w.N.; *Streng* (FN. 11), § 20 Rn. 15.
19 *Lackner/Kühl*, StGB, 27. Aufl., 2011, § 20 Rn. 1.

Schule *Kurt Schneiders* vertreten wurde[20] aufgegeben, weil die u.U. gravierenden psychischen Auswirkungen schwerer Persönlichkeitsstörungen, Neurosen und sexuellen Störungen nicht adäquat erfassbar waren.[21]
Es handelt sich aber nicht um eine juristische Hilfskonstruktion für psychiatrisch-psychologisch unhaltbare Wertungen. Vielmehr folgte die Rechtsprechung und damit die jetzige Fassung des § 20 StGB der neueren psychiatrischen Krankheitslehre, die den rein somatisch-psychiatrischen Krankheitsbegriff durch einen klinisch-syndromatologischen Krankheitsbegriff ersetzt hat, der auf der Wahrnehmung psychopathologischer Syndromkomplexe beruht und diese nach bestimmten Konventionen, insbesondere nach Qualität und Schweregrad der Störung, als krankhaft bezeichnet. Durch diese Erweiterung der Eingangsmerkmale ist die juristische Klassifizierung der seelischen Störung weniger problematisch geworden; dafür liegen die gravierenden Probleme jetzt bei der Beurteilung der Befunde auf dem 2. Stockwerk, bei der Bewertung der Intensität und Tatrelevanz der Störung.[22]

IV. Biologisch-psychologische Ebene

Bei der Einordnung der psychopathologischen Befunde in eines der vier Eingangsmerkmale des § 20 StGB hat sich in den letzten 25 Jahren immer stärker die Verwendung der internationalen psychiatrisch-psychologischen Störungsklassifikationen durchgesetzt. Am meisten verbreitet sind heute der durch die Weltgesundheitsorganisation (WHO) entwickelte Diagnoseschlüssel ICD-10 (International Classification of Diseases, 10. Revision)[23] und das von der American Psychiatric Association herausgegebene DSM-IV (Diagnostic and Statistical Manual of Mental Disorders, 4. Edition).[24] Dabei handelt es sich um systematische Zusammenstellungen von Krank-

---

20 *Schneider* (FN. 9); *Witter*, Allgemeine und spezielle Psychopathologie, in: Göppinger/Witter (Hrsg.), Handbuch der forensischen Psychiatrie, Band I, 1972, 471 ff.
21 Vgl. zur Reformgeschichte *Rasch/Konrad*, Forensische Psychiatrie, 3. Aufl., 2004, 63 ff.; *Venzlaff*, Methodische und praktische Probleme bei forensisch-psychiatrischer Begutachtung, in: Venzlaff/Foerster (Hrsg.), Psychiatrische Begutachtung, 3. Aufl., 2000, 69 f.
22 *Schöch*, Schuldfähigkeit, in: Kaiser/Schöch, Kriminologie, Jugendstrafrecht, Strafvollzug, 7. Aufl., 2010, 52 m.w.N.
23 Vgl. die Übersicht bei *Schneider/Frister/Olzen,* Begutachtung psychischer Störungen, 2009, 52 ff.
24 Vgl. die deutsche Übersetzung von *Saß/Wittchen/Zaudig* 2001; *Saß/Wittchen/Zaudig/Houben* 2003.

heitsbildern, die anhand von Kriterienkatalogen operationalisiert wurden und dadurch auch mittels standardisierter Erhebungsverfahren überprüfbar sind. Auf diese Weise soll die Transparenz, Objektivität und Vergleichbarkeit psychiatrischer Diagnosen erhöht und eine bessere Verständigung unter Fachleuten ermöglicht werden.[25] Zwingend vorgeschrieben ist dies aber nicht. Ob der sachverständige ICD-10-Befund unter ein Eingangsmerkmal des § 20 StGB subsumiert werden kann, ist eine juristische Frage, die letztlich allein das Gericht entscheidet.

Die Zitierung eines ICD-10-Befundes ersetzt auch nicht die erforderlichen Feststellungen zum Ausmaß der Störung[26] und zu deren strafrechtlicher Relevanz[27]. Andererseits hat die Rechtsprechung anerkannt, dass ein Befund nach ICD-10 in der Regel auf eine nicht ganz geringfügige Beeinträchtigung hinweist.[28] Wurde eine Persönlichkeitsstörung zutreffend einer Kategorie gemäß ICD-10 zugeordnet und außerdem als schwer eingestuft, so liegt es nahe, dass sie jedenfalls die Wirkung einer erheblichen Verminderung der Schuldfähigkeit im Sinne des § 21 StGB hat. Will der Tatrichter dennoch die Erheblichkeit dieser schweren seelischen Abartigkeit verneinen, so hat er dies näher zu begründen.[29] Die Anforderungen hierfür sind nicht gering.

1. Krankhafte seelische Störung[30]

Hierunter fallen diejenigen Defekte, die nach dem überkommenen psychiatrischen Verständnis als »Krankheit« angesehen werden, also alle auf einer nachweisbaren oder wenigstens vermuteten körperlichen Ursache beruhenden psychischen Störungen.

a) *Zur ersten Gruppe, den sog. exogenen Psychosen, gehören u.a.:*

- psychische Störungen nach Hirnverletzungen, -infektionen und erkrankungen (z.B. Hirntumore oder Enzephalitis)

---

25 Vgl. *Nedopil/Müller,* Forensische Psychiatrie, 4. Aufl., 2012, 126-130.
26 BGH NStZ 1997, 383.
27 BGH NStZ 2005, 205 ff.
28 BGHSt 37, 397, 400 f.; NStZ-RR 1998, 188 ff.
29 BGH NStZ-RR 1998, 188.
30 Übersichten in Anlehnung an *Schöch* (FN. 22), 52 f.

- senile und präsenile Psychosen (z.B. arteriosklerotische Demenz oder Alzheimer-Krankheit)
- Alkohol-, Drogen- oder Medikamentenintoxikation; der Alkoholrausch stellt medizinisch eine reversible Intoxikationspsychose dar. Teilweise wird jedoch der Rauschzustand wegen vergleichbarer Auswirkungen als tiefgreifende Bewusstseinsstörung bezeichnet, ohne dass dieser rein begriffliche Streit praktische Konsequenzen hätte.[31] Quantitativ gesehen ist der Alkohol die »kriminologisch bedeutsamste Droge«.[32]
- psychotische Folgen von Alkohol- und Drogenabhängigkeit (z.B. Delir oder Korsakow-Syndrom)
- intellektuelle Minderbegabungen mit organischer Ursache (z.B. bei intrauteriner, geburtstraumatischer oder frühkindlicher Hirnschädigung)
- vorübergehende organische Psychosen (wie etwa Psychosen infolge von Stoffwechseldefekten oder epileptische Verwirrtheits- oder Dämmerzustände)
- genetisch bedingte Erkrankungen (wie Down- und Klinefelter-Syndrom)

b) *Zur Gruppe der Störungen mit postulierter somatischer Ursache, den sog. endogenen Psychosen, rechnet man:*

- schizophrene Psychosen, die in paranoider (wahnhafter), katatoner (bewegungsabnormer) oder hebephrener (läppisch-alberner) Form vorkommen. Die häufigste Form ist die paranoide Schizophrenie, bei der Wahnvorstellungen und Halluzinationen das Krankheitsbild bestimmen. Das Gewaltdelinquenzrisiko ist bei Schizophrenen im Verhältnis zur Allgemeinbevölkerung um das Drei- bis Zehnfache erhöht.[33]
- affektive bzw. (phasische) Psychosen (teilweise als Gemütskrankheit oder Zyklotomie bezeichnet), wobei zwischen monopolar-zyklischem (Depression oder Manie) und bipolar-zyklischem Verlaufstyp unterschieden werden kann.

---

31 Vgl. S/S-*Lenckner/Perron*, StGB, 28. Aufl., 2010, § 20 Rn. 13, 16.
32 *Rasch/Konrad* (FN. 21), 223; zur Rolle des Alkohols bei Tötungsdelikten *Verrel*, Schuldfähigkeitsbegutachtung und Strafzumessung bei Tötungsdelikten, 1995, 77.
33 *Nedopil/Müller* (FN. 25), 184.

2. Tiefgreifende Bewusstseinsstörungen

Mit diesem Begriff werden die sog. »normalpsychologischen«, d.h. beim gesunden Menschen auftretenden, nicht organisch bedingten Trübungen oder Einengungen der Wahrnehmungs- und Erlebnisfähigkeit aufgrund akuter Belastungsreaktion bezeichnet:

- affektive Erregungs- und Ausnahmezustände: nach BGHSt 11, 20, 25 »wie ein Blitz aus heiterem Himmel«. Typisch sind fehlende Tatvorbereitung und Sicherungsmaßnahmen, wobei die Reizauslösung oft vom Opferverhalten abhängt.[34]
- Übermüdungs-, Erschöpfungs- und Dämmerzustände (sehr selten)

3. Schwachsinn

Da Intelligenzdefekte mit bekannter körperlicher Ursache bereits zu den »krankhaften seelischen Störungen« zählen, wird mit dem Schwachsinn i.S.d. § 20 StGB die angeborene Intelligenzschwäche ohne Organbefund erfasst. Üblicherweise wird nach den Schweregraden der Behinderung zwischen Debilität, Imbezillität und Idiotie unterschieden.

4. Schwere andere seelische Abartigkeit

Mit diesem Oberbegriff hat der Reformgesetzgeber die in ihrer rechtlichen Bewertung seinerzeit so umstrittenen psychischen Auffälligkeiten erfasst, die nach bisherigem Erkenntnisstand[35] nicht auf einem organischen Prozess beruhen und nicht unter das 2. und 3. Eingangsmerkmal subsumiert werden können.[36] Bei den im Folgenden aufgezählten psychischen Defekten, insbesondere den Persönlichkeitsstörungen, Neurosen und psychogenen Reaktionen, handelt es sich nicht um trennscharfe Diagnosebegriffe, vielmehr ist die Abgrenzung im Einzelfall problematisch und teilweise vom wissenschaftlichen Standort des Sachverständigen abhängig.[37]

---

34 Einzelheiten im Kriterienkatalog zur Affektbeurteilung bei *Saß*, Affektdelikte, Nervenarzt 54 (1983), 557-572.
35 Problematisch im Hinblick auf biologische und neurophysiologische Besonderheiten bei bestimmten – vor allem dissozialen – Persönlichkeitsstörungen (vgl. *Nedopil/Müller* (FN. 25), 220).
36 Vgl. S/S-*Lenckner/Perron* (FN. 31), § 20 Rn. 19.
37 *Streng*, Strafrechtliche Sanktionen, 3. Aufl., 2012, Rn. 853.

- **Persönlichkeitsstörungen**, früher meist als Psychopathien bezeichnet, beschreiben in ihren Temperaments- und Charaktermerkmalen besonders auffällige Persönlichkeitsstrukturen, die sich vor allem durch ein tiefgreifend abnormes, meist dissoziales Verhaltensmuster auszeichnen, das andauernd ist, bereits in Kindheit oder Jugend beginnt und sich im Erwachsenenalter manifestiert. Hieraus resultiert eine starke forensische Relevanz.[38] Für die Betroffenen selbst sind mit der Störung erhebliche subjektive Leiden und deutliche Leistungseinschränkungen verbunden.
- **Neurosen** (neurotische Störungen) stellen erlebnisbedingte psychische Fehlentwicklungen dar, die in der frühen Kindheitsentwicklung verwurzelt sind und die sich in seelischen und/oder körperlichen Symptomen manifestieren (z.B. Angst- und Zwangsneurosen, psychosomatische Erkrankungen, sexuelle Funktionsstörungen).[39]
- **Belastungsreaktionen** (abnorme Erlebnisreaktionen, psychogene Reaktionen) bezeichnen Anpassungsstörungen in Bezug auf spätere außergewöhnliche Belastungen, wie sie z.B. als reaktive Depression bei schicksalhaften Konflikten in der Familie, in einer Partnerbeziehung oder im Berufsleben auftreten können.[40] Bei Opfern von schweren Straftaten oder Naturkatastrophen spricht man von posttraumatischer Belastungsstörung.
- **Sexuelle Verhaltensabweichungen und Störungen**, die oft auch als Paraphilien oder Störungen der Sexualpräferenz bezeichnet werden[41] (z.B. Fetischismus, Pädophilie, Sadismus).
- **Süchte** (auch als Abhängigkeiten bezeichnet) sind eine besondere Form der Persönlichkeitsveränderung. Hierunter fallen **Alkohol-, Drogen- und Medikamentenabhängigkeit**, soweit sie (noch) nicht zu einer körperlichen Abhängigkeit (dann exogene Psychose) geführt haben. Problematisch sind in diesem Zusammenhang die nicht stoffgebundenen Süchte.[42] In ICD-10 und DSM-IV werden sie in Abgrenzung zu den stoffgebundenen Süchten als eigene Kategorie der abnormen Gewohnheiten und Störungen der Impulskontrolle betrachtet. Dennoch ist ihre Bedeutung für die Schuldfähigkeit umstritten. Zu

---

38 Instruktiv BGHSt 42, 385 ff. m. kritischer Anm. *Kröber/Dannhorn* NStZ 1998, 80 ff.
39 *Nedopil/Müller* (FN. 25), 200 ff.
40 *Rasch/Konrad* (FN. 21), 278; *Nedopil/Müller* (FN. 25), 202 ff.
41 *Nedopil/Müller* (FN. 25), 245.
42 *Rasch/Konrad* (FN. 21), 291, 301 ff.

ihnen zählt man u.a. das »pathologische Spielen«[43], die »pathologische Brandstiftung« (Pyromanie) und das »pathologische Stehlen« (Kleptomanie).[44] Trotz ihrer Aufnahme in ICD-10 und DSM-IV wird weitgehend bestritten, dass diesen Begriffen überhaupt ein einheitliches Syndrom zugrunde liegt.[45] Den Störungen ist aber gemein, dass diese abnormalen Gewohnheiten ohne vernünftige Motivation und meist zum Schaden des Betroffenen oder anderer Menschen durchgeführt werden.

- **Wahnhafte Störungen** (z.B. Verfolgungswahn, Eifersuchtswahn, hypochondrischer Wahn oder Querulantenwahn). Die Diagnose ist hier besonders schwierig, weil im Gegensatz zur Schizophrenie Denkstörungen, Antriebstörungen oder psychomotorische Auffälligkeiten fehlen.

5. Häufigkeit diagnostizierter Störungen bei vorsätzlichen Tötungsdelikten

Verrel hat 151 niedersächsische und hamburgische Schwurgerichtsverfahren untersucht und dabei festgestellt, dass bei den diagnostizierten Störungen Alkohol-, Drogen-und Medikamentenmissbrauch mit 37 % am häufigsten vorkam, affektive Erregungs- und Ausnahmezustände mit 25,6 % und Persönlichkeitsstörungen mit 15,6 %.[46] Schizophrene Psychosen spielten zwar nur in 3,1 % eine Rolle, sind aber gegenüber ihrem Bevölkerungsanteil deutlich überhöht.

V. Einsichts- und Steuerungsfähigkeit als Merkmale des 2. Stockwerks

Das Vorliegen einer oder mehrerer Störungen führt nur dann zur Exkulpation oder Dekulpation, wenn dadurch die Fähigkeit aufgehoben oder erheblich vermindert war, »das Unrecht der Tat einzusehen oder nach dieser Einsicht zu handeln« (intellektuelle bzw. voluntative Komponente der Schuldfähigkeit). Der psychopathologische Zustand muss sich also ur-

---

43 Vgl. dazu BGH NStZ 1989, 113.
44 Hierzu aus empirischer Sicht *Foerster/Knöllinger,* StV 2000, 457 ff.; restriktiv BGHSt 49, 365, 369 ff. nur bei gleichzeitigen gravierenden Persönlichkeitsveränderungen, die in ihrem Schweregrad einer krankhaften seelischen Störung gleichwertig sind; noch enger *Schöch* (FN. 3), § 20 Rn. 165.
45 Kritisch z. B. *Nedopil/Müller* (FN. 25), 239 ff.; *Rasch/Konrad* (FN. 21), 301 ff.
46 *Verrel* (FN. 32), 108.

sächlich auf die Einsichts- oder Steuerungsfähigkeit ausgewirkt haben.[47] Es reicht aus, wenn eine der beiden Fähigkeiten beeinträchtigt ist. Der *BGH* beanstandet es sogar, wenn die Rechtsfolge der §§ 20, 21 StGB gleichzeitig auf mangelnde Einsichts- und Steuerungsfähigkeit gestützt wird, weil dann die Gefahr besteht, dass die verschiedenen Ebenen vermengt werden. Wer nicht einsichtsfähig ist, kann sein Verhalten auch nicht nach dieser Einsicht steuern. Nur wenn der Täter einsichtsfähig war, ist zu fragen, ob seine Steuerungsfähigkeit aufgehoben oder reduziert war.[48] Die Unterscheidung kann im Einzelfall schwierig sein, darf aber regelmäßig nicht offen bleiben.[49]

1. Einsichtsfähigkeit

Allerdings kommt der Ausschluss der Einsichtsfähigkeit nur selten vor, z.B. bei schwerwiegenden intellektuellen Einbußen oder bei psychotischen Realitätsverkennungen[50], während die anderen Störungen bei vorhandener Unrechtseinsicht in der Regel erst beim Ausschluss oder der Beeinträchtigung der Steuerungsfähigkeit relevant werden.

Einsichtsfähigkeit ist die Fähigkeit des Täters, das Unrecht der begangenen Tat einzusehen. Die Unfähigkeit, das Unrecht der Tat einzusehen, ist gleichbedeutend mit einem unvermeidbaren Verbotsirrtum gemäß § 17 StGB. Nach einer verbreiteten Ansicht soll daher § 20 StGB insoweit für die Exkulpation des Täters keine selbständige Bedeutung haben, da er bezüglich der Einsichtsfähigkeit nur einen besonderen Anwendungsfall des umfassenderen Verbotsirrtums darstelle.[51] Diese Auffassung ist zwar bezüglich der Schuldunfähigkeit richtig, jedoch ist die Unterbringung in einem psychiatrischen Krankenhaus oder in einer Entziehungsanstalt nur möglich, wenn die fehlende Unrechtseinsicht auf den biologisch-psychologischen Voraussetzungen des § 20 StGB beruht, nicht aber bei bloßer Verbotsunkenntnis.[52] Deshalb kann auch bei Einsichtsunfähigkeit die Zuordnung zu einem der Eingangsmerkmale des § 20 StGB nicht unterbleiben.

---

47 BGH NStZ 1991, 527 f.; BGH StV 1986, 14.
48 BGH NStZ 1991, 528, 529; BGH NStZ-RR 2006, 167 f.
49 BGH NStZ 2005, 205 ff.
50 *Rasch/Konrad* (FN. 21), 73; *Nedopil/Müller* (FN. 25), 41.
51 BGH MDR 1968, 854; S/S-*Lenckner/Perron* (FN. 31), § 20 Rn. 4, 27.
52 *Schreiber/Rosenau* (FN. 6), 98.

Die Einsichtsfähigkeit ist jeweils im Hinblick auf die konkrete Tatbestandsverwirklichung festzustellen. So kann ein leicht Schwachsinniger das Unrecht eines Raubes oder einer Körperverletzung durchaus noch einsehen, während ihm dies hinsichtlich von Betrug oder Urkundenfälschung fehlen kann.

2. Steuerungsfähigkeit

In den meisten Gutachten geht es um die Steuerungsfähigkeit. Sie ist ausgeschlossen, wenn der Täter auch bei Aufbietung aller Widerstandskräfte zu einer normgemäßen Motivation nicht imstande ist.[53] Die Beurteilung der Steuerungsfähigkeit erfordert eine detaillierte Analyse der Tatumstände, z.B. des Verhaltens vor, während und nach der Tat, der Beziehung zwischen Täter und Opfer und der handlungsleitenden Motive.[54] Die Anforderungen an die Steuerungsfähigkeit »sind umso höher, je schwerer das in Rede stehende Delikt ist.«[55]

Insbesondere bei Tötungsdelikten nimmt die Rechtsprechung eine höhere Hemmschwelle an[56], erhöht also die Anforderungen für ausgeschlossene oder eingeschränkte Steuerungsfähigkeit. Der Ausschluss oder die Verminderung der Steuerungsfähigkeit ist im Hinblick auf das konkrete Tatgeschehen zu prüfen. An diesem Erfordernis scheitern trotz Vorliegens eines Eingangsmerkmals die meisten Ex- oder Dekulpationen. Sie werden in der Praxis am ehesten bei Psychosen oder hirnorganischen Veränderungen angenommen, während sie bei Persönlichkeitsstörungen oder Affekten selten bejaht werden.

---

53 BGHSt 14, 31, 32; 23, 176, 190; S/S-*Lenckner/Perron* (FN. 31), § 20 Rn. 29.
54 *Boetticher* et al. Mindestanforderungen für Schuldfähigkeitsgutachten, NStZ 2005, 57, 61.
55 BGHSt 43, 66,77; *Streng* (FN. 11), § 20 Rn. 66 m.w.N.
56 Siehe bspw. BGH NStZ 1990, 231. Die Bedeutung der Tötungshemmschwelle ist auch in der grundlegenden Entscheidung des BGH v. 22.03.2012 (4 StR 558/11, BGHSt 57, 183), nicht völlig verneint worden, sondern von einem – in der Praxis verbreiteten – formelhaften Argumentationstopos bei der Verneinung des voluntativen Elements des Tötungsvorsatzes zutreffend zu einem validen Abwägungsgesichtspunkt im Rahmen der freien richterlichen Beweiswürdigung gem. § 261 StPO qualifiziert worden.

3. Fall Mollath

Einige der bisher behandelten Probleme lassen sich am Fall Mollath verdeutlichen, der ja zu schweren Vertrauensverlusten in der Bevölkerung bezüglich psychiatrischer Begutachtung und deren Behandlung durch die Justiz geführt hat.[57]

Ob fehlerhafte Sachverständigengutachten oder unzureichende richterliche Verantwortung die Ursache für die bekannten Fehlentwicklungen waren, wird wohl nicht einmal das eingeleitete Wiederaufnahmeverfahren klären können. Vieles spricht dafür, dass ein oberflächliches Gutachten, auch bedingt durch die Mitwirkungs-Verweigerung des Herrn Mollath, die Basis für die zweifelhafte Annahme voller Schuldunfähigkeit und die Unterbringung in einem psychiatrischen Krankenhaus waren. Ob die Annahme paranoider Wahnvorstellungen, die im Wesentlichen mit den zahlreichen Anzeigen im sog. Schwarzgeldkomplex begründet wurden, richtig war, kann man als Außenstehender kaum beurteilen. Denn so abwegig, wie das gelegentlich behauptet wurde, ist es nicht. Immerhin wurde diese Diagnose später auch von renommierten Sachverständigen wie den Professoren *Kröber* und *Pfäfflin* bejaht. Es handelte sich um mehrere 100 Anzeigen, die u.a. auch an den Papst und den Bundespräsidenten gerichtet waren, so dass manches für den vorher erwähnten Querulantenwahn spricht. Die Tatsache, dass sich später bei drei oder vier von mehreren 100 Anzeigen ein Anfangsverdacht bezüglich Steuerhinterziehung auf Auslandskonten (also nicht auf Schwarzgeldgeschäfte) ergeben hat, spricht jedenfalls nicht dagegen.

Problematisch erscheint aber die volle Schuldunfähigkeit hinsichtlich der konkreten Taten, sofern sie wirklich begangen wurden, also bezüglich eines tätlichen Angriffs auf die Ehefrau und der Reifen-Stechereien. Das Landgericht Nürnberg-Fürth hat diese Beurteilung einfach vom Sachverständigen übernommen, der Mollath wegen dessen Weigerung nicht explorieren konnte. Es ist schwer nachvollziehbar, wieso sich dieser mögliche Wahn auf die Einsichts- oder Steuerungsfähigkeit bei der ganz anders gelagerten Körperverletzung und bei den Sachbeschädigungen ausgewirkt haben soll. Auch die Anwendung des Grundsatzes in dubio pro reo bezüglich der nicht ausschließbaren Schuldunfähigkeit begegnet erheblichen Bedenken, denn der Zweifelsgrundsatz darf nur bei Zweifeln bezüglich

---

57 Dokumente zum Verfahren gegen Gustl Mollath auf der Website von Mollaths Anwalt Gerhard Strate http://www.strate.net/de/dokumentation/index.html. (zuletzt abgerufen am 13.8.2014). S. zum Fall Mollath auch Kaspar (in diesem Band).

belastender Tatsachen angewendet werden, nicht bezüglich der Rechtsfrage, ob die Einsichts- oder Steuerungsfähigkeit ausgeschlossen oder vermindert war. Die maßgeblichen Tatsachen standen aber für das Gericht fest. Bei einer derart außergewöhnlichen Konstellation hätte man eine eigenständige Prüfung der Einsichts- und Steuerungsfähigkeit durch das Tatgericht erwarten können.

Äußerst problematisch erscheint mir auch die für die Unterbringung im psychiatrischen Krankenhaus erforderliche Gefährlichkeitsprognose. Mollath war zur Tatzeit 46 Jahre alt, bis dahin noch nie auffällig oder gar gewalttätig und stand jetzt erstmals wegen einer gefährlichen Körperverletzung und Sachbeschädigung vor Gericht.

Der 1. Senat des *BGH* konnte dies wohl deshalb nicht beanstanden, weil die Revision durch den Pflichtverteidiger unzureichend begründet war und nur die Beweiswürdigung des Gerichts angegriffen hatte.

Das alles sind freilich für Außenstehende Spekulationen. Sicher ist jedoch, dass die schematische Bejahung der weiteren Gefährlichkeit und der Verhältnismäßigkeit der stationären Unterbringung in einem psychiatrischen Krankenhaus bei den jährlichen Überprüfungen in den vergangenen sieben Jahren das eigentliche Skandalon darstellt. Verglichen mit dem bei gefährlicher Körperverletzung und Sachbeschädigung sonst üblichen Strafmaß hätte Mollath m. E. schon nach 2 bis 3 Jahren entlassen werden müssen.

4.   Die verminderte Schuldfähigkeit (§ 21 StGB)

Bei der erheblich verminderten Schuldfähigkeit ist der Täter noch fähig, das Unrecht der Tat einzusehen und nach dieser Einsicht zu handeln. Somit ist er verantwortlich und wird bestraft, allerdings mit der Möglichkeit der Strafmilderung gemäß § 49 StGB und zusätzlicher Unterbringung in einem psychiatrischen Krankenhaus bei Gefährlichkeit. Das Gesetz verlangt eine Erheblichkeit der Beeinträchtigung und will damit bloße Varianten der Normalität dem Anwendungsbereich der Vorschrift entziehen.[58] Abweichungen unterhalb der Erheblichkeitsschwelle verweist das Gesetz in die Strafzumessung. Als Rechtsfrage ist die Erheblichkeit – ohne Bindung an die Äußerung von Sachverständigen – vom Tatrichter in eigener Verantwortung zu beantworten.

---

58   *Schöch* (FN. 3), § 21 Rn. 18 f.

Nach Auffassung der Rechtsprechung führt die verminderte Einsichtsfähigkeit als solche nicht zu einer Strafmilderung gem. § 21 StGB, wenn dennoch die Unrechtseinsicht vorhanden war. Wenn sie aber bei verminderter Einsichtsfähigkeit völlig ausgeschlossen ist, so ist der Täter schuldunfähig gemäß § 20 StGB.[59] Nur wenn ihm Letzteres vorzuwerfen ist, wird § 21 StGB angewandt. Das widerspricht zwar dem Gesetzeswortlaut, ist jedoch aufgrund teleologischer und systematischer Auslegung im Hinblick auf die Regelungen des Verbotsirrtums richtig.

Bei Zweifeln, die allein die rechtliche Bewertung betreffen, ist der Grundsatz in dubio pro reo nicht anwendbar.[60] Wenn aber nach Ausschöpfung aller verfügbaren Beweismittel aus tatsächlichen Gründen Zweifel an der erheblichen Minderung der Schuldfähigkeit bestehen, so ist nach dem Zweifelsgrundsatz von verminderter Schuldfähigkeit auszugehen. Allerdings darf in diesen Fällen keine Unterbringung im psychiatrischen Krankenhaus oder in der Entziehungsanstalt erfolgen, weil diese ja nicht zugunsten des Täters verhängt werden, sondern belastend wirken.

Die typisierte Strafrahmenmilderung nach § 49 StGB ermöglicht z.B. beim Totschlag statt eines Strafrahmens von 5 - 15 Jahren Freiheitsstrafe einen solchen von 2 Jahren bis 11 Jahre und 3 Monate. Ob das Gericht davon Gebrauch macht, steht in seinem Ermessen. Wegen der verfassungsrechtlich gebotenen Orientierung am Schuldprinzip bzw. am Verhältnismäßigkeitsgrundsatz ist eine restriktive Handhabung des richterlichen Ermessens erforderlich, die den Milderungsverzicht auf seltene Ausnahmen beschränkt.[61] Solche Ausnahmen sind z.B. besonders erschwerende Tatmodalitäten und das Vorverschulden. Letzteres spielt insbesondere beim selbstverschuldeten Alkohol- oder Drogenrausch in den Fällen eine Rolle, in denen die actio libera in causa nicht eingreift, weil der Täter im Zeitpunkt des schuldhaften Sichversetzens in den Zustand verminderter Schuldfähigkeit noch nicht vorsätzlich bzw. fahrlässig im Hinblick auf die begangene Tat gehandelt hat.[62] Der *BGH* hat die Maßstäbe hierfür in den letzten Jahren so verschärft, dass eine Strafmilderung praktisch nur noch in Betracht kommt, wenn der Täter keinerlei Erfahrung mit alkoholbedingter Aggressivität hatte.[63]

---

59 BGHSt 21, 27, 28; 40, 341, 349.
60 *Schöch* (FN. 3), § 21 Rn. 19 ff.; *Koller*, Juristische Grundlagen, in: Müller (Hrsg.), Neurobiologie forensisch-relevanter Störungen, 2010, 26, 31.
61 *Schöch* (FN. 3), § 21 Rn. 43 ff.
62 *Schöch* (FN. 3), § 21 Rn. 49.
63 *Schöch* (FN. 3), § 21 Rn. 52 ff.; *Verrel/Hoppe*, Anmerkung zur Entscheidung des BGH v. 27.3.2003, Jus 2005, 308-311.

VII. Anwendungshäufigkeit

1. Alle Straftaten

Eine Verminderung der Schuldfähigkeit gem. § 21 StGB wird weitaus häufiger angenommen als deren völlige Aufhebung gem. § 20 StGB. Im Jahr 2011 wurden wie in den Vorjahren 0,09 % der Abgeurteilten exkulpiert, 2,6 % der Verurteilten dekulpiert. Der Höchststand bei der verminderten Schuldfähigkeit lag 2002 sogar bei 3,1 %. Die statistische Entwicklung seit 1975 hat gezeigt, dass der befürchtete Dammbruch jedenfalls bei den Exkulpationen ausgeblieben ist. Während vor der Reform 0,11 % aller Abgeurteilten exkulpiert wurden, waren es danach fast ein Jahrzehnt nur 0,05 %. Zurzeit sind es 0,09 %. Das sind weniger als vor 40 Jahren, aber doch etwas mehr als in den 80er Jahren. Demgegenüber sind die Dekulpationen im gleichen Zeitraum von 1,1 % auf 2,6 % aller Verurteilten gestiegen, also um mehr als das 2 ½-fache. Empirische Untersuchungen aus Niedersachsen[64], Bayern[65], Sachsen-Anhalt[66] und Baden-Württemberg[67] legen die These nahe, dass dies neben der Zunahme des Alkohol-, Drogen- und Medikamentenmissbrauchs vor allem auf der häufigeren Anwendung der schweren anderen seelischen Abartigkeit beruht, und hier vor allem auf dem weiten Konzept der Persönlichkeitsstörungen nach ICD-10 und DSM-IV, teilweise auch auf der häufigeren Anerkennung von Störungen der Sexualpräferenz als Paraphilien im Sinne dieser Klassifikationssysteme. Dies alles hat auch zu einer erheblichen Überlastung des Maßregelvollzugs auf das 3-fache der früheren Unterbringungszahlen beigetragen.[68] Immerhin gibt es Anhaltspunkte dafür, dass Sachverständige und Gerichte für die erhebliche Verminderung der Steuerungsfähigkeit in den genannten Fallkonstellationen seit 2002 wieder etwas strengere Maßstäbe anlegen.

---

64 *Verrel* (FN. 32), 108.; *ders.*, Die Anwendung der §§ 20, 21 StGB im Bereich der Tötungskriminalität, MschrKrim 77 (1994), 272 ff.
65 *Dölling*, Begutachtung der Schuldfähigkeit und Strafurteil; in: FS Kaiser 1998, 1337 ff.
66 *Marneros/Ullrich/Rössner*, Was unterscheidet psychiatrisch begutachtete von psychiatrisch nicht begutachteten Angeklagten?, Recht und Psychiatrie 1999, 117-119.
67 *Frädrich/Pfäfflin*, Zur Prävalenz von Persönlichkeitsstörungen bei Strafgefangenen, Recht und Psychiatrie 2000, 95 ff.
68 s.u. IX.4.

2. Deliktsbezogene Anwendungshäufigkeit

Am häufigsten sind die Exkulpationen bei den Tötungsdelikten mit 8,4 % ebenso die Dekulpationen mit 20,6 %.[69] Es folgen die Brandstiftungsdelikte mit 3,3 % bei den Exkulpationen und 8,4 % bei den Dekulpationen, während bei den Sexualdelikten nur 0,4 % exkulpiert und 6,2 % dekulpiert werden. Der Anteil der Dekulpierten ist allerdings bei den Raubdelikten mit 18,2 % und bei den Körperverletzungsdelikten mit 9,2 % noch höher.

VIII. Mindestanforderungen für Schuldfähigkeitsgutachten

In vielen empirischen Untersuchungen seit den 70er Jahren des letzten Jahrhunderts sind gravierende Mängel von Schuldfähigkeitsgutachten festgestellt worden. Deshalb hat im Jahr 2005 eine Arbeitsgruppe aus Bundesrichtern, Bundesanwälten, Psychiatern und Psychologen, zu der ein Rechtsanwalt und ich als Kriminologe hinzugezogen wurden, sogenannte »Mindestanforderungen für Schuldfähigkeitsgutachten« entwickelt und veröffentlicht.[70]

Diese enthalten je einen Katalog mit formellen und inhaltlichen Anforderungen für forensische Gutachten sowie weitere Mindestanforderungen bei der Schuldfähigkeitsbeurteilung von Beschuldigten mit Persönlichkeitsstörungen oder sexueller Devianz. Diese sollen dem Sachverständigen die fachgerechte Gutachtenerstellung und den Verfahrensbeteiligten die Bewertung der Aussagekraft konkreter Gutachten erleichtern. Auch für die Auswahl und Leitung des Sachverständigen durch das Gericht nach den §§ 73 ff StPO können sie herangezogen werden. Schließlich können sie bei der Entscheidung nach § 244 Abs. 4 StPO helfen, ob die Sachkunde des Gutachters zweifelhaft ist, ob das Gutachten von unzutreffenden tatsächlichen Voraussetzungen ausgeht, ob es Widersprüche enthält oder ob einem anderen Sachverständigen überlegene Forschungsmittel zur Verfügung stehen.

Die von der interdisziplinären Arbeitsgruppe entwickelten Mindestanforderungen sind vereinzelt kritisiert worden, weil sie die richterliche Un-

---

69 Die Prozentangaben wurden anhand der absoluten Zahlen aus der Strafverfolgungsstatistik 2011 (Tab. 5.5, 5.6, 5.7) berechnet.
70 *Boetticher* et al., Mindestanforderungen für Schuldfähigkeitsgutachten, NStZ 2005, 57-62.

abhängigkeit verletzen könnten.[71] Auch *Thomas Fischer*, der Vorsitzende des 2. Strafsenats des *BGH*, moniert, dass die Empfehlungen der privaten Arbeitsgruppe den Eindruck normativer Verbindlichkeit erweckten.[72] Das ist jedoch eine grundlegende Fehleinschätzung. Die Empfehlungen sind auf freien wissenschaftlichen Diskurs angelegt. Sie wollen nur die Nachprüfbarkeit und Transparenz psychowissenschaftlicher Gutachten fördern und normative Grenzüberschreitungen durch den Sachverständigen verhindern helfen. Sie sollen dem Sachverständigen die fachgerechte Gutachtenerstellung und den Verfahrensbeteiligten die Bewertung der Aussagekraft konkreter Gutachten erleichtern. Auch für die Auswahl und Leitung des Sachverständigen nach den §§ 73 ff StPO können sie herangezogen werden. Schließlich können sie bei der Entscheidung nach § 244 Abs. 4 StPO helfen, ob die Sachkunde des Gutachters zweifelhaft ist.

IX. Rechtsfolgen

1. Überblick

Bei Schuldunfähigkeit scheidet jede Bestrafung aus. Es kommt nur die Maßregel der Unterbringung in einem psychiatrischen Krankenhaus oder in einer Entziehungsanstalt in Betracht, allerdings nicht automatisch, sondern nur wenn deren zusätzliche Voraussetzungen, insbesondere die Gefährlichkeitsprognose, vorliegen.

Bei verminderter Schuldfähigkeit ist in jedem Fall eine Strafe zu verhängen, meist gemildert nach den vorher erläuterten Grundsätzen. Neben den beiden erwähnten Maßregeln kommt hier aber auch noch die Möglichkeit der Sicherungsverwahrung gemäß § 66 StGB hinzu. Wird neben der Strafe die Unterbringung in einem psychiatrischen Krankenhaus oder in einer Entziehungsanstalt angeordnet, so sind letztere nach dem sogenannten Vikariierungsgrundsatz des § 67 StGB wegen ihres therapeutischen Gehaltes vorweg zu vollstrecken und auf die Strafe anzurechnen. Das hat auch deshalb erhebliche Vorteile, weil in diesen Fällen die Strafrestaussetzung zur Bewährung bereits nach der Hälfte der Strafverbüßung

---

71 *Eisenberg*, Anmerkungen zu dem Beitrag »Mindestanforderungen für Schuldfähigkeitsgutachten«, NStZ 2005, 305 ff.; dagegen *Schöch*, Mindestanforderungen für Schuldfähigkeits- und Prognosegutachten, in: FS Widmaier, 2008, 967, 982 ff.
72 *Fischer*, StGB, 61. Aufl., 2014, § 20 Rn. 64 a.

möglich ist (§ 67 Abs. 5 Satz 1 StGB), was bei der Vollstreckung der Freiheitsstrafe eine seltene Ausnahme darstellt.

Bei voller Schuldfähigkeit kommt neben der Strafe und der Sicherungsverwahrung auch die Unterbringung in einer Entziehungsanstalt in Betracht, wenn die Straftat auf den Hang des Täters zurückgeht, alkoholische Getränke oder andere berauschende Mittel im Übermaß zu sich zu nehmen.

2. Unterbringung in einem psychiatrischen Krankenhaus (§ 63 StGB)

Die Unterbringung in einem psychiatrischen Krankenhaus setzt voraus, dass der Täter bei Begehung der Tat im Zustand der Schuldunfähigkeit oder erheblich verminderter Schuldfähigkeit gehandelt hat und dass dieser Zustand überdauernd und nicht nur vorübergehender Natur ist. Zentrale Anwendungsprobleme sind die Gefährlichkeitsprognose und der Verhältnismäßigkeitsgrundsatz.

Das Gericht ordnet die Unterbringung an, »wenn die Gesamtwürdigung des Täters und seiner Tat ergibt, dass von ihm infolge seines Zustandes erhebliche rechtswidrige Taten zu erwarten sind und er deshalb für die Allgemeinheit gefährlich ist«. Mit dem Erfordernis der erheblichen Taten sollen bloß lästige Straftaten von geringem Gewicht, die der Kleinkriminalität zuzuordnen sind, ausgeschieden werden.[73] Andererseits verlangt die Rechtsprechung auch nicht schwere oder schwerste Straftaten, wie sie für die Sicherungsverwahrung erforderlich sind. Die Erwartung erheblicher Straftaten setzt eine gewisse Wahrscheinlichkeit voraus, die in der Rechtsprechung teilweise als Wahrscheinlichkeit höheren Grades bezeichnet wird.[74]

Die heute übliche Kombination klinischer Kriminalprognosen mit statistischen Verfahren ermöglicht jedenfalls für die klassische klinische Population relativ verlässliche Prognosen, während man dies für die nachträgliche Sicherungsverwahrung bisher nicht sagen kann. Sie orientiert sich an Daten aus den vier Bereichen Ausgangsdelikt, anamnestische Daten aus der Biografie des Täters, die postdeliktische Persönlichkeitsentwicklung und den sozialen Empfangsraum, der außerhalb des staatlichen Straf- und Maßregelvollzugs zur Verfügung steht.[75]

---

73 BGHSt 27, 246, 248; BGH StV 1986, 380; *Schreiber/Rosenau* (FN. 6), 113.
74 BGH NStZ 1992, 480; 1993, 78; *Schreiber/Rosenau* (FN. 6), 113.
75 BVerfG NJW 2004, 737, 743; *Nedopil/Müller* (FN. 25), 335; *Koller*, (FN. 60), 34.

Auf dieser Grundlage muss das Gericht eine eigenständige Prognose-Entscheidung treffen. In den Mindestanforderungen für Prognosegutachten, die von der erwähnten Arbeitsgruppe beim *BGH* 2006 veröffentlicht wurde, wird versucht, auch für die Richter zu verdeutlichen, welche Maßstäbe sie an die Qualität von Prognosegutachten anlegen sollen. Sie sollen deshalb bereits im Gutachtenauftrag folgende Fragen präzisieren[76]:

- Wie groß ist die Wahrscheinlichkeit, dass die zu begutachtende Person erneut Straftaten begehen wird?
- Welcher Art werden diese Straftaten sein, welche Häufigkeit und welchen Schweregrad werden sie haben?
- Mit welchen Maßnahmen kann das Risiko zukünftiger Straftaten beherrscht und verringert werden?
- Welche Umstände können das Risiko von Straftaten steigern?

Bei der Verhältnismäßigkeitsprüfung, die in § 62 StGB für die Maßregeln noch einmal ausdrücklich hervorgehoben wird, ist im Rahmen der Gesamtabwägung die Relation zwischen der Anlasstat und der vom Täter ausgehenden Gefahr einerseits und der Schwere des mit der Maßregel verbundenen Eingriffs andererseits zu prüfen.[77] Deshalb kann schon eine geringere Rückfallwahrscheinlichkeit zur Begründung der Gefährlichkeit ausreichen, wenn schwere Verbrechen gegen das Leben oder die sexuelle Selbstbestimmung drohen, während bei mittelschweren Straftaten eine höhere Rückfallwahrscheinlichkeit vorliegen muss.

Wichtig ist, dass der Grundsatz der Verhältnismäßigkeit die Anordnung und Fortdauer der Unterbringung in einem psychiatrischen Krankenhaus beherrscht, da deren Dauer gesetzlich nicht begrenzt ist. Das *BVerfG* hat deshalb in markanter Weise klargestellt, dass die Anforderungen für die Verhältnismäßigkeit des Freiheitsentzuges umso strenger werden, je länger die Unterbringung in einem psychiatrischen Krankenhaus andauert, und dass deshalb nach längerer Unterbringung auch anstaltsfremde Sachverständige hinzugezogen werden müssen.[78] Das Gesetz sieht keine Höchstdauer vor, die Unterbringung kann also u.U. lebenslänglich dauern. Die durchschnittliche Unterbringungsdauer ist von 6,3 Jahren Mitte der

---

[76] *Boetticher* et al., Mindestanforderungen für Prognosegutachten, NStZ 2006, 536, 538.
[77] *Schöch*, in: Leipziger Kommentar, 12. Aufl., 2008, § 63 Rn. 130.
[78] BVerfGE 70, 297, 311.

80er Jahre auf ca. 4 - 4,5 Jahre bis Mitte der 90er Jahre zurückgegangen.[79] Seit der Verschärfung der Entlassungsvoraussetzungen im SexualdelBekG im Jahr 1998 ist sie aber wieder beträchtlich angestiegen und beträgt derzeit im Bundesgebiet durchschnittlich etwa 6,5 Jahre.[80]

Aus dem Verhältnismäßigkeitsprinzip folgt zugleich der Grundsatz der Subsidiarität, der es z.B. gebietet, die Unterbringung im psychiatrischen Krankenhaus gemäß § 67 b StGB zugleich mit der Anordnung zur Bewährung auszusetzen, wenn besondere Umstände die Erwartung rechtfertigen, dass der Zweck der Maßregel auch dadurch erreicht werden kann. Wenn die Zeit der einstweiligen Unterbringung bis zur Hauptverhandlung gem. § 126 a StPO therapeutisch genutzt wird und danach mit den in letzter Zeit ausgebauten forensischen Ambulanzen kooperiert wird, besteht durchaus die Möglichkeit, einen nicht unerheblichen Teil der Maßregelpatienten in Freiheit zu behandeln.

3. Unterbringung in einer Entziehungsanstalt (§ 64 StGB)

Bei der Unterbringung in einer Entziehungsanstalt ist neben dem Hang zum übermäßigen Konsum von Rauschmitteln, der Gefährlichkeitsprognose und der Verhältnismäßigkeitsprüfung auch eine spezielle Behandlungsprognose erforderlich, da diese nach § 64 Satz 2 StGB nur angeordnet werden darf, »wenn eine hinreichend konkrete Aussicht besteht, die Personen durch die Behandlung in einer Entziehungsanstalt zu heilen oder über eine erhebliche Zeit vor dem Rückfall in den Hang zu bewahren und von der Begehung erheblicher rechtswidriger Taten abzuhalten, die auf ihren Hang zurückgehen«. Üblicherweise ist die Behandlungsdauer in der Entziehungsanstalt erheblich kürzer als im psychiatrischen Krankenhaus. Die gesetzliche Höchstdauer beträgt 2 Jahre, kann aber bei gleichzeitig verhängter Strafe um bis zu ⅔ der Strafverbüßung verlängert werden. Die durchschnittliche Unterbringungsdauer liegt bei etwa 15 Monaten.

Seit der Reform im Jahr 2007 soll bei gleichzeitigen Freiheitsstrafen von 3 Jahren und mehr vom erkennenden Gericht der Vorwegvollzug der Strafe angeordnet werden, und zwar so, dass bei der erwarteten Behandlungsdauer eine Strafrestaussetzung nach der Hälfte der Strafverbüßung

---

79 *Schöch*, Juristische Aspekte des Maßregelvollzugs, in: Venzlaff/Foerster (Hrsg.), Psychiatrische Begutachtung, 4. Aufl., 2004, 393 m.w.N.
80 *Nedopil/Müller* (FN. 25), 377.

möglich ist (§ 67 Abs. 2, Satz 3, Abs. 5 Satz 1 StGB).[81] Deshalb ist die Unterbringung in der Entziehungsanstalt heute oft ein Ziel der Strafverteidigung.

4. Anwendungshäufigkeit und Unterbringungszahlen

Die Zahl der Abgeurteilten in Deutschland, bei denen eine Unterbringung nach § 63 StGB angeordnet wurde, ist von 306 im Jahr 1970 auf 881 im Jahr 2011 angestiegen, also fast um das 3-fache.[82] Dies ist eine Folge der häufigeren Annahme verminderter Schuldfähigkeit gemäß § 21 StGB. Dass die Zahl der Untergebrachten aber von etwa 2500 im Jahr 1985 auf 6750 im Jahr 2012 gestiegen ist, hängt auch mit den erschwerten Bedingungen für die bedingte Entlassung aus dem Maßregelvollzug zusammen, die seit 1998 gelten. Die Zahl der angeordneten Unterbringungen in einer Entziehungsanstalt nach § 64 StGB ist noch viel stärker gestiegen, von 172 im Jahr 1970 auf 2427 im Jahr 2011, und bei den zum jeweiligen Stichtag Untergebrachten von 179 auf 3526, also um das 14-fache bei den Anordnungen und das 20-fache bei den Unterbringungen. Das hängt weniger mit der Anwendung des § 21 StGB zusammen, der ja nicht Voraussetzung für die Unterbringung in einer Entziehungsanstalt ist. Vielmehr geht es überwiegend auf den Wunsch der Täter bzw. ihrer Verteidiger zurück, die im Vergleich zum Strafvollzug angenehmere Unterbringung in der Entziehungsanstalt zu verbringen, auch wegen der dort häufigeren Lockerungen und insbesondere wegen der leichteren Möglichkeit, unter Anrechnung des Maßregelvollzugs schon nach der Hälfte der Freiheitsstrafe bedingt entlassen zu werden (§ 67 Abs. 5 Satz 1 StGB).

5. Psychische Störung als Voraussetzungen für die nachträgliche Sicherungsverwahrung oder die Unterbringung nach dem Therapieunterbringungsgesetz

Die Entfesselung der Sicherungsverwahrung seit 1998, die innerhalb von 10 Jahren in 6 Gesetzen zehnmal ausgeweitet wurde, ist von der Straf-

---

81 Dazu *Schöch*, Bemerkungen zur Reform der stationären psychiatrischen Maßregeln durch das Unterbringungssicherungsgesetz v. 16.7.2007, in: FS Volk, 2009, 703, 707 f.
82 Zu den früheren Zahlen *Schöch* (FN. 77), § 61 Rn. 13 f.; für 2011 Strafverfolgungsstatistik (FN. 69), Tab. 5.4 und 5.5; Strafvollzugsstatistik 2011, Tab. 4.1.

rechtswissenschaft[83] ebenso kritisch beurteilt worden wie von der forensischen Psychiatrie.[84] Die Sicherungsverwahrung gehört nicht unmittelbar zu meinem Thema, jedoch hat der Begriff der »psychischen Störung« bei der Aufarbeitung des Scherbenhaufens, den die Urteile des *EGMR* vom 17.12.2009 und des *BVerfG* vom 04.05.2011 wegen der unzulässigen Rückwirkung beim Wegfall der Zehnjahresbegrenzung und der nachträglichen Sicherungsverwahrung hinterlassen haben, eine zentrale und überaus umstrittene Rolle gespielt.

Zuerst hat der Gesetzgeber im Therapieunterbringungsgesetz vom 22.10.2010 geregelt, dass eine Person, die wegen des Rückwirkungsverbotes nicht länger in der Sicherungsverwahrung untergebracht werden darf, in eine geeignete geschlossene therapeutische Einrichtung zu verbringen ist, wenn sie an einer psychischen Störung leidet und infolge ihrer psychischen Störungen mit hoher Wahrscheinlichkeit das Leben, die körperliche Unversehrtheit, die persönliche Freiheit oder die sexuelle Selbstbestimmung einer anderen Person erheblich beeinträchtigen wird. Viele Juristen sahen darin eine Umgehung des Rückwirkungsverbots und monierten die dahinter stehende umfassende Sicherheitsstrategie im Bereich der strafrechtlichen Sanktionen. Forensische Psychiater kritisierten die Gleichsetzung von krimineller Gefährlichkeit und psychischer Störung und die Benutzung der »Psychiatrie als Ersatzreserve für das Strafrecht«. Gemeinsam wurde vor einer Überforderung der psychiatrischen Krankenhäuser durch diese vollzugserfahrene neue Population mit eigener Subkultur gewarnt.[85]

Mit seinem Urteil vom 04.05.2011 hat das *BVerfG* nicht nur eine Bereinigung der unübersichtlichen und rechtsstaatlich problematischen Regelungen zu den Altfällen bewirkt, sondern auch neue Perspektiven für eine

---

83 *Schöch*, Sicherungsverwahrung und Europäische Konvention zum Schutze der Menschenrechte und Grundfreiheiten, in: FS Roxin zum 80. Geburtstag, 2011, Band 2, 1193, 1196 ff. m.w.N.; *ders.*, Sicherungsverwahrung im Übergang, Neue Kriminalpolitik 2012, Heft 2, 47-54; Übersicht zur gesamten Entwicklung in Gesetzgebung und Rechtsprechung bei *Uhlenbruch*, Walter H. ist frei, das ThUG ist tot, StV 2014, 174 ff. sowie zuvor StV 2012, 44 ff.; StV 2013, 268 ff.

84 *Müller/Nedopil/Saimeh/Habermeyer/Falkai* (Hrsg.), Sicherungsverwahrung – wissenschaftliche Basis und Positionsbestimmung, 2012.

85 *Müller/Nedopil/Saimeh/Habermeyer/Falkai* (FN. 84); *Höffler/Stadtland*, Der Begriff der »psychischen Störung« des ThUG im Lichte der Rechtsprechung des BVerG und des EGMR, StV 2012, 239 ff.; *Höffler/Kaspar*, Warum das Abstandsgebot die Probleme der Sicherungsverwahrung nicht lösen kann – zugleich ein Beitrag zu den Aporien des zweispurigen Sanktionensystems, ZStW 124 (2012), 87 ff.

therapieorientierte Sicherungsverwahrung aufgezeigt.[86] Diese wird seit Juni 2013 in besonderen Anstalten praktiziert, so dass wenigstens die psychiatrischen Krankenhäuser von dieser äußerst schwierigen Population, die sie vorübergehend aufnehmen mussten, künftig verschont bleiben.

Allerdings hat das *BVerfG* das ThUG unbeanstandet gelassen und darüber hinaus in seiner Übergangsrechtsprechung für die Altfälle, die nun gem. Art. 316 f EGStGB für alle vor dem 31.05.2013 begangenen Straftaten gilt, ebenfalls den Begriff der »psychischen Störung« verwendet. Diese soll die nachträgliche Unterbringung legitimieren, wenn aus konkreten Umständen in der Person des Inhaftierten oder seinem Verhalten eine hochgradige Gefahr abzuleiten ist, dass er infolge dieser Störung schwerste Gewalt- oder Sexualstraftaten begehen wird.

In der wissenschaftlichen Literatur besteht Einigkeit darin, dass die Einbeziehung der »psychischen Störung« als Tatbestandsvoraussetzung für eine nachträgliche Sicherungsverwahrung oder eine Unterbringung nach dem ThUG nicht auf wissenschaftlichen Erkenntnissen zu der Frage beruht, ob gefährliche Straftäter mit psychischer Störung gefährlicher sind als gefährliche Straftäter ohne psychische Störung. Maßgebend war vielmehr die politisch vorgegebene Entscheidung, die nachträgliche Unterbringung oder Verlängerung zu ermöglichen, die sich nach der bisherigen Rechtsprechung des *EGMR* nur noch über den Begriff »unsound mind« in Art. 5 I 2 e EMRK legitimieren lässt. Beim *BVerfG* spielte vermutlich auch die Sorge vor einer sofortigen Entlassung langjährig Inhaftierter ohne jede Entlassungsvorbereitung eine Rolle.

Der häufig geäußerte Einwand, eine psychische Störung könne nur im Rahmen der verminderten oder ausgeschlossenen Schuldfähigkeit strafrechtlich relevant werden, ist leicht zu widerlegen. Die im Gesetzgebungsverfahren zum ThUG und vom *BVerfG* beispielhaft genannten dissozialen oder narzisstischen Persönlichkeitsstörungen sowie Störungen der Sexualpräferenz wie Sadismus oder Pädophilie werden schon bisher nicht selten im Erkenntnisverfahren von Sachverständigen diagnostiziert, führen aber fast nie zur Schuldunfähigkeit und selten zu verminderter Schuldfähigkeit, weil meistens eine relevante Beeinträchtigung der Steuerungsfähigkeit bei der konkreten Tat zu verneinen ist. Für sie kommt daher eine Unterbringung in einem psychiatrischen Krankenhaus nicht in Betracht.

Vor einigen Jahren haben *Frädrich/Pfäfflin* einen Anteil von 50 % Persönlichkeitsgestörter unter den Gefangenen im offenen Strafvollzug in

---

86 BVerfG, Urt. v. 04.05.2011 – 2 BvR 2365/09 u.a., NJW 2011, 1931 ff.; dazu *Schöch*, Das Urteil des Bundesverfassungsgerichts zur Sicherungsverwahrung, GA 2012, 14-31.

Ulm ermittelt.[87] *Herpetz/Saß* gehen je nach Untersuchung von 40 - 60 % der Gefangenenpopulation aus.[88] Bei den langzeitinhaftierten Gewalt- und Sexualstraftätern dürfte der Anteil der psychisch Gestörten in diesem Sinne noch höher liegen. Ich schätze ihn auf bis zu 70 %, von denen allerdings nur ein kleiner Teil auch den hohen Gefährlichkeitsgrad erreicht, den das *BVerfG* verlangt.

Der berechtigten Sorge vieler Psychiater vor einem Missbrauch der psychischen Störung für strafrechtliche Zwecke sollte aber Rechnung getragen werden.[89] Nicht jede psychische Störung nach den Klassifikationssystemen kann für einen so schwerwiegenden Eingriff in die Freiheit nach vollständiger Strafverbüßung ausreichen, wie sie die nachträgliche Sicherungsverwahrung oder Therapieunterbringung darstellt. Die erste Schwelle ergibt sich m. E. durch das Erfordernis des symptomatischen Zusammenhanges zwischen psychischer Störung und hochgradiger Gefährlichkeit. Dieser dürfte in der Regel fehlen bei Depressionen, Neurosen, Belastungsreaktionen oder Angst- und Zwangsstörungen sowie histrionischen oder vermeidend-selbstunsicheren Persönlichkeitsstörungen, da diese nicht zu einem erhöhten Gefahrenpotential im Bereich der Sexual- und Gewaltkriminalität beitragen, sondern teilweise sogar das Risiko mindern.

Darüber hinaus ist eine gewisse Schwere der psychischen Störung erforderlich. Der *EGMR* hat in einem Urteil vom 19.01.2012 in der Sache Kronfelder ./. Deutschland [90], seine Anforderungen an den Begriff »unsound mind« im Hinblick auf die erforderliche Schwere und Dauerhaftigkeit der Störung präzisiert. Es hat dabei auch die Übergangsrechtsprechung des *BVerfG* erwähnt, die vom *EGMR* offenbar respektiert wird. Das *BVerfG* hat nun in seiner jüngsten Entscheidung vom 11.07.2013, in der es das ThUG verfassungskonform dahingehend beschränkt hat, dass auch nach diesem Gesetz eine hochgradige Gefahr schwerster Gewalt- und Sexualdelikte erforderlich sei, das Erfordernis einer gewissen Intensität der psychischen Störung betont.[91] Zwar weist es m. E. zu Recht darauf hin,

---

87 *Frädrich/Pfäfflin* (FN. 67), 95, 96 f.; zu weiteren psychischen Störungen im Strafvollzug *Schöch*, Forensische Psychiatrie und Psychotherapie 15 (2008), 5, 7 m. w. N.
88 *Herpetz/Saß* Allgemeine Epidemiologie, Verlauf, Prognose, in: Herpetz/Saß (Hrsg.), Persönlichkeitsstörungen, 2003, 177 - 182; ähnliche Ergebnisse in der internationalen Übersicht bei *Nedopil/Müller* (FN. 25), 232.
89 *Schöch*, Psychische Störung, Sicherungsverwahrung und Therapieunterbringung, in: FS Nedopil, 2012, 251-262 m.w.N.
90 EGMR, 21906/09 - K ./. Deutschland.
91 BVerfG Beschl. v. 11.07.2013, StV 2014, 160; dazu *Höffler*, Das Therapieunterbringungsgesetz und der verfassungsrechtliche Strafbegriff, StV 2014, 168 ff.

dass der Schweregrad nicht die Schwelle der §§ 20, 21 StGB erreichen müsse, aber das schließt nicht aus, dass man sich an der Schwere der 4 Eingangsmerkmale des 1. Stockwerks orientiert, das den Sachverständigen vertraut ist.

Die Diskrepanz zwischen den Wünschen der Forensischen Psychiatrie und des *BVerfG* sind also m. E. nicht so groß, wie es gelegentlich scheint.

X. Begutachtung bei Kooperationsverweigerung

Das durch den Fall Mollath ausgelöste Misstrauen gegen eine psychiatrische Begutachtung kommt seit einigen Monaten dadurch zum Ausdruck, dass es immer mehr Probanden gibt, die teilweise aus eigenem Antrieb, oft aber auch auf Anraten ihres Verteidigers jede Mitwirkung bei einer Exploration verweigern. Das ist ihr gutes Recht, denn das verfassungsrechtlich garantierte Schweigerecht steht dem Beschuldigten auch gegenüber dem Sachverständigen zu. Wegen des im Strafprozess geltenden Amtsaufklärungsgrundsatzes kann aber auch in diesen Fällen auf eine Begutachtung des nicht kooperationsbereiten Beschuldigten nicht verzichtet werden. In solchen Fällen stehen dem Sachverständigen also nur die Strafakten und die Beobachtung in der Hauptverhandlung zur Verfügung, u.U. auch die bis zu 6-wöchige Unterbringung zur Beobachtung in einem psychiatrischen Krankenhaus gem. § 81 StPO. Bei dieser muss aber die vom *BVerfG* im Mannheimer Flowtex-Verfahren beanstandete Totalüberwachung vermieden werden.[92]

Führen diese begrenzten Erkenntnismöglichkeiten nicht zu genügend Befundtatsachen für eine relevante Störung i.S. der §§ 20, 21 StGB, so bleibt es bei der gesetzlichen Vermutung für die volle Schuldfähigkeit. Dem u.U. Kranken wird also therapeutische Hilfe im Maßregelvollzug versagt. Der Grundsatz in dubio pro reo gilt für die normative Entscheidung über die Schuldfähigkeit nicht, sondern nur für deren tatsächliche Voraussetzungen. Wenn aber überhaupt keine oder nicht genügend relevante Tatsachen erhoben werden können, so fehlt es auch an zureichenden Anhaltspunkten für Zweifel an der vollen Schuldfähigkeit. Die Kooperationsverweigerung, zu der auch manche Strafverteidiger raten, ist also für den Mandanten in der Regel nachteilig.

---

92 Fall Manfred Schmider, BVerfG, 3. Kammer, NStZ 2002, 98; vor allem wegen Einschaltung von Mitgefangenen auf Anregung des psychiatrischen Sachverständigen nahm das BVerfG einen Verstoß gegen das allgemeine Persönlichkeitsrecht (Art. 1, 2 I GG) und § 136 a StPO an.

Auch bei Prognosegutachten dürfte sich die Explorationsverweigerung eher zum Nachteil des Untergebrachten auswirken. Wenn sich die Gefährlichkeit aus den bisherigen Straftaten und/oder aus einer früheren Unterbringungsentscheidung ergibt, so gilt zwar nicht, wie gelegentlich behauptet, pauschal der Grundsatz in dubio contra reum, aber es müssen genügend Anhaltspunkte für günstige Prognosetatsachen vorliegen, um eine Entlassung wegen günstigerer Prognose zu rechtfertigen. Solche lassen sich in der Regel nur aus der Exploration mit dem Probanden gewinnen.

Fehlen solche Informationen, so bleibt nur die Entlassung wegen Unverhältnismäßigkeit der Unterbringung, die aber im Fall Mollath – wie erwähnt – schon nach 2 oder 3 und nicht erst nach 7 Jahren geboten gewesen wäre.

XI. Schluss

Die hohen Anforderungen der Rechtsordnung an den rechtsstaatlichen Umgang mit psychisch gestörten Rechtsbrechern setzen ein vertrauensvolles Zusammenwirken von Psychiatern und Psychologen mit Juristen voraus. Die Verantwortung für die Unterbringung oder Freilassung gefährlicher Gewaltverbrecher darf aber nicht an Sachverständige delegiert werden, sondern muss von den Gerichten wahrgenommen werden. Hierfür ist neben einer soliden juristischen Schulung auch eine kriminologische Ausbildung der Juristen erforderlich.

Begutachtung im Maßregelvollzug – Aufgaben und Probleme

Stefan Orlob

Einleitung

Der Maßregelvollzug ist seit Mitte der 1990er Jahre des letzten Jahrhunderts zu einem Sinnbild der sich immer stärker herausbildenden »Sicherheitsgesellschaft« (Singelstein & Stolle 2011) geworden. Ausgangspunkt des Erstarkens des überwachenden und strafenden Staates waren in Deutschland neben der Furcht vor Terrorismus mehrere Morde an Kindern, über welche die Medien bundesweit wochenlang berichteten. Am 20. September 1996 wurde die siebenjährige Natalie A. und nur wenige Monate später die zehnjährige Kim K. ermordet. Beide Täter waren zuvor einschlägig strafrechtlich in Erscheinung getreten. Die hohe Dichte der medialen Berichterstattung führte zu einer Welle des Entsetzens und der Empörung in der Bevölkerung. Die so geschürte Kriminalitätsfurcht von Teilen der Öffentlichkeit führte zu einer reflexartigen politikvermittelten Tendenz der Strafverschärfung.

Als Metapher für diese gesamte Entwicklung gilt die entsprechende Passage in einem Interview des damaligen Kanzlers Gerhard Schröder mit der Zeitschrift »Bild am Sonntag«:

»Was allerdings die Behandlung von Sexualstraftätern betrifft, komme ich mehr und mehr zu der Auffassung, dass erwachsene Männer, die sich an kleinen Mädchen vergehen, nicht therapierbar sind. Deswegen kann es da nur eine Lösung geben: wegschließen - und zwar für immer!« (»Bild am Sonntag« vom 08. Juli 2001)

Tatsächlich war es auch unter Fachleuten zu einer tiefen Verunsicherung hinsichtlich der Möglichkeiten und Grenzen der Behandlung psychisch kranker Straftäter gekommen. Am 22. September 1994 hatte ein gelockerter Patient ein Kind im direkten Umfeld des westfälischen Zentrums für Forensische Psychiatrie in Eickelborn getötet. Der Mord geschah nur wenige Meter von der Maßregelvollzugklinik entfernt, es handelte sich damit um einen sog. Worst Case für die verantwortliche Klinikleitung und die Therapeuten. Umso mehr, weil bereits im Jahre 1990 ebenfalls von einem

Patienten im Ausgang ein 13-jähriges Mädchen getötet worden war. Am 25. Oktober 2000 wurde einem wegen schwerwiegender Gewaltdelikte in der Forensischen Psychiatrie in Brandenburg a. H. untergebrachter Patient eine begleitete Lockerung zum Besuch bei seiner Mutter in Strausberg gestattet. Diese nutzte er zur Flucht, wobei er seine Mutter und den begleitenden Pfleger mit Messerstichen schwer verletzte. Auf seiner Flucht erschlug er in einer Strausberger Laubenkolonie einen Rentner, bevor er in der Nähe von Bautzen gefasst wurde. Alle genannten Patienten befanden sich in Lockerungen, die auf Prognoseeinschätzungen der jeweiligen Kliniken basierten.

Die fachliche Achse der Forensischen Psychiatrie und Rechtspsychologie verschob sich ab Mitte der 1990er Jahre deutlich hin zu Prognoseforschung sowie Evaluierung und Entwicklung geeigneter Prognoseinstrumente für die Vorhersage des Risikos erneuter Gewalt- und Sexualdelinquenz. Die Qualität von Sachverständigen und den von Ihnen erstellten Gutachten wurde zu einem der bestimmenden fachlichen Themen (z. B. Steller 2009, Fegert & Schläfke 2010). Im Jahre 2000 führte die Deutsche Gesellschaft für Psychiatrie, Psychotherapie und Nervenheilkunde (DGPPN) das Zertifikat »Forensische Psychiatrie« ein. Mit einem umfassenden Ausbildungscurriculum und der Supervision von Gutachten trug sie maßgeblich zur Qualitätsverbesserung forensisch-psychiatrischer Expertisen bei. Die Zertifizierung durch die DGPPN wurde 2004 von den Landesärztekammern aufgenommen und die Schwerpunktbezeichnung Forensische Psychiatrie und Psychotherapie eingeführt. Im Prozess der Auseinandersetzung über die Gutachtenqualität wurden die Anforderungen an die Gutachten auf den Prüfstand gestellt und von namhaften forensischen Psychiatern und Juristen u. a. Mindestanforderungen für Prognosegutachten publiziert (Boetticher et al. 2006).

Die Maßregelvollzugkliniken änderten nach Mitte der 1990er Jahre ihren Charakter, so wurde das westfälische Zentrum für Forensische Psychiatrie in Eickelborn unter seinem neuen Leiter zu einer »wachsenden Festung«, die den nunmehr als überzogen angesehenen therapeutischen Optimismus der 1970er Jahre aufgab und vielmehr der banalen Annahme folgte, »dass Menschen auch böse sein und für immer bleiben können« (»Die Zeit« N. 30 vom 07. Juli 2003). Die verantwortlichen Ministerien für den Maßregelvollzug, die Landschaftsverbände bzw. Landesbehörden führten nach den verheerenden durch Patienten verübten o. g. Straftaten eine Reihe von gesetzlichen Vorschriften und Regularien für die Gewährung von Lockerungen und Vollzugsfreizügigkeiten ein (z. B. § 16 Abs. 3 MRVG NRW, § 37 Abs. 4 und 5, § 39 Abs. 2 PsychKG Bran). Durch diese wurde die Bedeutung der externen Begutachtungen und fachlichen Expertisen im Maßregelvollzug deutlich erhöht.

Die »neue Lust am Strafen« (»Frankfurter Rundschau« vom 20. Dezember 2000) wurde im vergangenen Jahrzehnt zu einem wichtigen Thema des kriminologischen Diskurses (Klimke 2008, Kury 2006, Singelstein & Stolle 2012). Zentraler Kritikpunkt war dabei, dass diese nicht an Fakten orientiert sei, sondern lediglich einen Ersatz für den Wegfall anderer politischer Themen darstellte. Im Hinblick auf Tötungsdelikte (einschließlich sexuell motivierter Taten) war es vielmehr statistisch gesichert zu einem Rückgang gekommen, welcher sich konträr zur zunehmenden Kriminalitätsfurcht der Gesellschaft verhielt (Pfeiffer et al. 2004). Auch die Zahlen der übrigen Kapitaldelikte waren nicht gestiegen, wie in Abb. 1 zu entnehmen.

Abb. 1: Entwicklung der Delinquenzzahlen in Deutschland

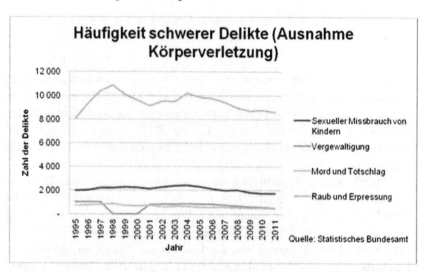

In der Konsequenz führte die veränderte Kriminalpolitik innerhalb von 15 Jahren zu einer Verdopplung der Zahl der strafrechtlich untergebrachten Personen in den verschiedenen Maßregeln in Deutschland (siehe Abb. 2).

Abb. 2: Entwicklung der Unterbringungen im Maßregelvollzug in Deutschland

Dieser Anstieg speiste sich aus zwei Effekten. Zum einen kam es zu einer häufigeren gerichtlichen Anordnungspraxis von Maßregeln, zum anderen zu einem deutlichen Anstieg der Verweildauer der Untergebrachten in den forensisch-psychiatrischen Kliniken (Heinz 2013). Gerade letzteres stand und steht im engen Zusammenhang mit der Begutachtungspraxis im Maßregelvollzug.

Begreift man Erkenntnisgewinn und Wissensschaftentwicklung als Wellenbewegung, so könnte das Jahr 2013 mit dem »Fall Mollath« (DGPPN 2013) späterhin erneut einen Wendepunkt für Maßregelvollzug und Gutachterwesen darstellen. Initiiert durch einen Einzelfall wurden die Institution Maßregelvollzug und die Qualität der Gutachten forensischer Psychiater durch einen medialen Sturm in Frage gestellt. Nunmehr klagten die Medien nicht mehr an, dass die forensischen Psychiater die ihnen anvertrauten Menschen zu lax in Freiheit ließen, sondern ihnen diese mit oberflächlichen Gutachten verwehren würden. Allein die politische Klasse folgte nicht ganz so schnell wie bei den Gesetzesverschärfungen nach 1998. Bisher liegt nur ein Eckpunktepapier für die Reform der Maßregel gemäß § 63 StGB der vormaligen Bundesministerin der Justiz (BMJ 2013) vor. Würde dieses umgesetzt werden, gäbe es abermals eine Zunahme von Anlässen bzw. der Notwendigkeit für forensisch-psychiatrische bzw. rechtspsychologische Gutachten. Der Stellenwert und die Bedeutung gutachterlicher Expertisen nähmen dadurch keinesfalls ab, sondern weiter zu. Dies war bisher unisono, am Ende der Kritik an den forensisch-psychiatrischen oder rechtspsychologischen Expertisen stand stets eine noch größere Anzahl von Gutachtenanlässen im Maßregelvollzug. Eine Abnahme der Bedeutung dieses Bereiches der forensisch-psychiatrischen bzw. rechtspsychologischen Tätigkeit ist nicht zu erwarten. Die Zahl der zertifizierten ärztlichen bzw. psychologischen Gutachter stagniert hingegen seit Jahren (BDP 2014, DGPPN 2014). Die Erstellung von Gutachten im und für den Maßregelvollzug wird eine fachliche und durch die Forderung nach Zweitexpertisen bzw. Doppelbegutachtungen durch externe (bisher mit dem Fall nicht vertraute) Sachverständige, auch eine zunehmend logistische Herausforderung werden.

I. Gesetzliche Grundlagen

Die Anforderungen hinsichtlich der Erarbeitung und Erstattung von Gutachten im Maßregelvollzug steht in direkter Abhängigkeit zur jeweiligen gesellschaftspolitischen Entwicklung und der herrschenden Kriminalpolitik. Die Vollstreckung von Maßregeln und die Organisation des Vollzuges stellt eine hoheitliche Aufgabe des Staates dar, derer er sich hinsichtlich der Verantwortung auch durch die teilweise Beleihung privater Träger nicht entledigen kann. Er muss dieser in geeigneter Weise gesetzgeberisch und organisatorisch gerecht werden. Nur dann kann die Übertragung von Aufgaben des Maßregelvollzuges auf formell privatisierte Träger mit Art. 33 Abs. 4 GG sowie mit dem Demokratieprinzip und den Grundrechten der Untergebrachten vereinbar sein[1]. In Deutschland ist weiterhin die Besonderheit des politischen Föderalismus zu beachten. So obliegt die relevante Gesetzgebung – Maßregelvollzugsgesetz und/oder Psychisch-Kranken-Gesetz, Sicherungsverwahrungsvollzugsgesetz sowie ausgestaltende Verwaltungsvorschriften bzw. Richtlinienerlasse etc. – den Bundesländern. Die gesetzlichen Grundlagen für Gutachten und die Notwendigkeit der Erstattung von Gutachten im Maßregelvollzug kann sich also sowohl aus der Bundesgesetzgebung (StGB, JGG, StPO), den Landesgesetzen (PsychKG, MRVG, UBG) oder weiteren ministerialen bzw. behördlichen Vorschriften auf Landesebene bzw. Landesverbänden[2] ergeben.

---

1 Vergl. 2 BvR 133/10.
2 Vergl. Leitlinien für die Beauftragung und Erstellung von Gutachten nach § 16 Abs. 3 Maßregelvollzugsgesetz NRW.

Der Katalog der sog. Maßregeln des Strafgesetzbuchs umfasst die drei freiheitsentziehenden Maßregeln der »Besserung und Sicherung« - die Unterbringung in einem psychiatrischen Krankenhaus nach § 63 StGB, die Unterbringung in einer Entziehungsanstalt nach § 64 StGB und die Unterbringung in der Sicherungsverwahrung nach § 66 StGB. Die ersteren – Unterbringung im psychiatrischen Krankenhaus bzw. in der Entziehungsanstalt – stehen im unmittelbaren Zusammenhang zum Nachweis eines überdauernden schuldmindernden psychopathologischen Zustandes bzw. Defektes oder eines Hanges zum übermäßigen Konsum berauschender Substanzen und einer sich daraus ableitenden ungünstigen Kriminalprognose. Die sich daraus ableitenden Fragestellungen fallen unmittelbar in den fachlichen Bereich der Forensischen Psychiatrie bzw. Rechtspsychologie, sie sind deutlich stärker an der Bewertung psychopathologischer Auffälligkeiten angelehnt. Die juristische Voraussetzung für die Verhängung einer Sicherungsverwahrung ist hingegen die bestehende »Allgemeingefährlichkeit wegen eines Hangs zu erheblichen Straftaten« bei einem Delinquenten. Darunter versteht man Personen, die aufgrund eines inneren »Hanges« (immer wieder) schwere Straftaten begehen, wobei »Hang« ein normativer juristischer Terminus ohne direkten Bezug zu einem psychopathologischen Zustand ist. »Hangtäter« sind zwar häufig psychisch auffällig, aber weisen eben keine die Schuldfähigkeit mindernde, überdauernde schwerwiegende krankheitswertige Störung auf. Das Vorhandensein oder Fehlen eines »Hanges« im Sinne des § 66 StGB kann daher auch nicht durch Nachweis oder Ausschluss eines psychopathologischen Zustandes, einer psychischen Erkrankung im engeren Sinne begründet werden, sondern ist viel stärker eine prognostische Fragestellung. Vor Antritt der Sicherungsverfahrung, am Ende der Strafhaft, macht sich daher nochmals eine eingehende aktualisierte Kriminalprognose unter Berücksichtigung der Gesamtpersönlichkeit des Betroffenen und seiner Entwicklung im Vollzug erforderlich. Späterhin erfolgt dies, wie auch bei den anderen Maßregeln, zu den entsprechenden gesetzlich geregelten Überprüfungsterminen (siehe Abb. 3)

Abb. 3 Gesetzliche Normen hinsichtlich der Notwendigkeit von Gutachten im Maßregelvollzug

A. Strafgesetzbuch zu Maßregeln der Besserung und Sicherung
Beurteilung der Notwendigkeit einer Unterbringung in einem psychiatrischen Krankenhaus oder einer Entziehungsanstalt entsprechend §§ 63 und 64 StGB bzw. § 7 JGG.
- Wegfall der Notwendigkeit bei späteren Beginn nach Vollstreckung der parallelen Freiheitsstrafe gemäß § 67c Abs. 1, Satz 1
- Überprüfung der weiteren Vollstreckung gemäß § 67e StGB - § 64 StGB alle 6 Monate, § 63 StGB jährlich
- Überweisung in eine andere Maßregel gemäß § 67a Abs. 1 StGB
- Beurteilung der Möglichkeit der Entlassung gemäß § 67d Abs. 2 StGB
- Einholung externer Gutachten bei der Überprüfung der Möglichkeit der Entlassung gemäß § 67c Abs. 1, Satz 1
Beurteilung der Notwendigkeit einer Unterbringung in der Sicherungsverwahrung entsprechend § 66 StGB
- Wegfall der Notwendigkeit nach Vollstreckung der parallelen Freiheitsstrafe gemäß § 67c Abs. 1, Satz 1
- Wegfall der Notwendigkeit nach Vollstreckung der parallelen Freiheitsstrafe ohne Bereitstellung ausreichender Betreuung gemäß § 67c Abs. 1, Satz 2
- Überprüfung der weiteren Vollstreckung gemäß § 67e StGB – jährlich, nach 10 Jahren alle 9 Monate
- Beurteilung der Möglichkeit der Entlassung gemäß § 67d Abs. 2 StGB
- Überweisung in eine andere Maßregel gemäß § 67a Abs. 1 StGB

Das Problem der Prognose stellt sich bei den Patienten des Maßregelvollzuges gleich mehrfach. Die erste prognostische Einschätzung wird vor der Unterbringung gemäß §§ 63, 64 und 66 StGB verlangt. Weitere Einschätzungen, zunächst für einen kurzen und überschaubaren Zeitraum, erfolgen im Zusammenhang mit den Vollzugslockerungen, längerfristige für die Unterbringungsüberprüfungen. In Tab. 3 sind die relevanten gesetzlichen Normen im Strafgesetzbuch aufgelistet. Daneben gibt es in den verschiedenen Bundesländern weitere landesgesetzliche Vorschriften, die die Erstellung von gutachterlichen Expertisen erforderlich machen. Letztlich basiert jede Entscheidung über das Maß des Freiheitsentzuges, der Gewährung einer Lockerung, jede Festlegung der Art der Sicherung einer Ausführung etc. auf einer kriminalprognostischen Abwägung. Die Erstellung von Prognose gehört damit zum Arbeitsalltag im Maßregelvollzug.

Aus den gesetzlichen Vorschriften etc. lassen sich, wie in Abb. 4 dargestellt, unterschiedliche Prognoseanlässe ableiten. Die wesentlichen Unterschiede ergeben sich dabei aus folgenden Faktoren:

- Art des zu kalkulierenden Risikos
- Antizipierte Kontextbedingungen bzw. –faktoren
- Therapeutische Supervision - ja oder nein
- Zeitdauer für die die Prognose eine Aussage treffen soll.

Abb. 4 Prognoseanlässe und zu beurteilende Risikofaktoren (nach Nedopil 2006)

Einweisungsprognose	Statische Risikofaktoren und Basisrate für Rückfälligkeit in einer spezifischen Tätergruppe (gruppenstatistischer Vergleich)
Behandlungsprognose	Fixierte dynamische Risikofaktoren, protektive Faktoren, Zugang zu adäquaten, indizierten Therapiemethoden mit nachgewiesener Effizienz, realistische Erprobungsmöglichkeiten
Zwischenfallsprognose	Risikomanagement intramuraler Gewalt, Identifikation von Hochrisikopatienten, Einfluss auf dynamische Risikofaktoren, Bedürfnisbefriedigung, Motivationsdefizite, Hindernisse bei der Integration in die Therapie, Identifizierung von Risikofaktoren für Suizidalität
Lockerungsprognose	Akute dynamische Risikofaktoren, Bilanzierung des therapeutischen Prozesses (Zielerreicheung), Kontextbedingungen unter denen Lockerungen stattfinden
Entlassungsprognose	<ul><li>Abhängig vom Umfang der therapeutischen Supervision:</li><li>Ohne Supervision: statische Risikofaktoren und Basisrate für Rückfälligkeit einer spezifischen Tätergruppe</li><li>Mit therapeutischer Supervision: akute dynamische Risikofaktoren, weiter dynamische Risikofaktoren</li><li>Lebensalter und Delinquenz</li><li>Faktoren des sozialen</li><li>Empfangsraumes</li></ul>

Je nach Prognoseanlass kann sich auch die rechtliche Stellung des zu Begutachtenden und die sich daraus ableitenden Rechte des Betroffenen bzw. die Verpflichtungen für den Sachverständigen unterscheiden. Eine Übersicht hinsichtlich der Anwendung des Beweisrechtes ergibt sich aus den Arbeiten von Pollähne & Woyner (2014) und Tondorf & Tondorf (2011). So gelten z. B. die Beweisverbote und Belehrungspflichten der StPO und dem Betroffenen steht seine aktive Mitwirkung frei. Es dürfen nur rechtskräftige Verurteilungen entsprechend dem aktuellen Bundeszentralregisterauszug als Prognosetatsachen herangezogen werden[3]. Zweifel an früheren Freisprüchen etc. sind für den Prognostiker nicht zulässig, er darf juristisch festgestellte Tatsachen nicht abweichend neu bewerten. Die Urteilstatsachen hinsichtlich der Tatfeststellungen sind für den Prognostiker wie den Rechtsanwender bindend. Die Prognose muss individuell sein, d.h., sie muss den Besonderheiten des Einzelfalls in ihrer Beurteilung gerecht werden. Die Risikoabwägung muss so auch die Schwere der zu befürchtenden Tat mit einbeziehen, um dem prognostischen Rechtsanwender eine Bewertung von Maßstäben der Verhältnismäßigkeit zu ermöglichen. Rechte des Betroffenen und Ansprüche der Kriminalprognose können direkt kollidieren, so z.B. sehr deutlich hinsichtlich des Anrechts auf Tatleugnung. Daraus dürfen sich keine pauschalisierten schablonenhaften negativen Bewertungen ableiten. Weder die Tatverleugnung, noch irgendein anderer Einzelumstand kann eine Einschätzung künftiger Gefährlichkeit allein vorgeben (Brettel 2007, Kröber 2010). Letztlich bleibt noch die juristische Frage der Haftung der Sachverständigen für die von ihnen erstellten Prognosen zu erörtern, die Frage nach möglichen strafrechtlichen Konsequenzen bei »falsch negativen" Prognosen für den Gutachter oder Therapeuten. Diese Frage wird sich spätestens nach einer aufsehenerregenden Straftat eines psychisch kranken Rechtsbrechers im Rahmen einer Lockerung des Maßregelvollzuges immer wieder neu stellen. Anderseits muss das extramurale Verhalten eines Patienten im Rahmen der Therapie erprobt werden, bevor er tatsächlich entlassen wird. Vollzugslockerungen sind somit »Prüfsteine der Therapie". Dieses Erprobungsprinzip birgt aber aufgrund der erörterten Unmöglichkeit einer vollständig verlässlichen Gefährlichkeitsprognose im Einzelfall stets ein Restrisiko. Gleiches gilt auch für alle anderen Prognoseentscheidungen, so dass vom Konzept des kalkulierten Risikos gesprochen werden kann (Rasch 1986). Dies wird durch die Rechtsprechung prinzipiell so anerkannt. Ermittlungsverfahren und Verurteilungen gab es jedoch bei gravierenden Zwischenfällen mit fahr-

---

3   Vergl. BGH, 21.08.2012, 4 StR 247/12.

lässiger bzw. pflichtwidriger Lockerungsgewährung (Schöch 1994, Pollähne 1995) zum Tatbestand der fahrlässigen Körperverletzung bzw. Tötung. Dies ist durch größtmögliche Genauigkeit und Einhaltung des noch zu erörternden verbindlichen Mindeststandards der Prognosebegutachtung vermeidbar. Das Risiko, für eine fehlgeschlagene Prognose selbst strafrechtlich haftbar zu sein, geht aus juristischer Sicht dann praktisch gegen Null, soweit die «lex artis" der Prognosestellung für Lockerungen im Maßregelvollzug (Grünebaum 1996) eingehalten wird:

- Anwendung einer auf den individuellen Einzelfall bezogenen wissenschaftlich begründeten Prognosemethode,
- Ausschöpfung aller Erkenntnisquellen,
- Dokumentationserfordernis,
- Lockerungsgewährung in einem abgestuften Modell.

Anders stellt sich dies dar, wenn die Regeln der Kunst nicht eingehalten wurden und dadurch Verletzungen Dritter an Leib und Leben hervorgerufen werden. Dann gerät der Arzt oder Psychologe in die Gefahr, wegen fahrlässiger Körperverletzung oder gar wegen fahrlässiger Tötung infolge einer Pflichtwidrigkeit bei der Gewährung von Ausgang[4] bestraft zu werden (Wolf 2012).

II. Fachliche Grundlagen der Prognosebegutachtung

Die Beantwortung der Frage nach dem Risiko zukünftigen delinquenten Handelns gehört zu den schwierigsten Aufgaben für den forensisch-psychiatrischen bzw. rechtpsychologischen Sachverständigen allgemein. Übertragen aus der juristischen Fragestellung muss der Sachverständige eine Aussage zur Gefährlichkeitsprognose treffen. Hier genügt nicht die bloße hypothetisch-abstrakte Besorgnis einer Tatwiederholung oder Befürchtung eines Zwischenfalls. Solche Besorgnis muss vielmehr zu einer konkreten Befürchtung verdichtet sein, d. h., mit so hoher Wahrscheinlichkeit vorliegen, dass bei realistischer Betrachtung mit ihrer Aktualität als naheliegend zu rechnen ist[5]. Der gesetzliche Auftrag an Prognosegutachten besteht in der Aufklärung der in einem konkreten Anlasstatgeschehen realisierten individuellen Risikofaktoren und deren Entwicklung seither[6].

---

4 Vergl. BGH v. 13.11.2003, 5 StR 327/03.
5 Vergl. OGH v. 27.09.83, 10 Os 134/83.
6 Vergl. KG v. 11.12.1998, 5 Ws 672/98.

Es besteht aus psychiatrisch-psychologischer Sicht andererseits jedoch andauernder Konsens über die Unmöglichkeit einer 100 % verlässlichen Gefährlichkeitsprognose im Einzelfall (Dahle 2008, Hinz 1987, Laubenthal 1990, Leygraf 1994, Nedopil 1996, Rasch 1986). Dies wird durch die Tatsache erklärt, dass jede auch noch so verfeinerte bzw. integrative Methode oder jedes Instrument mit einer Irrtumswahrscheinlichkeit belastet ist, auch wenn die empirische Datenbasis in den vergangenen Jahrzehnten deutlich zugenommen hat. Gleichfalls kann das Gericht diese Entscheidungen nicht allein treffen, da es auch der Rechtswissenschaft trotz intensiver Forschung bisher nicht gelungen ist, entsprechende kriminologische Instrumente mit einer höheren Sicherheit zu entwickeln (Leferenz 1972, Mey 1965, Schöch 2007, Wegener 1981, Wulf 2005, Volckart 2002). Allerdings gibt es hier von einzelnen Vertretern der Kriminologie (Bock 1995, Bock 2007) durchaus den Anspruch, die höhere fachliche Kompetenz im Hinblick auf die Erstellung von prognostischen Einzelfallanalysen zu besitzen. Die originäre Zuständigkeit der Nervenärzte und Psychologen für die Kriminalprognose wird dabei bezweifelt, da der Anlass für Kriminalprognosen Straftaten seien, während die Psychiatrie sich bestimmten Krankheiten widme und die Psychologie normalen seelischen Vorgängen. Originär zuständig könne daher nur die Lehre des Verbrechens (lat. crimen), die Kriminologie sein. Allerdings wird bei diesem Zirkelschluss vernachlässigt, dass sich die Kriminologie selbst der Psychiatrie, Psychologie, Pädagogik, Soziologie usw. als Bezugswissenschaften bedient, wie es umgekehrt auch die Forensische Psychiatrie handhabt.

Die Schwierigkeiten, menschliches Verhalten vorherzusagen ist allgemeiner Natur und wurde durch Pollähne (1995) als »Prognosedilemma" bezeichnet. Die wesentlichen Grundprobleme der Kriminalprognose lassen sich wie folgt zusammenfassen (Leygraf 1994, Nedopil 2006) und ergänzen:

- Schweres delinquentes Verhalten ist selten und stellt somit Ereignisse mit kleiner Basiswahrscheinlichkeit dar, die sich unter statistischen Gesichtspunkten nur schwierig in eine »konkrete Befürchtung" übertragen lassen.
- Die prognostische Begutachtung ist meist individuumzentriert. Das kriminelle Verhalten wird hingegen auch von situativen Einflussgrößen und Umgebungsfaktoren beeinflusst.
- In katamnestischen Untersuchungen zur Qualitätskontrolle können fast ausschließlich nur günstige Prognosen, welche sich im Nachhinein als falsch erwiesen (sogenannte »false negatives"),

berücksichtigt werden. Es gibt deutlich weniger empirische Daten zu »false positives" (Monahan 1978, Kinzig 2011, Volbert 1986).
- Das sog. Basisratenproblem, es führt bei seltenen schweren Gewaltdelikten bei geleichbleibender Trefferquote eines Prognoseinstrumentes (hohe Sensitivität) zwangsläufig zu einer hohen Rate an »falsch Positiven«.
- Mit zunehmendem Prognosezeitraum erhöht sich zwangsläufig schon nach statistischen Gesichtspunkten die Anzahl der nicht voraussagbaren Ereignisse und Zwischenfälle, und es fällt schwer, sie in »ihrer Aktualität" noch als »naheliegend" zu betrachten.
- Eine monokausale Beziehung zwischen Krankheit und Delinquenz erscheint bei der Mehrzahl der psychisch kranken Straftäter fraglich. Dies bedeutet, dass ein Umkehrschluss aus einem günstigen oder ungünstigen Krankheitsverlauf auf eine entsprechende Kriminalprognose nicht zwingend erfolgen kann.
- Kriminalprognosen stützen sich zum großen Teil auf Erfahrungswissen hinsichtlich der Merkmale des Probanden (Prädiktoren der 1. Klasse) und der zu erwartenden »Umstände« (Prädiktoren der 2. Klasse). Bei der Verbindung der Prädiktoren beider Klassen handelt es sich um einen »kategorialen Syllogismus« (Volckart 1997).
- Basisraten dienen zum Vergleich mit Stichproben und gelten für letztere, nicht aber für den Einzelfall. Sie liefern damit Anhaltspunkte für das Ausmaß eines Problems.
- Prognoseinstrumente führen überdurchschnittlich häufig zur Aussage, es liege eine »mittlere Rückfallwahrscheinlichkeit« vor. Die damit verbundene tatsächliche Aussagekraft ist gering und nicht eindeutig (»Mittelfeldproblem« nach Dahle 2006).
- Bei fehlender Transparenz und nicht erkennbarem Grundkonzept ist die Prognoseaussage für den Adressaten (Juristen) nicht als »realistische Betrachtung" nachvollziehbar.
- Letztlich vertreten einige Autoren den grundsätzlichen Einwand, dass die Prognose ihr Eintreffen i. S. einer »self-fulfilling prophecy« selbst erzeugt (Luthe 1988, Volckart 1997).
- Da Rückkopplungseffekte zwischen Prognose, Klienten und Umwelt nicht ausgeschlossen werden können, bildet die Kriminalprognose selbst eine prognoserelevante Tatsache. Sie kann sich z. B. motivierend oder demotivierend auf den Klienten auswirken, sie kann die Haltung der Umwelt, den Umfang von Stigmatisie-

rung etc. grundlegend beeinflussen und ändert damit selbst die Zukunft (Tondorf & Tondorf 2011).

Prognosen müssen trotz ihres Charakters als Wahrscheinlichkeitsaussagen möglichst gut und sicher die an sie gestellten Erwartungen erfüllen. Diese sind je nach Perspektive – Gesellschaft, Politik, Jurisprudenz, Kliniken und deren Träger etc. – sehr unterschiedlich (siehe Abb. 5).

Abb. 5 Aufgaben der Prognostik (nach Nedopil 2006)

Allgemeine Erwartungen an forensisch-psychiatrische Prognostik
• Risikoerfassung
• Risikoeinschätzung
• Risikomanagement
• Risikokommunikation
Aufgaben forensisch-psychiatrischer Prognostik
• Verhinderung krimineller Rückfälle (Gewalt- und Sexualdelinquenz)
• Handlungsanleitung für adäquate Intervention
• Verbesserung der Lebensqualität der Betroffenen
• Wahrung der individuellen Rechte
• Verminderung der Haftung

Ausgehend vom juristisch-kriminologischen Wissen hat die forensisch-psychiatrische bzw. rechtspsychologische Forschung im Verlauf der Zeit verschiedene Lösungsansätze hervorgebracht. Dabei ist es gerade im letzten Jahrzehnt zu einer deutlichen Weiterentwicklung der nachfolgenden »klassischen« Prognosemethoden gekommen.

- Die intuitive Methode: Grundlage der Verhaltensvorhersage ist der unsystematische, subjektive Gesamteindruck des Beurteilers.
- Die statistische Methode: die Vorhersage erfolgt mit Hilfe von aus empirischen Untersuchungen gewonnenen Indikatoren für hohe Rückfälligkeit (Prognosetafeln).
- Die klinische Methode: auf der Basis der systematischen Krankheits- und Delinquenzanamnese und anderer relevanter Dimensionen wie z. B. Verlauf während der Unterbringung, prädeliktischen Persönlichkeitsentwicklung und Zukunftsperspektiven wird die Vorhersage getroffen.
- Komplexe Gesamtprognose (Verbindungsprognose): Verbreiterung des Untersuchungsrasters durch Zusammenschau von individuellem klinischen Befund und gruppenbezogener (statistischer) Wahrscheinlichkeitsaussage (Orlob 1997).

In den letzten 10-15 Jahren haben sich ausgehend von diesen klassischen Methoden zwei Prognosepraktiken entwickelt, die heute die Grundlage moderner Gefährlichkeitsvorhersagen darstellen (nach Dahle et al. 2007).

- Klinisch-idiographische Prognose: individuumzentrierter, idiographischer Ansatz, stellt die inhaltliche Aufklärung des im vorliegenden Einzelfall relevanten Bedingungsgefüges für das in Frage stehende Verhalten in den Vordergrund. Das primäre Ziel ist nicht allein die Vorhersage von Straftaten, sondern individuelle Risikomerkmale und protektive Faktoren zu identifizieren und daraus Interventionsmöglichkeiten abzuleiten. Es kommen klinische Prognoseverfahren zum Einsatz.
- Nomothetische Prognose: Baut bei der Prognosebeurteilung vor allem auf Erfahrungen, die bislang mit der Rückfälligkeit von Tätern gewonnen wurden. Ausgangspunkt ist zunächst nicht die zu beurteilende Person, sondern sind gruppenstatistisch gewonnene Erkenntnisse über Tat und Tätermerkmale, Behandlungseffekte oder andere die Rückfallwahrscheinlichkeit beeinflussende Faktoren sowie Erfahrungen über Kumulationseffekte dieser Faktoren. Die Prognose besteht im Idealfall in der Zuordnung der zu beurteilenden Person zu einer empirisch konstruierten Tätergruppe mit ähnlicher Ausgangslage und der Interpretation von der bekannten Rückfallquote als individuelle Rückfallwahrscheinlichkeit. Es erfolgt die Anwendung aktuarischer Prognoseverfahren.

Beide Arten von Kriminalprognose stellen an den oder die Beurteiler hohe Anforderungen in der Form, allein das vorhandene empirische Wissen und die Vielzahl der Prognoseinstrumente bzw. -verfahren der verschiedenen Generationen in eine Gesamtprozedur sinnvoll und nachvollziehbar zu integrieren. Die Vorhersage ist damit bei zweckmäßiger Nutzung der Möglichkeiten und vorhandenem Verständnis für die methodischen Grundkonzepte sicherer geworden, der Urteilsbildungsprozess aber nicht unbedingt einfacher. Die Instrumente erfordern breite diagnostische Erhebungen einschließlich genauer Aktenanalysen und setzen beim Anwender eine psychodiagnostische Ausbildung voraus. Je nach Verfahren ist dann noch ein spezielles Training erforderlich (Dahle 2005).

Moderne Kriminalprognostik erfordert beim Praktiker den sicheren Gebrauch einer Reihe statistischer Größen bzw. Begrifflichkeiten wie sie sich in Abb. 6 finden.

Abb. 6 Wichtige statistische Begriffe in der Kriminalprognose
(nach Dahle et al. 2007; König 2010)

Basisrate	Anteil der rückfälligen Probanden in einer Stichprobe (z. B. mit einschlägigem Delikt oder allgemein delinquent)
Sensitivität	Richtig-Positiv-Rate Anteil der als rückfällig erkannten Probanden an der Gesamtheit der rückfälligen Probanden
Spezifität	Richtig-Negativen-Rate Anteil der nicht-rückfällig erkannten Probanden in der Gesamtheit der nicht –rückfälligen Probanden
Falsch-Positiv-Rate	Anteil der als rückfällig klassifizierten Probanden an der Gesamtheit der nicht rückfälligen Probanden
Falsch-Negativ-Rate	Anteil der als nicht-rückfällig klassifizierten Probanden an der Gesamtheit der rückfälligen Probanden
Relevanz	Positiver-Prädiktiver-Wert Anteil der richtig als rückfällig erkannten Probanden an der Gesamtheit der als rückfällig klassifizierten Probanden
Segreganz	Negativ-Prädiktiver-Wert Anteil der richtig als nicht-rückfällig erkannten Probanden an der Gesamtheit der als nicht-rückfällig klassifizierten Probanden
Trefferquote	Anteil aller richtig klassifizierten Probanden
Fehlerquote	Anteil aller falsch klassifizierten Probanden
AUC (area-under curve)	Die AUC gibt die Wahrscheinlichkeit an, dass ein zufällig ausgewählter Proband einen höheren Risikoscore hat, als ein zufällig ausgewählter nicht-rückfälliger Proband
r:Korrelation	Linearer Zusammenhang zwischen Scorewert und Rückfallwahrscheinlichkeit
Cohen's d	Zusammenhang zwischen Score und Rückfallwahrscheinlichkeit als Effektstärke in Einheiten der Standardabweichung

Diesen statistischen Größen kommt insbesondere beim sinnvollen aber auch kritischen Gebrauch von modernen Prognoseinstrumenten eine große Bedeutung zu. Die Praktiker benötigen sie bei der Auswahl des geeigneten Verfahrens und um Ergebnisse bzw. Scores am Ende der Durchführung richtig einordnen zu können.

Als »state of the art« kann eine Prognosemethodik angesehen werden, die den aktuellen Wissenstand, insbesondere die vorliegenden Prognoseinstrumente der verschiedenen Generationen sinnvoll einschließt, individuelle klinische Aspekte aber ebenso berücksichtigt. Dabei müssen idiographische und nomothetische Prognose in eine Gesamtmethode integriert werden. Die Aussage wird durch Überprüfung von Konkordanz der Beurteilung oder Aufdecken von Diskrepanzen deutlich gesteigert (siehe Abb. 7). Mit diesem Vorgehen gerät die juristisch geforderte individuelle Analyse des Einzelfalls nicht aus dem Blick des Prognostikers.

Abb. 7 Integrative Prognose nach Dahle & Lehmann (2013)

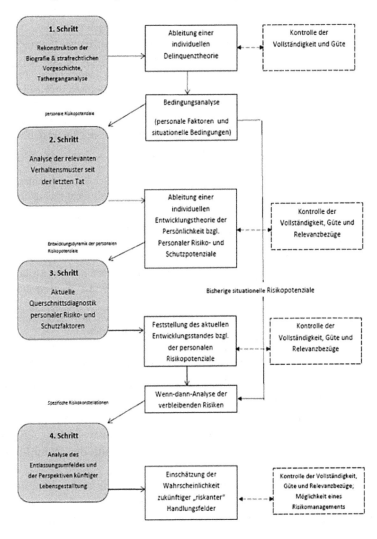

III. Mindestanforderungen und Qualitätsvorgaben für Prognosebegutachtung

Mindestanforderungen dienen im Allgemeinen der Qualitätssicherung und der Risikominimierung. Führen sie nur zur Verhinderung eines neuen schweren Deliktes, ist ihre Einhaltung lohnenswert. Sie definieren den »state of the art«, sind mit den in der Medizin viel diskutierten Leitlinien für die Behandlung bestimmter Erkrankungen vergleichbar. Sie können sich z. B. auf die wissenschaftliche Fundierung der Methoden, den Ablauf von Prozeduren, formellen Gesichtspunkten oder den anzuwendenden Mindestarbeitsaufwand beziehen. Auch unter haftungsrechtlichen Gesichtspunkten sind sie elementar.

Vor dem Hintergrund der Forschung zur Gutachtenqualität hat eine Arbeitsgruppe von Juristen, forensischen Psychiatern und Rechtspsychologen in den Jahren 2005/2006 ein Konsenspapier zu Mindestanforderungen für Prognosegutachten erarbeitet und publiziert (Boetticher et al. 2006). Der erste Gesichtspunkt ist dabei das Formulieren der für die Prognose relevanten Fragestellungen:

- Welchen Zusammenhang gibt es zwischen psychischer Störung und Delinquenz?
- Wie groß ist die Wahrscheinlichkeit, dass die zu begutachtende Person erneut Straftaten begehen wird?
- Welcher Art werden diese Straftaten sein, welche Häufigkeit und welchen Schweregrad werden sie haben?
- Wer wird Opfer dieser Straftaten sein?
- Mit welchen Maßnahmen kann das Risiko zukünftiger Straftaten beherrscht oder verringert werden?

Welche Umstände können das Risiko von Straftaten steigern?
Prognosen müssen falsch ausfallen, wenn nicht die richtigen Fragen gestellt werden.

Neben der Güte der zugrunde liegenden Theorien definieren Mindestanforderungen auch die Qualität der Erfassung der Merkmale und die anschließenden formalen Aspekte:

- Nennung von Auftraggeber und Fragestellung, ggf. Präzisierung
- Darlegung von Ort, Zeit und Umfang der Untersuchung
- Dokumentation der Aufklärung
- Darlegung der Verwendung besonderer Untersuchungs- und Dokumentationsmethoden (z. B. Videoaufzeichnung, Tonbandauf-

zeichnung, Beobachtung durch anderes Personal, Einschaltung von Dolmetschern)
- Exakte Angabe und getrennte Wiedergabe der Erkenntnisquellen (Akten, subjektive Darstellung des Probanden, Beobachtung und Untersuchung, zusätzlich durchgeführte Untersuchungen / weitere Informationsquellen z. B. bildgebende Verfahren, psychologische Zusatzuntersuchungen, Fremdanamnese) einschl. Begründung der Maßnahme
- Kenntlichmachung der interpretierenden und kommentierenden Äußerungen und deren Trennung von der Wiedergabe der Informationen und Befunde
- Trennung von gesichertem medizinischen (psychiatrischen, psychopathologischen) sowie psychologischen und kriminologischen Wissen und subjektiver Meinung oder Vermutung des Gutachters
- Offenlegung von Unklarheiten und Schwierigkeiten und den daraus abzuleitenden Konsequenzen; ggf. rechtzeitige Mitteilung an den Auftraggeber über weiteren Aufklärungsbedarf
- Kenntlichmachen der Aufgaben- und Verantwortungsbereiche der beteiligten Gutachter und Mitarbeiter
- Bei Verwendung wissenschaftlicher Literatur Beachtung der üblichen Zitierpraxis
- Klare und übersichtliche Gliederung

Ohne die Rekonstruktion der Persönlichkeitsproblematik, der Lebens- und Delinquenzgeschichte fehlt einer in die Zukunft gerichteten Risikoeinschätzung das entscheidende Fundament. Um das Ziel in der entsprechenden Qualität zu erreichen, ist Nachfolgendes erforderlich:

- Ein umfassendes Aktenstudium (Anamnese, Urteil und der darin getroffenen Persönlichkeits- und Delinquenzbeschreibung)
- Eine eingehende Exploration (zu mehreren Terminen), ggf. inklusive psychologischer Testungen
- Einbeziehung aller Daten des bisherigen Vollzuges, insbesondere eventueller Zwischenfälle

Die Qualität ist dem Ziel untergeordnet, ein exaktes, durch Fakten begründetes Bild der Person des Betroffenen, seiner Lebens- und Delinquenzgeschichte, der in seinen Taten zutage getretenen Gefährlichkeit und seiner seitherigen Entwicklung zu zeichnen.

IV. Praktisches Vorgehen

In der Praxis müssen sich Prognostiker täglich unter (dem Druck) den gesellschaftlichen sowie rechtspolitischen Erwartungen, vor dem Hintergrund der methodischen Schwierigkeiten und in der Realität des vollzuglichen Alltags dem Problem der Gefährlichkeitsprognose stellen. Wer wird wann, unter welchen Umständen, mit welchem Delikt rückfällig? Und wie können wir es verhindern? Prognostiker werden dabei angehalten sein, wissenschaftlich fundierte, sichere, überschaubare und ökonomische Beurteilungsprozeduren zu wählen. Diese müssen sie auf die Erfordernisse des Einzelfalls sinnvoll und individuell anpassen und u. a. auf folgende Aspekte zentrieren:

- Delinquenzanamnese bzw. Anamnese dissozialen Verhaltens
- Einfluss der psychischen Störungen, sexuelle Präferenzstörungen oder sonstige Krankheiten auf die Delinquenzanamnese bzw. die Anlassdelinquenz
- Bedeutung der Persönlichkeitsentwicklung bzw. Persönlichkeit für das kriminelle Verhalten bzw. die Anlassdelinquenz
- Rekonstruktion von Tatablauf und Tathintergründen
- Analyse der Dynamik von Straftaten
- Aktueller Persönlichkeitsquerschnitt und aktueller Krankheitszustand
- Zwischenanamnese und Verlauf während eines Freiheitsentzuges
- Perspektiven und Außenorientierung

Der Aufnahme im Maßregelvollzug geht in jedem Fall eine ungünstige Eingangsprognose voraus, diese stellt sozusagen die Baseline dar. Die Zuordnung zu bestimmten Risikogruppen anhand statischer Risikofaktoren wird neben der Störung wesentlich über die Zuweisung zu einer Behandlungsstation bzw. Behandlungssetting entscheiden. Hier gilt es, das intramurale Zwischenfallsrisiko (Orlob et al. 2003) so gering wie möglich zu halten. Aus dieser Eingangsprognose, den benannten beeinflussbaren (dynamischen) Risikofaktoren, leiten sich die Ziele für die Therapieplanung im Maßregelvollzug ab. Deren Zielerreichung und Bilanzierung münden in die Fortschreibung der Prognostik, sofern messbar dynamische Risikofaktoren verändert werden konnten. So entsteht ein Veränderungszyklus der über die weitere Perspektive, die Gewährung von Lockerungen, die Öffnung der Therapie und die letztliche Rehabilitation bestimmt. Franque (2013) hat diesen Prozess sinnvoll in einem Modell zusammengefasst (siehe Abb. 8) und damit die unauflösbare Verbindung zwischen Prognose und Therapieplanung deutlich gemacht.

Abb. 8 Prozessmodell der professionellen Urteilsbildung

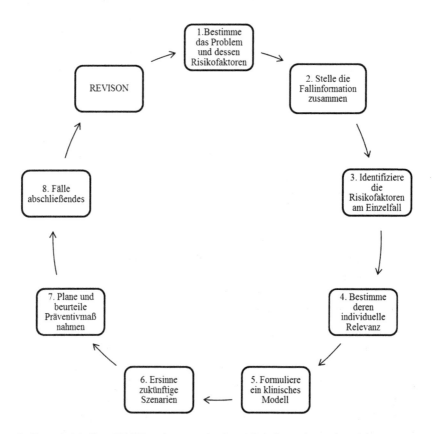

Briken & Müller (2014) gehen noch einen Schritt weiter, sie schlagen vor, Items von standardisierten Prognoseinstrumenten wie z.B. dem Stable-2007[7] bereits für die notwendige Schweregradbeurteilung bei der Schuldfähigkeitsbeurteilung heranzuziehen. Dies würde auch zu einer weiteren Evaluierung der Validität der Prognoseinstrumente führen. Das obige Prozessmodell könnte so um die Eingangsbegutachtung erweitert werden.

---

7   *Hansen & Harris* 2007.

Im Zentrum der Risikoerfassung und -bilanzierung stehen die Analyse sowie Feststellung statischer und dynamischer Risikofaktoren beim zu Beurteilenden. Statische Risikofaktoren stellen historische Merkmale dar, die sich nicht mehr ändern lassen und negativ in die Prognose eingehen. Zu ihnen gehören z. B. das Alter bei Delinquenzstart, negative Faktoren der Sozialisation, manifeste psychische Erkrankungen, eine Persönlichkeitsstörung oder eine Substanzproblematik. Besonderes Gewicht haben eine einschlägige delinquente Vorbelastung, Rückfallgeschwindigkeit oder das Versagen unter Auflagen. Zu den statischen Risikofaktoren gehören auch neurobiologische Merkmale. Die jüngere Forschung unterstreicht die Bedeutung biologischer Faktoren hinsichtlich der Entwicklung antisozialen Verhaltens, Aggressivität und Gewalttätigkeit (Stolpmann & Müller 2009). Bereits das »Heidelberger Delinquenzprojekt" (Kröber et al. 1994 a u. 1994 b) wies auf den Sachverhalt hin, dass soziale Entwicklungen in der Kindheit und Jugend in einem beträchtlichen Umfang mit sensomotorischen, intellektuellen sowie sonstigen kognitiven und neuropsychologischen Auffälligkeiten einhergehen, welche nicht allein durch psychosoziale Stressoren erklärbar sind. Dies führte zu neuropsychologischen Erklärungsmodellen der chronisch dissozialen Persönlichkeit. Unbestritten erscheint dabei die Tatsache, dass solche Phänomene beim Zusammentreffen mit negativen sozialen Einflussfaktoren, dissoziale Symptome wesentlich fördern. Ziel der weiteren Forschung ist die regelhafte Verwendung empirisch gesicherter Faktoren für das Risikomanagement.

Dissozialität und das Persönlichkeitskonstrukt »Psychopathy« (Hare 2006) sind zwei schwergewichtige statische Faktoren, die einerseits das Eingangsrisiko deutlich erhöhen und anderseits die Aussicht auf eine erfolgreiche Therapie begrenzen. Die forensische Konstruktvalidität von »Psychopathy« ist empirisch belegt - es bestehen Beziehungen zu der Anzahl und Schwere von Gewaltdelikten, dem Alter bei Erstdelinquenz, der Anzahl von Opfern bei Vergewaltigungstätern und der Legalprognose in diesen Deliktbereichen (Möller & Hell 2001). Es gibt verschiedene hypothetische Modelle zu den neurobiologischen Ursachen von »Psychopathy« und »Dissozialität«. Die Mehrzahl der empirischen Befunde belegt strukturelle und funktionale Hirnveränderungen. Die überwiegende Anzahl der Autoren bezweifelt die Erreichbarkeit von »Psychopaths« mit den heutigen therapeutischen Möglichkeiten (Nuhn-Naber & Rehder 2005). Erreicht Dissozialität die Qualität einer dissozialen bzw. antisozialen Persönlichkeitsstörung nach den Diagnosekriterien der ICD-10[8] bzw. des DSM-IV-TR[9], so äußern einige wissenschaftliche Arbeitsgruppen (Gairing et al. 2013) weiter empirisch begründete Zweifel an der therapeutischen Erreichbarkeit der Betroffenen. Die »Leitlinien Persönlichkeitsstörungen« (DGPPN 2009) sprechen hingegen davon, dass das Kernmerkmal der dissozialen Persönlichkeitsstörung, das kriminelle Verhalten, wirksam behandelt werden kann, wenn man den drei Prinzipien der Straftäterbehandlung - Risikoprinzip, Ansprechbarkeitsprinzip und Bedürfnisprinzip - folgt.

Nach Andrews & Bonta (2003) können im Hinblick auf Dissozialität die »großen Vier« quantifiziert werden:

- die Vorgeschichte antisozialen und delinquenten Verhaltens
- die Ausprägung von Merkmalen der antisozialen Persönlichkeit
- das Ausmaß antisozialer Kognitionen und Einstellungen
- das antisoziale Umfeld.

Bei der Erfassung dynamischer Risikofaktoren wird potentiell von deren Veränderbarkeit ausgegangen. Sie spielen daher gerade für die Messung der Relevanz therapeutisch erzielter bzw. eingetretener Veränderungen eine besondere Rolle. Eine primär ungünstige Eingangsprognose kann sich quasi nur über günstige Veränderung für den Einzelfall relevanter dynamischer Faktoren abschwächen oder zum Positiven verschieben. Zu fixierten dynamischen Risikofaktoren gehören u. a. Fehlhaltungen oder risikoträchtige Reaktionsmuster. Aktuelle dynamische Risikofaktoren sind z. B. die aktuelle Ausprägung einer klinischen Symptomatik, das Verhalten in relevanten Situationen, vorhandene Compliance oder entwickelte Coping-Mechanismen (Nedopil 2006). Das Gewicht und die Bedeutung statischer vs. dynamischer Risikofaktoren sind unter anderem vom Prognosezeitraum abhängig. Allgemein kommt den statischen Risikofaktoren in Langzeitprognosen eine größere Bedeutung als den dynamischen Risikofaktoren zu.

Bei der Analyse von Risikofaktoren muss die Anlasstat für sich genommen mit einbezogen werden. Dies dient als Informationsquelle für eine Tätertypologie und Klassifizierung des Tatverhaltens. Häufig können aus der Tathergangsanalyse (Osterheider 2008) auch Rückschlüsse über den kausalen Zusammenhang des psychopathologischen Störungsbildes zur begangenen Delinquenz gezogen werden. Die jüngere Forschung (Biedermann 2014) weist auf den spezifischen Zusammenhang zwischen

---

8 *Dilling* et al. 2013.
9 *Saß* et al. 2003.

Tatmerkmalen und rückfallprognostischer Differenzierung hin. Es gibt z. B. bei Sexualstraftätern eine übereinstimmende Handlungslogik in jeweils zu bildenden Täterklassen, konkrete Lebens- und Handlungszusammenhänge von Tätern und Opfern oder einen unterschiedlichen Gebrauch von Gewalt als Handlungselement. Die Einordnung in eine Täterklasse kann für die Bilanzierung des Eingangsrisikos und die Ableitung von gezielten Interventionen genutzt werden. Dies für den jeweiligen Betroffenen herauszuarbeiten, entspricht der juristisch geforderten Analyse des Einzelfalls und der Berücksichtigung der »durch die Tat zutage getretenen Gefährlichkeit«.

Es ist wichtig darauf hinzuweisen, dass den Risikofaktoren auch Schutzfaktoren entgegenstehen können. Dieser Ansatz findet sich sowohl in der kriminologischen Betrachtung der Entwicklung von Delinquenz, wo z. B. das Modell von kriminovalentem (K-idealtypisches) und kriminoresistenten (D-idealtypisches) Verhalten vertreten wird (Brockmann & Bock 2013). Er fließt aber auch in das Resilienz-Modell ein, welches Eigenschaften und Faktoren beschreibt, die einen protektiven Effekt gegenüber einem Rückfallrisiko oder der Begehung von Delinquenz allgemein aufweisen. Dies sind z. B. Flexibilität, Umstellungs- und Anpassungsfähigkeit, Fähigkeit zur Distanzierung vom kriminellen Milieu, gute intellektuelle Fähigkeiten oder die Befähigung zum kreativen Denken[10]. Einzelne dieser protektiven Faktoren finden sich auch in den Prognoseinstrumenten der jüngsten Generation.

Noch nicht hinreichend untersucht ist die Frage der Bedeutung sowie individuellen Gewichtung der verschiedenen Risikofaktoren vor dem Hintergrund des jeweiligen Geschlechts. Beispielhaft sind hier die geschlechterspezifischen Diskrepanzuntersuchungen von Eisenbarth (2014) zur psychopathischen Persönlichkeit bei Frauen. Diese machen deutlich, dass eine eins zu eins Übertragung von Befunden der meist männlichen Stichproben der Prognoseforschung auf Frauen unzulässig ist und die Besonderheiten des »weiblichen Einzelfalls« noch weniger abbilden und damit für Therapieplanung und Kriminalprognose wenig hilfreich sind.

Das Fortschreiten des Lebensalters kann begrenzt als protektiver Faktor angesehen werden. Die Rate delinquenten Verhaltens nimmt im höheren Lebensalter, insbesondere im Senium bekanntermaßen allgemein ab. Darüber hinausgehende Untersuchungen für spezielle Deliktgruppen liegen nur sehr begrenzt vor. Es ist daher sehr schwer, gruppenstatistische Vergleichsuntersuchungen für den individuellen Einzelfall heranzuziehen.

---

10   Übersicht bei *Nedopil* 2006, S. 135 f..

Auch in der Mehrzahl der Prognoseinstrumente geht Alter nicht als ein zu codierender Faktor ein. Soweit empirische Befunde vorliegen, gewinnt das Alter ab dem 50. Lebensjahr als protektiver Faktor bei Gewalt- und Sexualdelikten an Bedeutung, ab dem 70. Lebensjahr sogar mit ausschlaggebendem Gewicht. Andererseits weisen Langzeitstudien darauf hin, dass ein Ausstieg aus einer Delinquenzkarriere zu jedem Lebenszeitpunkt erfolgen kann[11]. Fraglos wird durch die höhere Lebenserwartung sowie die damit verbundene Zunahme an sog. Altersdelinquenz auch eine Verschiebung der Grenzen eintreten. Letztlich bedarf dies ebenso der individuellen Einzelfallanalyse.

Im Prognosegutachten müssen dafür die nachfolgenden Fragen beantwortet werden (nach Kröber 2006, Nedopil 2006, Wulf 2005):

A. Eingangsprognose:

Worin bestand im Einzelfall unter Berücksichtigung von Persönlichkeitsentwicklung und psychischer Störung die in der Tat zutage getretene Gefährlichkeit?

Prädeliktische Persönlichkeit
1. Kindheitsentwicklung und Faktoren einer Fehlentwicklung
2. Kriminalitätsentwicklung
3. Soziale Integration / soziale Kompetenz
4. Lebensspezifische Umstände (z. B. Pubertät, Adoleszenz)
5. Art und Dauer von krankhaften Verhaltensauffälligkeiten
6. Spezifisches Konfliktverhalten

Ausgangsdelikt
1. Statistische Rückfallwahrscheinlichkeit
2. Situative Eingebundenheit des Delikts
3. Ausdruck einer vorübergehenden Krankheit
4. Zusammenhang mit der Persönlichkeit
5. Motivationaler Zusammenhang
6. Tatbild und Fallanalyse

Kontrollfrage: Muss man sich um den Probanden grundsätzlich kriminalprognostisch Sorgen machen?

B. Entwicklungsstand:

Hat sich anhand der Persönlichkeitsentwicklung und des gegenwärtigen Befundes der psychischen Störung an den risikoträchtigen Strukturen inzwischen etwas geändert?

---

11 Übersicht bei *Nedopil* 2006, S. 129 f..

Postdeliktische Persönlichkeitsentwicklung
1. Verlauf nach der Tat
2. Behandlungsmöglichkeiten, Behandlungsstand und Compliance
3. Anpassung in der Institution
4. Nachreifung
5. Auseinandersetzung mit der Tat / Coping-Mechanismen
6. Umgang mit bisheriger Delinquenz
7. Deliktspezifische Besonderheiten (z. B. Empathiedefizit, Sex als Copingmechanismus, sexuelle Voreingenommenheit etc.)
8. Persistieren deliktspezifischer Persönlichkeitszüge
9. Aufbau von Hemmungsfaktoren / Rückfallvermeidungsplan
10. Folgeschäden durch Institutionalisierung

Zwischenfrage: Muss man sich um den Probanden kriminalprognostisch aktuell Sorgen machen?

C. Interventionsprognose:

Wie lassen sich die Stabilität bzw. der Ausbau des Entwicklungsstandes und eine kriminalprognostische Einschätzung auf den wahrscheinlichen zukünftigen Lebensraum projizieren?

Sozialer Empfangsraum
1. Behandelbarkeit und Prognose der Erkrankung
2. Zukünftige Therapiebereitschaft
3. Arbeit
4. Unterkunft
5. Soziale Beziehungen
6. Deliktspezifische Aspekte (Opferverfügbarkeit etc.)
7. Kontrollmöglichkeiten / Therapeutische Supervision
8. Konfliktbereiche und Stressoren
9. Wahrscheinlichkeit rückfallgefährdender Situationen
10. Zukunftserwartungen
11. Altersfaktor

Endfrage: Wurden bei dem Probanden positive Änderungen hinsichtlich der Kriminalprognose erreicht und werden diese Änderungen unter einem beschreibbaren Konstrukt der Zukunft mit bestimmbaren Variablen über eine messbare Zeit Stabilität haben?

Eine solche Struktur ermöglicht auch von der primären Risikoeinschätzung über die Risikokommunikation zu einem Risikomanagement zu kommen.

Bei der Beantwortung der zwingenden Fragen kommt Prognoseinstrumenten verschiedener Generationen eine große Bedeutung zu. Eine Erstellung von wissenschaftlich fundierten Gefährlichkeitsprognosen ohne diese entspräche nicht dem »state of the art«. Aktuarische Prognoseinstrumente machen die empirischen Erfahrungen über die Rückfälligkeit von Straftätern und hiermit zusammenhängenden Merkmalen für prognostische Zwecke nutzbar. Sie ermöglichen eine Zuordnung des Einzelfalls zu einer Gruppe von Straftätern, deren Rückfallrisiko bekannt ist. Dies kann bei der Eingangsfrage, der Frage nach einer begründeten dauerhaften prognostischen Sorge, sehr hilfreich sein. In die gleiche Richtung gehen Instrumente zur Erfassung des Persönlichkeitskonstruktes »Psychopathy«. Auch mit diesen erfolgt in Ergänzung der klinischen Befunderfassung und Diagnostik eine Zuordnung zu einem deutlich erhöhten allgemeinen Kriminalitätsrisiko. Klinische Prognoseinstrumente wie z. B. die »Integrierte Liste der Risikovariablen« (ILRV)[12] oder die sog. Dittmann-Liste[13] bieten die notwendige Struktur für die schon mehrfach angesprochene Einzelfallanalyse. Die einzelnen Kriterien besitzen einen dimensionalen Charakter, werden nicht einfach aufaddiert. Sie können in ihrer Einzelbedeutung unterschiedlich gewichtet werden. Demnach kann auch ein besonders herausgehobener ungünstiger Teilaspekt zu einer negativen Gesamtprognose führen und nicht nur die Summe aus problematischen Faktoren. Mit Hilfe von aktuarischen Prognoseinstrumenten erfolgt eine Zuordnung des Einzelnen zu einer Gruppe von Straftätern, deren Rückfallrisiko bekannt ist. Weniger abgebildet werden dabei allerdings die Komplexität der Rückfallrisiken, Interdependenzen von Risikofaktoren und die Kontextbedingungen.

Einen Überblick über die verschiedenen Prognoseinstrumente, über ihre Indikation und Einsatzmöglichkeiten sowie ihre Gütekriterien bieten u. a. die Arbeit von Dahle et al. (2007) oder die entsprechenden Kapitel in den Monographien von Jost (2012) und Nedopil (2006). Ein umfangreiches Handbuch zum Thema wurde jüngst von Rettenberger & v. Franque (2013) vorgelegt, welches die unten aufgelisteten verschiedenen Prognoseverfahren vorstellt (siehe Abb. 9), die statistische Güte bewertet, den Einsatzbereich beschreibt und die Bezugsquellen (Original und ggf. deutsche Übersetzung) sowie Schulungsmöglichkeiten benennt. Damit hat es einen hohen Praxiswert.

---

12 *Nedopil* 2006.
13 *Dittmann* 2000.

*Abb. 9 Besprochene Prognoseverfahren im Handbuch
von Rettenberger und v. Franque (2013)*

Prognoseverfahren für Jugendliche

- J-SOAP-II – Juvenile Sex Offender Assessment Protocol-II
- ERASOR – Estimate of Risk of Adolescent Sexual Offense Recidivism
- YLS/CMI – Youth Level of Service/Case Management Inventory
- SAVRY – Structured Assessment of Violence Risk in Youth

Instrumente zur Erfassung von Psychopathy

- PCL-R/PCL:SV – Psychopathy Checklist-Revised/Psychopathy Checklist: Screening Version
- PCL:YV – Psychopathy Checklist: Youth Version
- CAPP-IRS – Comprehensive Assessment of Psychopathic Personality

Aktuarische Prognoseverfahren

- OGRS – Offender Group Reconviction Scale
- VRAG – Violence Risk Appraisal Guide
- SORAG – Sex Offender Risk Appraisal Guide
- RRS – Rückfallrisiko bei Sexualstraftätern
- Static-99 zur Erfassung des statischen Risikos bei Sexualstraftätern
- Stable-2007 zur Erfassung des stabil-dynamischen Risikos bei Sexualstraftätern
- Acute-2007 zur Erfassung des akut-dynamischen Risikos bei Sexualstraftätern
- EFP-63 – Empirisch fundierte Prognosestellung im Maßregelvollzug gemäß § 63 StGB
- ODARA – Ontario Domestic Assault Risk Assessment

Klinische Prognoseverfahren

- LSI-R – Level of Service Inventory-Revised
- HCR-20 – Historical-Clinical-Risk Management-20 Violence Risk Assessment Scheme
- SVR-20 – Sexual Violence Risk-20
- SARA – Spousal Assault Risk Assessment Guide
- SAPROF – Structured Assessment of PROtective Factors for violence risk
- ILRV – Die Integrierte Liste der Risikovariablen
- Dittmann-Liste oder Basler Prognose-Instrument – Kriterienliste der Fachkommissionen des Strafvollzugskonkordats der Nordwest- und Innenschweiz

---

Die Mehrzahl der Verfahren erfordert eine abgeschlossene akademische Ausbildung in Medizin, Psychologie oder einer Sozialwissenschaft, Erfahrungen mit forensischen Klienten und der Beurteilung oder Diagnostik psychischer Störungen sowie den Besuch einer Schulung bzw. Weiterbildung. Zu den Verfahren liegen entsprechende Handbücher vor, die die empirische Grundlage, die erhobenen Stichproben und die Faktorenkonstruktion beschreiben. Dies wird z. T. durch verbindliche Interviewleitfäden für die Informationserfassung mit dem Betroffenen ergänzt (z. B. PCL-R[14] oder LSI-R[15]).

Bei sinnvoller Kombination der entsprechenden Verfahren mit einer klinisch-idiographischen Prognose gelingt in der Praxis die Entwicklung einer Hypothese der individuellen Risikofaktoren, die Überprüfung des Fortbestehens dieser Risikofaktoren, ihrer aktuellen Relevanz und der möglichen Kompensation durch protektive Faktoren.

Am Ende der Begutachtung erwartet der Adressat eine Risikoformulierung, die in die (juristische) Fragestellung übersetzbar ist. Hierzu wird eine deskriptive Beschreibung, eine subjektive Bewertung, meist nicht ausreichen. Nachvollziehbarer bzw. transparenter ist eine kategorische Risikoformulierung in 3 bis 5 Kategorien, wie z.B. am Ende der ILRV[16] mit der Beurteilung: günstig – ausreichend – nicht ausreichend – ungünstig. Dies kann durch quantitative Aussagen aus aktuarischen Prognoseinstrumenten (Wahrscheinlichkeit oder numerisch) und Angaben zum Risikomanagement noch vorhandener individueller Risikofaktoren ergänzt werden.

V. Fazit

Bezüglich der Prognosebeurteilung besteht eine Einheit aus Diagnose, Prognosebeurteilung und Empfehlung von Behandlungs- und Erziehungsmaßnahmen. Dies sollte durch die Gutachter zu den einzelnen Beurteilungszeitpunkten berücksichtigt werden. So wird die Prognosestellung zu einem kontinuierlichen Prozess, welcher mit der Therapie verzahnt werden kann. Das Gutachten bietet somit auch bei aktuell negativer Prognose Chancen für den Betroffenen. Prognostiker müssen sich das entsprechende methodische Handwerkszeug, einschließlich kriminologischer Kenntnisse aneignen. Der Prozesse der Prognoseerstellung erfordert ein systematisches Vorgehen. Dieser umfasst gleichermaßen das Sammeln und die Auswahl der relevanten Informationen, die Berücksichtigung von Fehlermöglichkeiten, die Gewichtung und Kombination von Risikofakto-

---

14 *Hare* 2006.
15 *Dahle* 2012.
16 *Nedopil* 2006.

ren und letztlich die Kommunikation des Risikos. Der Nutzer der Prognose, der Adressat, muss auf die bleibenden Unsicherheiten und möglichen Irrtümer bei der Prognosestellung nachdrücklich hingewiesen werden. Im Einzelfall scheint es dabei besonders wichtig, Risikofaktoren zukünftiger Delinquenz zu benennen und auf die Veränderbarkeit dynamischer Aspekte hinzuweisen. Der komplexe Prozess der Prognoseentscheidung erfordert eine Struktur, welche die Einschätzung durchschaubar macht und eine Überprüfung am allgemeinen klinischen und kriminologischen Wissen erlaubt. Letztlich ersetzt aber auch die Anwendung modernster Prognoseverfahren nicht, eine individuelle Hypothese der Entstehung der Delinquenz des einzelnen Täters vorzunehmen. In dieser sollten die Ansätze eines Mehrebenenmodells mit biologischen, biographischen, psychologischen und sozialen Faktoren für das Auftreten und die Beibehaltung von Delinquenz einfließen.

Zur Qualitätssicherung der Begutachtung und Minimierung des Restrisikos sollte der Gutachter in jedem Fall die gegebenen Standards bzw. Mindestanforderungen einhalten. Häufige Fehler wie unzureichende Auseinandersetzung mit Akten und Anamnese, keine Diskrepanzdiagnostik, Überbewerten von »Wohlverhalten« in der Institution und Gleichsetzung von Krankheit mit »Gefährlichkeit« sollten vermieden werden.

Ärzte und Therapeuten, die bei Prognoseentscheidungen den »state of the art« wahren, müssen so gut wie kein Strafbarkeitsrisiko befürchten. Es bedarf dabei eines systematischen, modellgeleiteten Prozesses, der klinische Erfahrungen, empirisches Wissen, moderne Methodik bzw. Verfahren und die jeweiligen Besonderheiten des Einzelfalls integriert. Beurteilungsprozess und Risikoformulierung müssen am Ende für Betroffene und Entscheidungsträger transparent und nachvollziehbar sein.

Kehrt man an den Anfang zurück und verliert den Zusammenhang zwischen Kriminalpolitik und Kriminalprognose nicht aus den Augen, so kann mit einem Zitat von Benjamin Franklin[17] geschlossen werden.

> »Wer bei im Einzelfall immer nötigen Abwägungen zwischen Sicherheit und Freiheit immer die Freiheit gewinnen lässt, der wird vermutlich die Sicherheit gefährden. Wer aber immer Sicherheit obsiegen lässt, der wird am Ende - und zwar nicht mit Wahrscheinlichkeit, sondern mit für die Freiheit tödlicher Sicherheit – Freiheit und Sicherheit verloren haben.«

---

17 Zitiert nach *Tondorf & Tondorf* 2011, Rn. 99.

Literatur

Andrews DA, Bonta J (2003) The psychology of criminal conduct, 3nd Edition. Anderson: Cincinnati

BDP (2014) Register der zertifizierten Fachpsycholog(inn)en für Rechtspsychologie. http://spezpsych.psychologenakademie.de/register2.php?tabelle=Rechtspsychologen&action=update&sort=PLZ [22.02.2014]

Biedermann J (2014) Die Klassifizierung von Sexualstraftätern anhand ihres Tatverhaltens im Kontext der Rückfallprognose und Prävention. Verlag Polizeiwissenschaften: Frankfurt

Bock M (1995) Die Methode der idealtypisch-vergleichenden Einzelfallanalyse; in: D Dölling (Hrsg.) Die Täter-Individualprognose. Beiträge zu Stand, Problemen und Perspektiven der kriminologischen Prognoseforschung. Heidelberg: Kriminalistik Verlag, S. 1-28

Bock M (1995) Das Elend der klinischen Kriminalprognose. StV 27: 269-275

Boetticher A, Kröber H-L, Müller-Isberner R, Böhm KM, Müller-Metz R, Wolf T (2006) Mindestanforderungen für Schuldfähigkeitsgutachten. NStZ 26: 537-544

Bundesministerium der Justiz (2013) Reformüberlegungen zur Unterbringung nach § 63 StGB . www.bmj.de/SharedDocs/Downloads/DE/pdfs/20130715_Eckpunkte_ Reformvorschlaege_Unterbringungsrecht.pdf?__blob=publicationFile [22.02.2014]

Brettel H (2007) Tatverleugnung und Strafrestaussetzung. Ein Beitrag zur Praxis der Kriminalprognose. Duncker & Humblot: Berlin

DGPPN (2000) Zertifikat Forensische Psychiatrie. http://www.dgppn.de/karriere/ zertifizierungen/zertifikatforensik.html [22.02.2014]

DGPPN (Hrsg) (2009) Psychiatrie/Leitlinien Persönlichkeitsstörungen. http://www.uni-duesseldorf.de/WWW/AWMF/ll/038-015.htm [15.10.2009]

DGPPN (2013) Der Fall Mollath . http://www.dgppn.de/presse/pressemitteilungen/detailansicht/browse/1/select/presse-2013/article/307/presseworksh.html [22.02.2014]

DGPPN (2014) Gutachterliste . http://www.dgppn.de/fileadmin/user_upload/_medien/dokumente/referate/forensische-psychiatrie/Forensik-Zertifikat_Gutachterliste.pdf [22.02.2014]

Dahle K-P (2005) Psychologische Kriminalprognose. Wege zu einer integrativen Methodik für die Beurteilung der Rückfallwahrscheinlichkeit von Strafgefangenen. Centaurus: Herboltzheim

Dahle K-P (2006) Strengths and limitations of actuarial prediction of criminal reoffence in a German prison sample: A comparative study of LSI-R, HCR-20 and PCL-R. International Journal of Law and Psychiatry 29: 431–442

Dahle K-P (2008) Kriminal(rückfall)prognose. In: R Volbert & M Steller (Hrsg.) Handbuch der Psychologie (Bd. XIII) Handbuch der Rechtspsychologie. Hogrefe: Göttingen, S. 444-452

Dahle K-P (2008) Aktuarische Prognoseinstrumente. In: R Volbert & M Steller (Hrsg.) Handbuch der Psychologie (Bd. XIII) Handbuch der Rechtspsychologie. Hogrefe: Göttingen, S. 453-463

Dahle K-P, Harwardt F, Schneider-Njepel V. (2012) Inventar zur Einschätzung des Rückfallrisikos und des Betreuungs- und Behandlungsbedarfs von Straftätern. Deutsche Version des Level of Service Inventory-Revised nach Don Andrews und James Bonta (LSI-R). Hogrefe: Göttingen

Dahle K-P, Lehmann R J B (2013) Klinisch-idiographische Kriminalprognose. In: M Rettenberger & F von Franqué (Hrsg.) Handbuch kriminalprognostischer Verfahren. Hogrefe: Bern, S. 347-356

Dilling H, Mombour W, Schmidt HM (2013) Internationale Klassifikation psychischer Störungen. ICD-10 Kapitel V (F). Huber: Bern. 9., überarbeitete Aufl.

Dittmann V (2000) Kriterien zur Beurteilung des Rückfallrisikos besonders gefährlicher Straftäter, Version 2, 1999. Strafvollzugskonkordat der Nordwest- und Innerschweiz, Wohlen

Eisenbarth H (2014) Psychopathische Persönlichkeiten bei Frauen. Nervenarzt 85: 290-297

Fegert JM, Schläfke D (Hrsg.) Maßregelvollzug zwischen Kostendruck und Qualitätssicherung. Pabst: Lengrich

Franqué F von (2013) Strukturierte, professionelle Risikobeurteilung. In: M Rettenberger & F von Franqué (Hrsg.) Handbuch kriminalprognostischer Verfahren. Hogrefe: Bern, S. 356-380

Gairing SK, de Tribolet-Hardy F, Vohs K, Habermeyer E (2013) Sicherungsverwahrte (§ 66 StGB). Nervenarzt 84: 65-71

Hansen RK, Harris A (2007) Stable-2007Master Coding Guide. ON Public Safety Canada: Otawa

Hare RD (2006) Hare Psychopathy Checklist-Revised (PCL-R): 2nd Edition. Technical Manual. Multi-Health-System: Toronto

Helmut K (Hrsg.)(2006) Härtere Strafen – weniger Kriminalität? Zeitschrift für soziale Probleme und soziale Kontrolle 17: 119-210

Heinz W (2013) Zur Verschärfung der Sanktionseinstellungen. Konstanzer Inventar Sanktionsforschung. http://www.ki.uni-konstanz.de/kis/ [22.02.2014]

Klimke D (2008) Wach- & Schließgesellschaft Deutschland: Sicherheitsmentalitäten in der Spätmoderne. Verlag für Sozialwissenschaften: Wiesbaden

Kinzig J (2011) Die Validität der Kriminalprognose - kriminologisch betrachtet. In: Schriftenreihe der Strafverteidigervereinigungen: Wehe dem, der beschuldigt wird ... 34. Strafverteidigertag, Hamburg, 26. - 28. Februar 2010, Berlin, S. 143-164

König A (2010) Der Nutzen standardisierter Risikoinstrumente für Einzelfallentscheidungen in der forensischen Praxis. R & P 28: 67-73

Kröber HL (2006) Praxis der Kriminalprognose. Begutachtung: handwerkliche Mindeststandards und kasuistische Illustration. In: HL Kröber et al. (Hrsg) Handbuch der Forensischen Psychiatrie. Bd. III. Psychiatrische Kriminalprognose und Kriminaltherapie. Steinkopf: Darmstadt, S. 173-192

Kröber HL (2010) Leugnen der Tat und Tatbearbeitung in der prognostischen Begutachtung. Forens Psychiatr Psychol Krimminol 4: 32-38

Kröber HL, Scheurer H, Saß H (1994 a) Zerebrale Dysfunktion, neurologische Symptome und Rückfalldelinquenz - I. Literaturübersicht. Fortschr Neurol Psychiatrie 62: 169-178

Kröber HL; Scheurer, H, Saß H (1994 b) Zerebrale Dysfunktion, neurologische Symptome und Rückfalldelinquenz - II. Ergebnisse des Heidelberger Delinquenzprojekts. Fortschr Neurol Psychiatrie: 62: 223-232

Leferenz H (1962) Über Möglichkeiten und Grenzen der sozialen Prognose. Jahrbuch für Jugendpsychiatrie und ihre Grenzgebiete, Bd. III: 165-171

Leferenz H (1972) Die Kriminalprognose. In: H Göppinger & H Witter (Hrsg.), Handbuch der Forensischen Psychiatrie. Berlin; Heidelberg; New York: Springer, S. 1347 - 1384

Luthe R (1988): Forensische Psychopathologie. Springer: Berlin; Heidelberg

Mey D (1965): Die Voraussage des Rückfalls im intuitiven und im statistischen Prognoseverfahren. Mschr Krim 48: 1-12

Monahan J (1978): Prediction research and the emergency commitment of dangerous mentally ill persons: A Reconsideration. Am J Psychiatry 135: 198-201

Müller C (1997) Das Gewohnheitsverbrechergesetz v. 24.11.1933. Kriminalpolitik als Rassenpolitik. Nomos: Baden-Baden

Möller H, Hell D (2001) Das gegenwärtige Verständnis des Psychopathiebegriffes in der forensischen Psychiatrie. Fortschr Neurol Psychiatr 69: 603-610

Müller J (2010) Neurobiologische Grundlagen der »Psychopathy«. In: J Müller (Hrsg) Neurobiologie forensisch relevanter Störungen. Kohlhammer: Stuttgart, S. 314-330

Nedopil N (2006) Prognose in der Forensischen Psychiatrie – Ein Handbuch für die Praxis. Pabst: Lengerich, 3. Aufl.

Nuhn-Naber C, Rehder U (2005) Psychopathie – Gegenindikation für Sozialtherapie? Mschr Krim 88: 257-272

Orlob S (1997) Prognose delinquenten Verhaltens bei Jugendlichen. In: A Warnke et al. (Hrsg.) Forensische Kinder- und Jugendpsychiatrie. Huber: Bern; Göttingen; Toronto; Seattle, S. 310-324

Orlob S, Lübcke-Westermann D, Henning T, Gillner M (2003) Intramurale Zwischenfälle in einer forensisch-psychiatrischen Fachklinik im Beobachtungszeitraum von 1995-2001. In: M Osterheider (Hrsg) Forensik 2002 – Wie sicher kann Prognose sein? PsychoGen Verlag: Dortmund 2003

Osterheider M (2008) Tathergangsanalyse in der forensischen Psychiatrie und Psychologie. Entwicklung, Anwendung, Einsatzbereich. Praxis der Rechtspsychologie 18: 6-14

Pfeiffer C Windzio M, Kleinmann M (2004) Die Medien, das Böse und wir. Mschr Krim 87: 415-436

Polläehne H (1995) Das Maß des Freiheitsentzuges. In: H Kammeier (Hrsg.) Maßregelvollzugsrecht. De Gruyter: Berlin, New York:, S. 203 - 288

Pollähne , Woyner I (2014) Verteidigung in Strafvollstreckung und Vollzug. CF Müller: Heidelberg, 5. Aufl.

Rasch W (1985) Die Prognose im Maßregelvollzug als kalkuliertes Risiko. In. H D Schwind (Hrsg.) , Festschrift für G. Blau. De Gruyter: Berlin, New York

Saß H, Wittchen H-U, Zaudig M, Houben I (2003) Diagnostische Kriterien des Diagnostischen und Statistischen Manuals Psychischer Störungen – DSM-IV-TR (Deutsche. Bearbeitung). Hogrefe: Göttingen Bern Toronto

Schöch H. (1994) Maßregelvollzug. In: U Venzlaff & K Foerster (Hrsg.) Psychiatrische Begutachtung. Fischer: Stuttgart S. 444-468

Schöch H (2010) Kriminalprognose. In: H J Schneider (Hrsg.) Internationales Handbuch der Kriminologie (Bd. I) Grundlagen der Kriminologie. De Gruyter: Berlin, S. 359-393

Seifert D (2007) Gefährlichkeitsprognosen: eine empirische Untersuchung über Patienten des psychiatrischen Maßregelvollzugs. Darmstadt: Steinkopff

Singelstein T & Stolle P(2012) Die Sicherheitsgesellschaft. Soziale Kontrolle im 21. Jahrhundert. Verlag für Sozialwissenschaften: Wiesbaden, 3. Aufl.

Steller M (2007) Notwendigkeit der Verbesserung der Qualität sachverständiger Tätigkeit. In: S Dauer et al. (Hrsg.) Rechtspsychologie zwischen Politik, Justiz und Medien. Pabst: Lengrich

Stolpmann G, Müller J (2009) Neurobiologie und Prognose. In: J Müller (Hrsg.) Neurobiologie forensisch-relevanter Störungen. Kohlhammer: Stuttgart, S. 461-468

Tondorf G, Tondorf B (2011) Psychologische und psychiatrische Sachverständige im Strafrecht. Müller: Heidelberg [u.a.], 3. Aufl.

Volbert R (1986): Zwischenfälle im Maßregelvollzug. Wie kalkulierbar ist das Risiko? MschrKrim 69: 341-347

Volckart B (1997) Praxis der Kriminalprognostik. Beck: München

Volckart B (2002) Zur Bedeutung der Basisrate in der Kriminalprognose: was zum Teufel ist eine Basisrate? R & P 20: 105-114

Wolf T (2012) Zur Qualität forensischer Gutachten aus strafrechtlicher Sicht. Forens Psychiatr Psychol Kriminol 6:235–242

Wulf R (2005) Gute kriminologische Prognosen: Rückfall, Flucht, Suizid. MSchrKrim 88: 290 - 304

Medizin und geschlossene Unterbringung: Von der Spannung zwischen ärztlicher Ethik und gesellschaftlichem Auftrag

Heiner Fangerau

I. Einleitung*

Die Grenze zwischen Gesundheit und Krankheit ist oftmals nicht eindeutig zu bestimmen. Nicht nur aus historischer Perspektive, sondern auch schon synchron, interindividuell, im Kulturvergleich oder aus der Gegenüberstellung verschiedener Krankheitsklassifikationen, lassen sich große Unterschiede in der Grenzziehung zwischen normal und pathologisch feststellen. Erschwerend für eine klare Differenzbildung tritt der Umstand hinzu, dass die gesellschaftliche Akzeptanz eines Zustandes als krank, das individuelle Krankheitserleben eines Patienten als leidend und die objektive medizinische Bewertung eines Krankheitszustandes als nosologisch klassifizierbar differieren können.[1]

Die Problematik der Krankheitsdefinition und -klassifikation zeigt sich insbesondere in der Psychiatrie, in der neben relativ klaren Wahrnehmungen eines Zustands als pathologisch ein weites Feld an Grauzonen der Abgrenzung, Klassifikation und Benennung von Gesundheit und Krankheit besteht. In solchen Grenzfällen führen oft Werturteile zu einer Entscheidung über die Notwendigkeit einer Diagnostik und/oder Therapie, beispielsweise wenn etwa eine bestimmte Idee der Arbeitsfähigkeit für die

---

* Der hier vorliegende Text basiert auf einem Vortrag während der Ringvorlesung »Verantwortung und Zurechnung im Spiegel von Strafrecht und Psychiatrie« im Wintersemester 2013/2014 an der Universität Augsburg.
1 Vgl. zu diesem Themenkomplex und vor allem für weiterführende Literatur u.a. *Heiner Fangerau/Michael Martin*, Konzepte von Gesundheit und Krankheit: Die Historizität elementarer Lebenserscheinungen zwischen Qualität und Quantität, in: Willy Viehöver/Peter Wehling (Hrsg.), Entgrenzung der Medizin. Von der Heilkunst zur Verbesserung des Menschen?, Bielefeld 2011, S. 51-66. Siehe ferner *Heiner Fangerau/Azura Z. Aziz/Rethy Chhem*, Disease, illness, and sickness: a contested boundary (im Druck).

Einschätzung des Pathologiegehaltes eines desorganisierten Erscheinungsbildes bei einer Person mit herangezogen wird.[2]

Vor diesem Hintergrund sind Zwangsmaßnahmen in der Psychiatrie schon seit langer Zeit in der Diskussion. In der Folge einer Entscheidung des Bundesverfassungsgerichts aus dem Jahr 2011, das verschiedene Landesgesetze zum Maßregelvollzug (Baden-Württemberg und Rheinland-Pfalz) nicht als zulässige Grundlage für eine Zwangsbehandlung ansehen wollte[3], hat der Zwang in der Psychiatrie als Gegenspieler einer im juristischen und ärztlichen Selbstverständnis verankerten Patientenautonomie jedoch eine neue Aufmerksamkeit erfahren. Neben einer umfassenden medialen Berichterstattung hat beispielsweise auch die »Zentrale Kommission zur Wahrung ethischer Grundsätze in der Medizin und ihren Grenzgebieten bei der Bundesärztekammer« im Jahr 2013 eine Stellungnahme zur Zwangsbehandlung bei psychischen Erkrankungen mit Empfehlungen an die Ärzteschaft erstellt.[4] Zu Recht wird in dieser Stellungnahme unter anderem zwischen »der Unterbringung gegen den Willen des betroffenen Patienten zum Zweck der Behandlung und der zwangsweisen Behandlung selbst« differenziert.[5]

Die Unterbringung gegen den Willen kommt dabei einem Freiheitsentzug gleich, der einer Rechtfertigung bedarf. Im medizinischen Kontext kann diese Rechtfertigung im Unterschied zur strafrechtlichen Legitimation allein in den Kategorien von Gesundheit und Krankheit, Diagnostik und Therapie erfolgen. Die Ziele und Werte von Recht und anderen beteiligten Parteien, wie z.B. der Polizei, können mitunter mit den medizinischen Wertsetzungen konfligieren.[6] Da hier, wie dargestellt, die Grenzen

---

2   Für eine pointierte Diskussion dieses Grundgedankens und eine Reihe weiterführender Literatur siehe das Diskussionspapier von *Kenneth W. Fulford/Matthew Broome/Giovanni Stanghellini/Tim Thornton*, Looking with both eyes open: fact and value in psychiatric diagnosis?, World Psychiatry 4(2005), 78-86. Vgl. auch *Kenneth W. Fulford*, Values, science and psychiatry, in: Sydney Bloch/Stephen A. Green (Hrsg.), Psychiatric ethics, 4. Auflage, Oxford, New York 2009, S. 61-84.

3   S. dazu auch die Beiträge von Steinert und Höffler (in diesem Band).

4   Stellungnahme der Zentralen Kommission zur Wahrung ethischer Grundsätze in der Medizin und ihren Grenzgebieten (Zentrale Ethikkommission) bei der Bundesärztekammer: Zwangsmaßnahmen bei psychischen Erkrankungen, Deutsches Ärzteblatt 110 (2013), A1334-A1338

5   Stellungnahme der Zentralen Kommission, a.a.O. (FN. 4), S. A1335

6   Für eine schlüssige Übersicht und eine differenzierte an den jeweils eingesetzten Werten orientierte Darstellung siehe *Roger Peele/Paul Chodoff*, Involuntary hospitalization and deinstitutionalization, in: Sydney Bloch/Stephen A. Green (Hrsg.), Psychiatric ethics, 4. Auflage, Oxford, New York 2009, S. 211-228, 212ff.

jedoch mitunter schwierig zu ziehen sind und gleichzeitig gesellschaftliche und individuelle, vom Patienten ausgehende Erwartungen an den Arzt in Konflikt miteinander geraten können, ergeben sich mitunter Handlungsdilemmata, die nur schwer zu lösen sind.

Im Folgenden möchte ich am Beispiel des so genannten Maßregelvollzugs und der forensischen Psychiatrie einige dieser Dilemmata skizzieren und bisher vorgeschlagene Handlungsorientierungen zum Umgang mit ihnen darstellen. Zu diesem Zweck erfolgt nach einer kurzen Darstellung der Grundkonflikte, die sich für den Arzt in der Forensik und im Maßregelvollzug ergeben, eine Problematisierung des dichotomen Begriffspaars Zwang und Autonomie im forensischen Umfeld. Ein besonderes Gewicht wird dabei auf die Sonderposition des forensischen Psychiaters gelegt. Zuletzt werden mögliche Leitgedanken zum Umgang mit dieser Sonderposition präsentiert.

II. Grundkonflikte

Im angloamerikanischen Raum hat sich in der Debatte um die zwangsweise Unterbringung von psychisch kranken Straftätern das phonetisch reizvolle Wortspiel von »madness« versus »badness« Raum verschafft.[7] Dieses Wortspiel zielt auf eine zunächst scheinbar klare und auf den zweiten Blick nur schwierig zu ziehende Demarkation zwischen einer Krankheit und einem moralischen Fehlverhalten, das gesellschaftlich sanktioniert wird. Während der psychisch Kranke nicht für mögliche kriminelle Handlungen verantwortlich gemacht werden kann, weil er sie aufgrund seiner Krankheit unabsichtlich oder unbewusst begeht, so zeichnet sich der Verbrecher, der bestraft wird, gerade dadurch aus, dass er seine moralisch verwerflichen Taten gerade absichtlich, bewusst und wenn nicht aus sozialer Not dann auch noch in eventuell boshafter Absicht begangen hat. Hier aber stellt sich die Frage, mithilfe welcher Kriterien bestimmt werden kann, ob eine als unmoralisch eingestufte Straftat aufgrund einer psychi-

---

7 *Claire L. Pouncy* und *Jonathan M. Lukens* greifen es beispielsweise auf, wenn sie auf den Widerspruch hinweisen, dass ein Krimineller, der an einer psychischen Krankheit leide, aus Sicht eines forensischen Psychiaters moralisch nicht für seine Taten verantwortlich gemacht werden kann, gleichzeitig aber die Selbstbestimmung, die Verantwortungsbewusstsein für Taten voraussetzt, im Recovery Modell der Psychiatrie als Grundpfeiler verstanden wird. Siehe *Claire L. Pouncy/Jonathan M. Lukens*, Madness versus badness; the ethical tension between the recovery movement and forensic psychiatry, Theoretical Medicine and Bioethics 31 (2010), 93-105

schen Erkrankung oder einer für »gesund« gehaltenen Absicht begangen wurde. Nicht immer sind sozial bedingte Krankheitsdefinitionen hier klar von für biologisch bedingt gehaltenen Konzeptionen zu trennen. Die Schnittmenge dieser beiden Verständnisse der Ätiologie und Klassifikation psychischer Leiden scheint hier immens zu sein.[8]

Die hier angerissene Schwierigkeit der Unterscheidung zwischen moralisch schlecht und biopsychosozial pathologisch wird noch komplizierter, wenn wie *Deidra N. Greig* es ausdrückt, sich das »bad« zum »evil«, die schlechte Tat zur besonders schlimmen Tat steigert[9]: Muss hier vielleicht davon ausgegangen werden, dass dem besonderen Übel eine Krankheit zu Grunde liegt, eben weil es sich durch extreme Schlechtigkeit auszeichnet? Wenn diese Frage mit »Ja« beantwortet werden muss, so steht die nächste Frage im Raum, nämlich, wie mit psychisch kranken Rechtsbrechern umgegangen werden kann, die aufgrund ihrer Krankheit Straftaten begehen und damit ihren Mitmenschen gefährlich werden.

Mit der aufkommenden Anstaltspsychiatrie des 19. Jahrhunderts geriet die Debatte um dieses Problem zunehmend in den Fokus der Anstaltspsychiater.[10] Die Frage nach der Zuständigkeit für die Betreuung und Sicherung, das heißt sicheren Verwahrung psychisch kranker Rechtsbrecher, erreichte um 1900 einen Höhepunkt, als auf der einen Seite Ärzte mutmaßten, ihre Heilanstalten würden in der Wahrnehmung der Öffentlichkeit den Charakter von Gefängnissen einnehmen und somit ihren Heilanspruch verlieren. Die Öffentlichkeit auf der anderen Seite wiederum fürchtete, dass Krankenhäuser nicht über die Möglichkeiten verfügten, den Ausbruch gefährlicher Personen zu verhindern. Wie *Christian Müller* überzeugend dargelegt hat, stand die Psychiatrie in dieser Situation vor einem ernsten Dilemma, das abseits dieser praktischen Probleme bis weit in die

---

8   Zu diesem Komplex vgl. *Stephen Rosenmann*, Psychiatry and compulsion: a map of ethics, Australian and New Zealand Journal of Psychiatry 32 (1998), 785-793
9   *Deidra N. Greig*, Madness, Badness, and Evil, in: Tom Mason (Hrsg.), Forensic Psychiatry: Influences of Evil, New Jersey 2003, S. 135-152.
10 Selbstverständlich gab es auch schon vor der so genannten Ära der Anstaltspsychiatrie Auseinandersetzungen um die Frage psychisch kranker Rechtsbrecher. Einen Eindruck vermittelt *Maren Lorenz* in ihrer Auswertung forensischer Fälle aus dem 17. und 18. Jahrhundert, in der sie unter der Kapitelüberschrift »Seelen vor Gericht« auch das Feld der frühen Gerichtspsychiatrie ausführlich bearbeitet. Siehe *Maren Lorenz*, Kriminelle Körper – Gestörte Gemüter. Die Normierung des Individuums in Gerichtsmedizin und Psychiatrie der Aufklärung, Hamburg 1999. Zur Entwicklung der »Kriminalpsychologie« und ihrer Verwobenheit mit dem Strafrecht und der Zurechnungslehre siehe *Ylva Grebe*, Verbrechen und Krankheit. Die Entdeckung der »Criminalpsychologie« im 19. Jahrhundert, Köln 2004.

Diskussion der Konzepte von »Geisteskrankheiten« hinein reichte[11]: Die Strafe für ein Verbrechen sollte im juristischen Verständnis für eine individuelle zurechenbare Schuld verhängt werden. Psychiater jedoch schienen immer mehr »einen engen Zusammenhang zwischen psychischen Störungen und kriminellem Verhalten« zu sehen.[12] Im medizinischen Feld versuchten verschiedene Psychiater über die Konzepte der Psychopathie und der Persönlichkeitsstörung den unmittelbaren Zusammenhang zwischen Straftäter und psychischer Krankheit aufzulösen. Im Strafrecht bemühten sich Juristen und Psychiater darum, eine Sicherungsstrafe einzuführen. Die Sicherungsstrafe sollte auf die eigentliche Strafe folgen, wenn aus medizinischer Sicht die Vermutung nahe lag, dass die betreffende Person auch weiterhin für ihren Mitmenschen bedrohlich sein könnte. Diese Idee wurde schließlich im so genannten Gewohnheitsverbrechergesetz vom 24. November 1933 in das deutsche Strafrecht eingeführt und wurde bis heute in ihren Grundzügen beibehalten.

In der Umsetzung dieser Regelung gerieten Ärzte allerdings in Fällen der zwangsweisen Unterbringung von psychisch kranken Menschen (zum Beispiel im Maßregelvollzug) bei dem Versuch, nach heutigen Maßstäben »das Richtige zu tun«, zum einen in ethische Konflikte und zum anderen aufgrund ihrer ärztlichen Rolle in Rollenkonflikte.[13] Beispielsweise stellt sich die Frage, für wen die Ärzte bei ihrem Umgang mit diesem psychisch Kranken eigentlich die Verantwortung tragen. Tragen Sie die Verantwortung für die Gesellschaft, die sie durch die Betreuung des Patienten schützen sollen oder tragen sie die Verantwortung für den sich in ihrer Obhut befindenden Patienten, seine Gesundheit, seine Wünsche und seine Bedürfnisse? Während auch hier der erste Blick nahelegt, dass Ärzte allein dem Patienten gegenüber verpflichtet sind und ihr Handeln sich an der Anerkennung und Achtung ihres Gegenübers orientieren sollte, so zeigen doch die Selbstwahrnehmung und das Aufgabenprofil des forensischen Psychiaters, dass die Gesellschaft von ihm auch eine Wahrung ihrer Inte-

---

11 *Christian Müller*, Heilanstalt oder Sicherungsanstalt? Die Unterbringung geisteskranker Rechtsbrecher als Herausforderung der Anstaltspsychiatrie im Deutschen Kaiserreich, in: Heiner Fangerau/Karen Nolte, »Moderne« Anstaltspsychiatrie im 19. und 20. Jahrhundert – Legitimation und Kritik, Stuttgart 2006, S. 103-115.
12 Hier und im Folgenden *Christian Müller*, Heilanstalt, a.a.O. (FN. 11), S. 111f.
13 Dies gilt insbesondere auch für die Begutachtung (s.u.). Siehe hierzu auch *Norbert Nedopil*, Forensische Psychiatrie: Klinik, Begutachtung und Behandlung zwischen Psychiatrie und Recht, 4. Auflage, Stuttgart 2012, S. 30ff.

ressen erwartet.[14] Die Antwort auf die Frage nach der richtigen Handlung kann je nach Betrachtungswinkel folglich unterschiedlich ausfallen. Der Versuch, »zwei Herren zu dienen«, ist schwierig.[15]

Schon die Berufsordnung für Ärztinnen und Ärzte verlangt in Paragraph 1 Absatz 1, dass Ärzte »der Gesundheit des einzelnen Menschen und der Bevölkerung« dienen.[16] Zwar legt der Kontext nahe, dass es sich bei »der Bevölkerung« um einen Genitiv und nicht um einen Dativ handelt. Im forensischen Umfeld allerdings, besteht von Seiten der Gesellschaft ein großes Interesse daran, dass die Ärzte in ihrer Fürsorge für die psychisch kranken Täter auch darauf achten, dass diese Täter nicht vorzeitig, das heißt »ungeheilt«, entlassen werden oder noch im Zustand der Krankheit aus einer geschlossenen Unterbringung entweichen können.[17] So tritt der Arzt im Begutachtungsfall vor Gericht als Zeuge und im Kontext des Maßregelvollzugs als Therapeut und auch Aufsichtsperson (»Sicherung«) auf. Kurzum, der Arzt befindet sich in einem innere Konflikte heraufbeschwörendem Spannungsfeld, das sich aus den zum Teil selbst definierten Anforderungsprofilen an ihn als Gutachter, Therapeut, Wissenschaftler und Gewährleister der »Sicherung psychisch kranker Straftäter« ergibt.[18]

---

14 Siehe u.a. die Verortung von *Hans-Ludwig Kröber*, Forensische Psychiatrie. Ihre Beziehungen zur klinischen Psychiatrie und zur Kriminologie, Der Nervenarzt 76 (2005), 1376-1381

15 Zur Gesellschaft tritt noch das Rechtssystem, dem ein Arzt beispielsweise im Gutachterverfahren verpflichtet ist. Eine lesenswerte Übersicht über die hieraus resultierenden vielfältigen Konflikte findet sich bei *Thomas G. Gutheil*, Ethics and forensic psychiatry, in: Sydney Bloch/Stephen A. Green (Hrsg.), Psychiatric ethics, 4. Auflage, Oxford, New York 2009, S. 435-452.

16 (Muster-)Berufsordnung für die in Deutschland tätigen Ärztinnen und Ärzte – MBO-Ä 1997 – in der Fassung der Beschlüsse des 114. Deutschen Ärztetages 2011 in Kiel, Deutsches Ärzteblatt 108 (2011), A1980-A1992.

17 *Nedopil* hat unter Bezugnahme auf ein politisches »Agendasetting« dieses öffentliche Interesse pointiert hervorgehoben, siehe *Norbert Nedopil*, Ethische Fragen bei der Begutachtung, in: Jürgen Müller/Göran Hajak, Willensbestimmung zwischen Recht und Psychiatrie. Krankheit, Behinderung, Berentung, Betreuung, Berlin, Heidelberg, 2005, S. 1-14, S. 5f. Schon in einem Lehrbuch der forensischen Psychiatrie von 1914 hielt der Autor fest: »Wenn sie [die Kranken, die sich als Untersuchungsgefangene in einer ‚Irrenanstalt' befinden] also durch die Fahrlässigkeit eines Arztes oder Pflegers Gelegenheit finden zu entweichen, so kann auch da unter Umständen eine Bestrafung des Beschuldigten erfolgen«. *Arthur Hermann Hübner*, Lehrbuch der forensischen Psychiatrie, Bonn 1914, S. 224.

18 Eine der jüngsten Selbstverortungen in diesem Sinne stellt eine Pressemitteilung der Deutschen Gesellschaft für Psychiatrie und Psychotherapie, Psychosomatik und Nervenheilkunde (DGPPN) dar, die sie anlässlich im Juli 2013 anlässlich

Wesentliche normativ-ethische Eckpunkte des ärztlichen Handelns sind die Orientierung am Wohl des Patienten, die Vermeidung eines Schadens für den Patienten und die Wahrung der Autonomie des Patienten. Diese Werte mittlerer Reichweite, zu denen auch noch die Gerechtigkeit gehört,[19] sind gut geeignet, die sich ergebenden Konfliktlinien anschaulich zu skizzieren. Zu diesen Zielpunkten ärztlichen Handelns treten noch weitere in der medizinischen Ethik kodifizierte Werte und Forderungen an den Arzt, die sich um die Wahrung der Vertraulichkeit persönlicher Informationen eines Patienten und die grundsätzliche moralische Norm der Verpflichtung zur Wahrheit ranken. In der Forensik gerät die Wahrung dieser Prinzipien aus den geschilderten Spannungslinien heraus oftmals an ihre Grenzen, da selten alle Prinzipien gemeinsam berücksichtigt werden können, weil sie sich hier in Teilen widersprechen.

Im Begutachtungskontext etwa zeigt sich deutlich eine Sonderposition des forensischen Psychiaters, die Applebaum und andere mit der Aussage auf den Punkt bringen, dass nur eines ginge: entweder der Arzt agiere als Therapeut oder als Gutachter.[20] Diese Folgerung ergibt sich genau aus Zielkonflikten, die durch unterschiedliche Gewichtungen medizinethischer Normen in unterschiedlichen Rollen entstehen. So ist der Gutachter beispielsweise der Wahrheit verpflichtet. Es ist ihm juristisch und als Gutachter auch moralisch nicht gestattet, etwa zum Wohl eines Patienten, das er als Therapeut anstrebt, die Prognose eines Patienten zu schönen oder Informationen, die ihm zur Verfügung stehen, zurückzuhalten. Das Wohl des Patienten tritt hier hinter die Interessen des Gemeinwohls zurück. Auch Schweigepflichten, die in einer Arzt-Patienten-Beziehung ein zentrales Gut darstellen, stehen hier hinten an. Ja vielmehr noch: juristisch können bei der forensischen Begutachtung Offenbarungsbefugnisse und

---

des Falls Mollaths herausgegeben hat (Pressemeldung 12, 26.07.2013: Maßregelvollzug in der Kritik: Psychisch kranke Menschen in der forensischen Psychiatrie und Psychotherapie; http://www.dgppn.de/presse/pressemitteilungen/detail ansicht/article/149/massregelvol.html; letzter Zugriff 13.8.2014).

19 Vgl. *Tom Beauchamp/James Childress*, Principles of biomedical ethics, 5th edition. Oxford, NY 2001. Für eine prägnante Darstellung und Diskussion siehe *Klaus Steigleder*, Moral, Ethik, Medizinethik, in: Stefan Schulz/Klaus Steigleder/Heiner Fangerau/Norbert Paul (Hrsg.), Geschichte, Theorie und Ethik der Medizin, Frankfurt 2006.

20 *Paul S. Appelbaum*, A theory of ethics for forensic psychiatry, Journal of the American Academy of Psychiatry and the Law 25 (1997), 233-247. Siehe auch *Heiner Fangerau/Gisela Badura-Lotter*, Ethische Aspekte der Kinder- und Jugendforensik, in: Frank Hässler/Wolfram Kinze/Norbert Nedopil (Hrsg.), Praxishandbuch Forensische Psychiatrie des Kindes-, Jugend- und Erwachsenenalters. Grundlagen, Begutachtung und Behandlung, Berlin 2011, S. 21-25.

Offenbarungspflichten relevant werden, die der Schweigepflicht gerade entgegenstehen.[21]

In der wissenschaftlichen Tätigkeit eines Forensikers und in der therapeutischen Tätigkeit im Maßregelvollzug rücken prominent Fragen des Zwangs und der Freiwilligkeit in den Vordergrund. Während sich in der Wissenschaft nur grundsätzliche Probleme medizinischen Forschens im forensischen Umfeld akzentuieren, bilden die Antipoden des Zwangs und der Freiwilligkeit das Kerndilemma der zwangsweisen Unterbringung von psychisch Kranken.

Als Wissenschaftler etwa steht der forensische Psychiater vor der besonderen Schwierigkeit, dass nach forschungsethischen Grundsätzen die Teilnahme an einem Forschungsvorhaben freiwillig erfolgen muss.[22] Es darf keinerlei Zwang ausgeübt werden und auch indirekt sollten keine Anreize zu einer Forschungsteilnahme, zum Beispiel durch Lockerung der Maßregelbedingung, gegeben werden. Damit stellen sich im Forschungskontext besondere Herausforderungen an die Information und Einwilligung von Patienten. Ebenfalls steht bei der Forschung nicht das Wohl des einzelnen Patienten im Zentrum des Interesses des Wissenschaftlers. Dieses aber stellt das Hauptziel einer therapeutischen Handlung dar. Auch in der Forschung (im Humanexperiment) darf ein Arzt seinen Patienten nicht willentlich einen Schaden zufügen oder diesen in Kauf nehmen, doch das Schadenspotential eines Versuchs ist aufgrund des unsicheren wissenschaftlichen Charakters von Forschung schwerer einzuschätzen als das einer etablierten Therapie. Auch in der Forschung kann zwar der einzelne von Forschungsvorhaben profitieren oder es kann sich zumindest ein Nutzen für die Gruppe aus den wissenschaftlichen Ergebnissen ergeben, dieser Nutzen aber ist bei der einem wissenschaftlichen Vorhaben inhärenten Aufgaben- und Ergebnisunsicherheit keineswegs sicherzustellen. Im Gegenteil: Ein therapeutisch beabsichtigter Nutzen für einen Forschungsteilnehmer kann vielmehr zu einem systematischen Fehler, einer Verzerrung,

---

21 Siehe auch für weiterführende Literatur *Andrea Kemper/Jörg Fegert/Heiner Fangerau*, Bruch der ärztlichen Schweigepflicht bei Androhung von Gewalt- und Sexualstraftaten? Ethische und rechtliche Grundsätze als Wegweiser, Nervenheilkunde 29 (2010), 460-464.

22 Vergleiche hierfür die einschlägige Deklaration von Helsinki des Weltärztebundes in ihrer Fassung von 2013: WMA Declaration of Helsinki – Ethical Principles for Medical Research Involving Human Subjects, World Medical Journal 59 (2013) 199-202. Die Passagen über Vulnerable Gruppen und das Informierte Einverständnis geben hier klare Linien vor.

einem so genannten »Bias« führen.[23] Der Patientenwille zur Teilnahme an einem Forschungsvorhaben, die Gefahr des indirekten Zwangs und das anzustrebende Wohl des Patienten geraten in diesem Umfeld in ein konfliktreiches Verhältnis.

III. Zwang und Autonomie

Erfahrungen im Umgang mit Zwang in der (forensischen) Psychiatrie und die Forderung nach Beachtung der Patientenautonomie, die eben im speziellen Fall der Forschung skizziert wurden, waren der Auslöser für die eingangs geschilderte Entscheidung des Bundesverfassungsgerichts. Sie bilden ein Urproblem nicht nur der forensischen Psychiatrie. Die Idee der »geschlossenen Unterbringung« und das Konzept des »Maßregelvollzugs« verkörpern in sich schon die Spannung zwischen der Autonomie des Patienten, dem Interesse einer Allgemeinheit an der Verhinderung von Straftaten durch psychisch kranke Täter und dem Wunsch eines Arztes, zum Wohl eines Patienten zu handeln.[24]

Wenn davon auszugehen ist, dass jede Einschränkung der Autonomie eines Menschen begründet werden muss, so können diese Gründe zum einen in der relationalen Aushandlung persönlicher Grenzen in Beziehungsgeflechten liegen. In diesen Fällen würde es sich zumindest in Teilen um eine selbst auferlegte Autonomiebegrenzung handeln, die im Interesse einer persönlichen, beruflichen oder anderen Beziehung in Kauf genommen wird. Ferner kann die Autonomiebegrenzung sich in einer durch staatliche Macht herbeigeführten Einschränkung äußern. Eine solche Begrenzung, zum Beispiel in Form eines Entzugs, kann legitim oder illegitim über das Rechtssystem eines Staates vermittelt und über seine Organe durchgesetzt werden. Eine dritte Autonomiebegrenzung kann sich aus medizinischer Sicht durch eine Krankheit ergeben. Beispielsweise kann eine psychische Krankheit dazu führen, dass Information von einem Patienten nicht mehr verarbeitet werden können, ihm rationales und schlussfolgerndes Handeln unmöglich wird, er Situationen, in denen Entscheidung getroffen werden

---

23 *Tobias Gerhard*, Bias: considerations for research practice, American Journal of Health-System Pharmacy 65 (2008), 2159-2168.

24 Vgl. hier und im Folgenden *George Szmukler*, ‚Coercive' Measures, in: Hanfried Helmchen/Norman Sartorius (Hrsg.), Ethics in psychiatry. European contributions, Dordrecht, Heidelberg 2010, S. 321-340; *Roger Peele/Paul Chodoff*, Involuntary hospitalization and deinstitutionalization a.a.O. (FN. 6); mit Schweizer Fokus *Diana Meier-Allmendinger*, Die ärztliche Einweisung – eine Zwangsmaßnahme in der Medizin, Therapeutische Umschau 66 (2009), 595-599.

sollen, nicht mehr erkennen kann und er in der Folge Entscheidungen nicht mehr treffen oder kommunizieren kann.[25]

Während sich der ärztliche Handlungsbereich eigentlich nur auf eine krankheitsbedingte Autonomiebegrenzung beschränkt, bringt es der forensisch-psychiatrische Kontext mit sich, dass der Arzt sich auch zur staatlichen Autonomiebegrenzung verhalten muss, wenn beispielsweise ein Maßregelvollzug oder eine Sicherheitsverwahrung gerichtlich angeordnet worden sind. In solchen Fällen muss der Arzt sowohl als Gutachter, als auch im Sinne eines Therapeuten tätig werden, was die oben aufgeführten Probleme nach sich zieht. Aber auch wenn dem Arzt nur eine therapeutische Rolle zukommt, steht er vor dem Dilemma, die Autonomie des Patienten, die sich aus seiner Menschenwürde ergibt, zu achten und gleichzeitig eine therapeutische Aufgabe zu erfüllen.

In diesem Zusammenhang erfolgende Einschränkungen der Autonomie von Patienten, die kultur- und rechtssystemspezifisch[26] vom Freiheitsentzug bis hin zur Zwangsbehandlung reichen können, werden meistens damit legitimiert, dass sie entweder dem Wohl des Patienten dienen, indem sie ihn vor gesundheitlichen Schäden (z.B. durch Suizidversuche) bewahren[27] oder dass sie dazu dienen, die Allgemeinheit vor Schäden zu schützen.[28] Während selbst- und fremdschädigendes Verhalten meistens durch eine Unterbringung verhindert werden können, sehen viele Ärzte die Notwendigkeit, in bestimmten Fällen psychisch Kranke auch gegen ihren Willen zu behandeln, um beispielsweise ihr Leiden an einem Wahn zu lindern oder auch ihre Einwilligungsfähigkeit wiederherzustellen. Einer solchen Haltung liegen unter anderem so genannte paternalistische Arzt-Patienten-Modelle zu Grunde, die davon ausgehen, dass ein Arzt in jedem Fall zum Wohl des Patienten handeln müsse, zur Not auch gegen dessen Willen. Diese Modelle stehen am anderen Pol des Kontinuums zwischen der reinen ärztlichen Entscheidung und der alleinigen Entscheidung des Patien-

---

25 Siehe *Norbert Nedopil*, Forensische Psychiatrie, a.a.O. (FN. 13), S. 77.
26 Hier bestehen international sehr große Unterschiede in der Zahl der zwangsweise in einer Einrichtung untergebrachten Personen, siehe *George Szmukler*, ‚Coercive' Measures, a.a.O. (FN. 24).
27 Hier ist in Deutschland der § 1906 des Bürgerlichen Gesetzbuches in seiner Fassung v. 18.02.2013 einschlägig (§ 1906 BGB).
28 So heißt es etwa in § 63 des Strafgesetzbuches zur »Unterbringung in einem psychiatrischen Krankenhaus«: »Hat jemand eine rechtswidrige Tat im Zustand der Schuldunfähigkeit (§ 20) oder der verminderten Schuldfähigkeit (§ 21) begangen, so ordnet das Gericht die Unterbringung in einem psychiatrischen Krankenhaus an, wenn die Gesamtwürdigung des Täters und seiner Tat ergibt, daß von ihm infolge seines Zustandes erhebliche rechtswidrige Taten zu erwarten sind und er deshalb für die Allgemeinheit gefährlich ist.«

ten, die zum Beispiel im Modell des »informierten Einverständnisses« (Informed Consent) einen Ausdruck finden. Während paternalistische Modelle im ärztlichen Diskurs des 20. Jahrhunderts eine große Rolle spielten, wurden sie im deutschen Recht schon sehr früh zu Gunsten des Autonomiekonzeptes aufgegeben.[29] Zentral erscheint hierbei, dass es wiederum eine große Spannbreite von Autonomiekonzepten gibt, die sich im klinischen Alltag unterschiedlich präsentieren und dass Patientenautonomien sich stets innerhalb eines relationalen Beziehungsgeflechts, zum Beispiel auch mit Angehörigen, situativ und neu gestalten. Eine solche in bedingtem Maße graduelle Wahrnehmung von Autonomie scheint der juristischen Konzeption, die einem »Alles-oder-nichts-Prinzip« nicht unähnlich ist, in Teilen zu widersprechen. Unterschiedliche Systemlogiken des Rechts und der Medizin können hier gegenseitige Irritationen und Diskussionen nach sich ziehen.[30]

Einigkeit besteht aber in dem Punkt, dass das Ziel der Autonomiewahrung sein sollte, Patienten so viel Kontrolle über ihre Entscheidungen und Handlungen zu geben, wie sie es wünschen.[31] Das wiederum schließt medizinische Zwangsmaßnahmen auch bei der Akzeptanz von Grenzen der Autonomie unbedingt aus, so lange Patienten einwilligungsfähig sind oder eine medizinische Handlung aus ihrem »natürlichen Willen« (verstanden als Willensäußerung im Zustand einer Nichteinwilligungsfähigkeit) heraus ablehnen.[32] Zwangsmaßnahmen, die über eine Unterbringung zum Schutz des Patienten oder der Gesellschaft hinausgehen, wie z.B. Zwangsbehand-

---

29 Siehe hierzu überblickweise *Thorsten Noack/Heiner Fangerau*, Zur Geschichte des Verhältnisses zwischen Arzt und Patient in Deutschland, in: Stefan Schulz/Klaus Steigleder/Heiner Fangerau/Norbert Paul (Hrsg.), Geschichte, Theorie und Ethik der Medizin, Frankfurt 2006, S. 77-93 und *Tanja Krones/Gerd Richter*, Die Arzt-Patient-Beziehung, in: Stefan Schulz/Klaus Steigleder/Heiner Fangerau/Norbert Paul (Hrsg.), Geschichte, Theorie und Ethik der Medizin, Frankfurt 2006, S. 94-116.

30 Zur unterschiedlichen Systemlogik des Rechts und der Medizin in der Bewertung von Autonomie in Vorausverfügungen siehe auch *Heiner Fangerau*, Patientenverfügung und Ethik als Systemkonflikt, in: Joachim Eckart/Helmuth Forst/Josef Briegel (Hrsg.), Intensivmedizin. Kompendium und Repetitorium zur interdisziplinären Weiter- und Fortbildung, 45. Ergänzungslieferung 9/11, Heidelberg, S. XIV 1-7.

31 *Onora O'Neill*, Some limits of informed consent, Journal of Medical Ethics 29 (2003), 4–7.

32 Siehe hierzu auch die Stellungnahme der Zentralen Kommission, a.a.O. (FN. 4), S. A1335f. Zum »natürlichen Willen« siehe *Petra Kirsch/Tilman Steinert*, Natürlicher Wille, Einwilligungsfähigkeit und Geschäftsfähigkeit. Begriffliche Definitionen, Abgrenzungen und relevante Anwendungsbereiche, Krankenhauspsychiatrie, 17 (2006), 96-102.

lungen, sind wie in der Einleitung geschildert besonders umstritten. Ein Grund hierfür liegt darin, dass ihre Abgrenzung zur Strafe, die nicht Teil der ärztlichen Aufgabe ist, zum Teil schwer fällt[33] und weil ihre gewünschten Gesundheit wiederherstellenden Effekte zumindest in der Langzeitbetrachtung im Vergleich zur Unterlassung einer Zwangstherapie nicht klar erwiesen zu sein scheinen.[34]

IV. Empfehlungen

In jedem Fall ist der forensische Psychiater mit der Schwierigkeit konfrontiert, dass ohnehin schon schwierige Fragen der Psychiatrie zwischen Patientenwohl und Autonomie sich durch den juristischen Rahmen einerseits und die Erwartungshaltungen der Gesellschaft an Sicherung ihrer Interessen andererseits in verschärfter Form stellen. Darüber hinaus ist der forensische Psychiater aufgrund seiner Rolle in vielen Situationen gezwungen, grundlegende medizinethische Normen, die das Arzt-Patienten-Verhältnis prägen, zu verletzen bzw. konfligierende Normen gegeneinander abzuwägen. In diesen Fällen aber erscheint es medizinethisch geboten und notwendig, die Einschränkung der Autonomie an Bedingungen (mittlerer Reichweite) zu knüpfen, wenn etwa der Zielkonflikt zwischen Autonomie und Patientenwohl in Richtung einer Zwangsmaßnahme (einschließlich der zwangsweisen Unterbringung) entschieden werden soll. So sollte das moralische Ziel der Einschränkung realistisch erreichbar sein, es sollten keine moralisch vorzuziehenden Alternativen zur Einschränkung existieren, die Art der Einschränkung sollte die kleinstmögliche sein, die notwendig ist, das Ziel der Einschränkung zu erreichen und die Effekte der Einschränkung sollten minimiert werden.[35]

Auch für forensische Psychiater gilt, dass sie sich in ihren Handlungen zum Beispiel an den von der World Psychiatric Association herausgegebenen Empfehlungen der »Madrid Declaration on Ethical Standards for

---

33 U.a. hierzu *Harry Oosterhuis*, Treatment as punishment: forensic psychiatry in The Netherlands (1870-2005), International Journal of Law and Psychiatry 37 (2014), 37-49; *Yuval Melamed*, Mentally ill persons who commit crimes: punishment or treatment?, Journal of the American Academy of Psychiatry and the Law 38 (2010), 100-103.
34 Vgl. *Carmen Pfiffner*: Der Einfluss einer zwangsweisen Unterbringung von Patienten mit Schizophrenie auf Rehospitalisierung und Behandlungsadhärenz - eine prospektive, naturalistische Studie. Univ. Diss. Med. Fak. Uni Ulm 2010.
35 *Tom Beauchamp/James Childress*, Principles of Biomedical Ethics, a.a.O. (FN. 19), S. 19-20.

Psychiatric Practice« orientieren können.[36] Zusätzlich zu diesen Empfehlungen können verschiedene, von nationalen rechtsmedizinischen Gesellschaften und (Polizei-)Verbänden erstellte Ethikkodizes, bedingt auch auf die forensische Psychiatrie angewandt werden.[37] Diese Lücke haben für forensisch-psychiatrische Begutachtungssituationen beispielsweise Simon und Wettstein zu schließen versucht, als sie 1997 konkrete Leitlinien für die forensische Evaluation formuliert haben.[38] Für Deutschland kann derzeit die Stellungnahme der ZEKO als sinnvolle Leitlinie herangezogen werden.[39]

Der vielen dieser Kodizes und Leitlinien zugrunde liegende Kerngedanke kann jedoch als erste medizinethische Handlungsempfehlung in jeder Situation der psychiatrisch motivierten geschlossenen Unterbringung herangezogen werden: Alle genannten Kodizes sind getragen von der Forderung nach Respekt für die von der Zwangsmaßnahme betroffene Person. Respekt bedingt dabei auch einen ehrlichen Umgang mit dem Gegenüber. Die Herstellung von Transparenz über die vorliegende Situation, die ehrliche Darstellung von Handlungsspielräumen und eine Offenlegung der geschilderten Dilemmata erscheinen somit als Grundvoraussetzung eines ärztlichen Umgangs mit betroffenen Patienten und psychisch kranken Straftätern im Umfeld der Zwangsunterbringung und forensischen Begutachtung.

---

36 *Ahmed Okasha*, The Declaration of Madrid and its implementation. An update, World Psychiatry 2 (2003), 65–67.
37 Ein Abdruck verschiedener derartige Kodizes findet sich im Anhang zu *Robin T. Bowen*, Ethics and the Practice of Forensic Science, Boca Raton 2010, S. 161ff. Dieses Buch enthält eine grundsätzliche Auseinandersetzung mit ethischen Fragen in der rechtsmedizinischen Praxis, psychiatrische Themen werden hier nicht abgehandelt.
38 *Robert I. Simon/Robert M. Wettstein*, Toward the development of guidelines for the conduct of forensic psychiatric examinations, Journal of the American Academy of Psychiatry and Law 25 (1997): 17-30.
39 Stellungnahme der Zentralen Kommission, a.a.O. (FN. 4).

Die psychobiologischen Grundlagen und Therapieoptionen von Gewaltdelinquenz anhand der antisozialen Persönlichkeitsstörung

Manuela Dudeck

»Wie ist es dazu gekommen,..., dass unsere Zivilisation Monster hervorbringt. Verhindertes Leben... Was sonst. Verhindertes Leben.« Christa Wolf

Einleitung

Während die antisoziale Persönlichkeitsstörung in der Allgemeinbevölkerung mit bis zu 2% vorkommt und Männer ca. doppelt so häufig betroffen sind, finden wir in Gefängnispopulationen bis zu 70% (Langefeld et al., 2004, Dudeck et al., 2009; Barnow et al., 2010). Die Prävalenz ist damit angesichts des vorauszusetzenden delinquenten Verhaltens der Gefängnisinsassen im Vergleich zur Allgemeinbevölkerung erwartungsgemäß um ein Vielfaches erhöht (Samuels et al., 2002). Nahezu 87% aller Gefängnisinsassen verbüßen in Deutschland eine Kurzzeitstrafe, wovon auch hier drei Viertel diagnostisch unter einer antisozialen Persönlichkeitsstörung (APS) leiden. Mehr als 30% haben ein Gewaltdelikt und 60% ein Eigentumsdelikt mit Gewaltanwendung begangen (Dudeck et al., 2009). In dieser Hinsicht können Gefangene mit einer APS als eine exemplarische Gruppe für Gewaltdelinquenz gelten, da diese seit frühester Jugend emotionaler Vernachlässigung, multiplen Misshandlungen, früher Institutionalisierung wie Heimaufenthalten und somit problematischen Beziehungserfahrungen durch instabile Bezugssysteme ausgesetzt waren und kein adäquates Sozialverhalten entwickeln konnten (Adams, 2002; Kopp et al., 2009; Dudeck & Freyberger, 2012).

I.   Entwicklung des Konzepts von Antisozialität

Emil Kraepelin legte Anfang des 20. Jahrhunderts in seinem Lehrbuch »Psychiatrie« den Grundstock für die Diagnose der antisozialen Persönlichkeit. Er arbeitete sieben Prägnanztypen psychopathischer Persönlich-

keiten heraus. Dort wurden die Gesellschaftsfeinde (Antisoziale) durch eine ausgesprochene sittliche Stumpfheit, eine starke Reizbarkeit, Eitelkeit und Selbstgefälligkeit, einen Mangel tieferer gemütlicher Regungen und an Mitgefühl charakterisiert. Ferner führte Kraepelin aus, dass fast alle Kranken mit dem Strafgesetz in Widerstreit geraten und diesbezüglich eine außerordentliche Rückfälligkeit zeigen (Kraepelin, 1915).
Kurt Schneider führte diesen Ansatz in der Klinischen Psychopathologie weiter. Er stellte aus den abnormen Persönlichkeiten als abnorme Spielarten seelischen Wesens die psychopathischen Persönlichkeiten als diejenigen heraus, die unter ihrer Abnormität leiden oder unter deren Abnormität die Gesellschaft leidet. Er definierte insgesamt zehn Prägnanztypen der Persönlichkeitsstörung, u. a. den gemütlosen Psychopath, der durch ein Fehlen von Mitleid, Scham, Ehrgefühl, Reue und Gewissen gekennzeichnet und grundsätzlich unverbesserlich sowie unerziehbar war (Schneider, 1955).
Dieser Aspekt der persönlichen Beeinträchtigung und der gestörten sozialen Funktion wird auch in den aktuellen Klassifikationssystemen ICD-10 und in Teilen im DSM-V wieder aufgegriffen (WHO, 1994; APA, 2013).
Während die o.g. Betrachtungsweisen kategorial Antisozialität beschreiben, gab Hervey M. Cleckley 1941 in seiner Schrift »The Mask of Sanity« (1941) eine dimensionale Beschreibung des Störungsbildes, die wiederum als konzeptuelle Grundlage der späteren operationalisierten Diagnosesysteme diente, ab. Das klinische Profil der dort definierten Persönlichkeitsgruppe ist in Tabelle 1 zusammengefasst und wird dort dem Psychopathy-Konzept Robert D. Hares (Hare, 1996) gegenübergestellt. Dieses basiert auf Cleckleys Beschreibungen und mündete in der Ausarbeitung der Psychopathy-Checkliste (PCL-R), die eine valide und reliable diagnostische Handreichung darstellt (Hare 2003).

Die psychobiologischen Grundlagen und Therapieoptionen von Gewaltdelinquenz anhand der antisozialen Persönlichkeitsstörung

Manuela Dudeck

»Wie ist es dazu gekommen,..., dass unsere Zivilisation Monster hervorbringt. Verhindertes Leben... Was sonst. Verhindertes Leben.« Christa Wolf

Einleitung

Während die antisoziale Persönlichkeitsstörung in der Allgemeinbevölkerung mit bis zu 2% vorkommt und Männer ca. doppelt so häufig betroffen sind, finden wir in Gefängnispopulationen bis zu 70% (Langefeld et al., 2004, Dudeck et al., 2009; Barnow et al., 2010). Die Prävalenz ist damit angesichts des vorauszusetzenden delinquenten Verhaltens der Gefängnisinsassen im Vergleich zur Allgemeinbevölkerung erwartungsgemäß um ein Vielfaches erhöht (Samuels et al., 2002). Nahezu 87% aller Gefängnisinsassen verbüßen in Deutschland eine Kurzzeitstrafe, wovon auch hier drei Viertel diagnostisch unter einer antisozialen Persönlichkeitsstörung (APS) leiden. Mehr als 30% haben ein Gewaltdelikt und 60% ein Eigentumsdelikt mit Gewaltanwendung begangen (Dudeck et al., 2009). In dieser Hinsicht können Gefangene mit einer APS als eine exemplarische Gruppe für Gewaltdelinquenz gelten, da diese seit frühester Jugend emotionaler Vernachlässigung, multiplen Misshandlungen, früher Institutionalisierung wie Heimaufenthalten und somit problematischen Beziehungserfahrungen durch instabile Bezugssysteme ausgesetzt waren und kein adäquates Sozialverhalten entwickeln konnten (Adams, 2002; Kopp et al., 2009; Dudeck & Freyberger, 2012).

I. *Entwicklung des Konzepts von Antisozialität*

Emil Kraepelin legte Anfang des 20. Jahrhunderts in seinem Lehrbuch »Psychiatrie« den Grundstock für die Diagnose der antisozialen Persönlichkeit. Er arbeitete sieben Prägnanztypen psychopathischer Persönlichkeiten heraus. Dort wurden die Gesellschaftsfeinde (Antisoziale) durch eine ausgesprochene sittliche Stumpfheit, eine starke Reizbarkeit, Eitelkeit und Selbstgefälligkeit, einen Mangel tieferer gemütlicher Regungen und an Mitgefühl charakterisiert. Ferner führte Kraepelin aus, dass fast alle Kranken mit dem Strafgesetz in Widerstreit geraten und diesbezüglich eine außerordentliche Rückfälligkeit zeigen (Kraepelin, 1915).

Kurt Schneider führte diesen Ansatz in der Klinischen Psychopathologie weiter. Er stellte aus den abnormen Persönlichkeiten als abnorme Spielarten seelischen Wesens die psychopathischen Persönlichkeiten als diejenigen heraus, die unter ihrer Abnormität leiden oder unter deren Abnormität die Gesellschaft leidet. Er definierte insgesamt zehn Prägnanztypen der Persönlichkeitsstörung, u. a. den gemütlosen Psychopath, der durch ein Fehlen von Mitleid, Scham, Ehrgefühl, Reue und Gewissen gekennzeichnet und grundsätzlich unverbesserlich sowie unerziehbar war (Schneider, 1955).

Dieser Aspekt der persönlichen Beeinträchtigung und der gestörten sozialen Funktion wird auch in den aktuellen Klassifikationssystemen ICD-10 und in Teilen im DSM-V wieder aufgegriffen (WHO, 1994; APA, 2013).

Während die o.g. Betrachtungsweisen kategorial Antisozialität beschreiben, gab Hervey M. Cleckley 1941 in seiner Schrift »The Mask of Sanity« (1941) eine dimensionale Beschreibung des Störungsbildes, die wiederum als konzeptuelle Grundlage der späteren operationalisierten Diagnosesysteme diente, ab. Das klinische Profil der dort definierten Persönlichkeitsgruppe ist in Tabelle 1 zusammengefasst und wird dort dem Psychopathy-Konzept Robert D. Hares (Hare, 1996) gegenübergestellt. Dieses basiert auf Cleckleys Beschreibungen und mündete in der Ausarbeitung der Psychopathy-Checkliste (PCL-R), die eine valide und reliable diagnostische Handreichung darstellt (Hare 2003).

Tabelle 1.: Klinische Profile nach Cleckley und Hare (mod. nach Dreßing, 2009)

Cleckley	Hare
oberflächlicher Charme	trickreicher Blender mit oberflächlichem Charme/ oberflächliche Gefühle
Unaufrichtigkeit	pathologisches Lügen
Egozentrik	übersteigertes Selbstwertgefühl
Fehlen von Schuldgefühlen / mangelnde Einsicht / Gefühlsarmut	Mangel an Empathie / Mangel an Schuldbewusstsein
---	**Impulsivität** **Fehlende Verhaltenskontrolle** **Stimulationsbedürfnis**
Beziehungsloses Sexualleben	Promiskuität / viele kurze Beziehungen
Fehlen langfristiger Pläne	Fehlen realistischer langfristiger Ziele
Abstoßendes Verhalten / inadäquat motiviertes antisoziales Verhalten / Unempfänglichkeit für soziale Beziehungen	Mangelnde Bereitschaft, Verantwortung für das eigene Handeln zu übernehmen / betrügerisch-manipulatives Verhalten / Verantwortungslosigkeit / parasitärer Lebensstil
---	**Polytrope Kriminalität, Jugendkriminalität**
Unfähigkeit, aus Erfahrungen zu lernen	Missachtung von Weisungen und Bewährungsauflagen
---	Frühe Verhaltensauffälligkeiten
Gute Intelligenz, keine psychotische Symptome, keine psychoneurotische Symptome, niedrige Suizidrate	---

II. Diagnostische Aspekte in den kategorialen Klassifikationssystemen ICD-10 und DSM-V und aktuelle dimensionale Konstrukte von Antisozialität

Die Kernmerkmale der Typologien sind bereits im Wesentlichen in der tradierten psychopathologischen Literatur zu finden. Betrachtet man nun die dimensionalen Konzepte von Cleckley und Hare (Tabelle 1), so finden sich neben zahlreichen Übereinstimmungen in der Beschreibung auch einige Unterschiede: Cleckley legte in seiner Typologie einen besonderen Schwerpunkt auf das Fehlen produktiv-psychotischer Symptome wie Halluzinationen und Wahnerleben und definierte kriminelles Verhalten nicht als Diagnosevoraussetzung (Cleckley, 1941; Andrews & Bonta, 2010). Hare hingegen beschrieb eine polytrope Kriminalität und auch Jugendkriminalität als diagnostisches Merkmal und arbeitete Impulsivität und fehlende Verhaltenskontrolle der Personengruppe als wichtiges Charakteristikum heraus (Hare, 1996). In den diagnostischen Kriterien des DSM-V gehen dezidiert Impulsivität und Unfähigkeit, vorausschauend zu planen, auf das Konzept Hares zurück, wohingegen sich diese Eigenschaften in der ICD-10 nicht finden. Dort wird der auf Kraepelin zurückgehende Gedanke Cleckleys bezüglich der fehlenden kriminellen Vorgeschichte wieder aufgegriffen; im DSM-V hingegen das Ausschlusskriterium einer vorliegenden Psychoseerkrankung (WHO, 1994; APA, 2013). Die Charakterisierung der Patienten als Personengruppe mit einer besonderen Unempfänglichkeit für soziale Kontrolle, fehlendem Schuldbewusstsein und Aggressivität, geht auf beide Typologien zurück (Andrews & Bonta, 2010). Die einzelnen diagnostischen Kriterien der Diagnosemanuale sind in den Tabellen 2 und 3 zusammengefasst.

Tabelle 2.: *Diagnostische Kriterien der antisozialen Persönlichkeitsstörung nach dem DSM-V (APA, 2013)*

A) Vorliegen eines tiefgreifenden Musters der Missachtung und Verletzung der Rechte anderer, das jenseits des fünfzehnten Lebensjahres aufgetreten ist und durch das Vorhandensein von mindestens drei der folgenden Merkmale gekennzeichnet ist: <ul><li>Versagen, sich hinsichtlich gesetzestreuen Verhaltens sozialen Regeln anzupassen, was sich durch das wiederholte Durchführen von Handlungen, die einen Grund zur Inhaftierung darstellen, äußert</li><li>Falschheit, die sich in wiederholtem Lügen, dem Gebrauch von Decknamen oder dem Betrügen anderer zum persönlichen Vorteil oder Vergnügen, äußert</li><li>Impulsivität oder Unfähigkeit, vorausschauend zu planen</li><li>Reizbarkeit und Aggressivität, die sich in wiederholten Schlägereien oder Überfällen äußert</li><li>rücksichtslose Missachtung der eigenen Sicherheit bzw. der Sicherheit anderer</li><li>durchgängige Verantwortungslosigkeit, die sich in wiederholtem Versagen, eine dauerhafte Tätigkeit auszuüben oder finanziellen Verpflichtungen nachzukommen, zeigt</li><li>fehlende Reue, die sich in Gleichgültigkeit oder Rationalisierungen äußert, wenn andere Menschen gekränkt, misshandelt oder bestohlen wurden</li></ul>
B) Alter ≥ 18 Jahre
C) Es lag eine Verhaltensstörung, die vor dem 15. Lebensjahr aufgetreten ist, vor.
D) Das antisoziale Verhalten tritt nicht ausschließlich während der Erkrankung an einer Schizophrenie oder einer bipolaren Störung auf.

Tabelle 3.: Diagnostische Kriterien der <u>dissozialen</u>
<u>Persönlichkeitsstörung</u> nach der ICD-10 (WHO, 1994)

Vorliegen von <u>mindestens drei der folgenden Merkmale</u> ist:
• Kaltes Unbeteiligtsein und Rücksichtslosigkeit gegenüber den Gefühlen anderer • Grobe und andauernde Verantwortungslosigkeit und Missachtung sozialer Normen, Regeln und Verpflichtungen • Keine Beibehaltung längerfristiger Beziehungen, jedoch keine Schwierigkeit, Beziehungen einzugehen • Sehr geringe Frustrationstoleranz und niedrige Schwelle für aggressives oder gewalttätiges Verhalten • Kein Schuldbewusstsein, Unfähigkeit aus Erfahrung zu lernen, insbesondere aus Bestrafung • Ausgeprägte Neigung andere zu beschuldigen, Rationalisierung des eigenen konflikthaften Verhaltens

Aufgrund uneinheitlicher diagnostischer Kriterien und zahlreicher syndromaler Überschneidungen erscheint die dis- bzw. antisoziale Persönlichkeitsstörung insgesamt psychopathologisch schwer fassbar und verkompliziert die Grundlagenforschung auf diesem Gebiet.

Hart versuchte schlussendlich eine Spezifizierung, indem er Psychopathie eingrenzte, um ein zu allgemein gefasstes deskriptives Symptomcluster in einen kriminalprognostisch relevanten Persönlichkeitstypus zu überführen. Aspekte dieses Typus sind ein überheblicher und oberflächlicher Interaktionsstil, affektive Defizite und Impulsivität. Er nahm an, dass etwa ein Viertel von 100% Tätern dieses Profil erfüllten (Neumann et al., 2005).

III. Ätiologische Konzepte von Antisozialität

Wie bei allen psychischen Erkrankungen geht man ursächlich bei der antisozialen Persönlichkeitsstörung von einem Bedingungsgefüge aus Umweltfaktoren und Genetik aus.

Moffitt (1993) untersuchte mehr als 1000 Kinder von der Geburt bis zum 13. Lebensjahr und fand eine signifikante Interaktion zwischen negativer sozialer Umwelt, neuropsychologischen Defiziten und späterer Aggression. Familiäre Disharmonie, chronische Partnerkonflikte und das Aufwachsen ohne männliche Bezugsperson waren in den Untersuchungen von Barnow und Kollegen ausschlaggebend für die Entwicklung von aggressivem und dissozialem Verhalten (Barnow & Freyberger, 2003). Eine Vielzahl von aktuellen Studien machten elterliche Charakteristika wie geringes

Bildungsniveau, sehr junges Alter der Mutter und u.a. die Scheidung vor dem sechsten Lebensjahr eines Kindes für späteres antisoziales Verhalten verantwortlich (Nagin & Tremblay, 2001). Des Weiteren spielen traumatische Biographien i.S. von »broken home«- Situationen eine entscheidende Rolle bei der Entwicklung von delinquentem Verhalten und sind als statischer Risikofaktor für eine erhöhte Rückfälligkeit längstens identifiziert (Andrews & Bonta, 2010). Während Kurzzeitgefangene zu 78% mindestens eine Traumatisierung in ihrer Kindheit angaben, berichteten 88% der europäischen Langzeitgefangenen von einem Trauma, wobei diese durchschnittlich drei Traumata angaben. Die Traumata wurden mit 49% am häufigsten in den Kategorien »Gewalttätiger Angriff« angegeben. Aber auch sexuelle Angriffe durch Fremde und Familie wurden in einer Prävalenz von 5-6% berichtet (Kopp et al., 2009; Dudeck et al., 2011). Die hohe Anzahl erlebter Traumata stützt -insbesondere vor dem Hintergrund der hohen Prävalenz traumatischer Erlebnisse durch gewalttätige Angriffe- die Hypothese des »Cycle of Violence«, wonach eine Viktimisierung im Kindes-und Jugendalter das Risiko einer späteren Delinquenz um das Fünffache erhöhen kann (Widom, 1989). Erlebter sexueller Missbrauch durch ein Familienmitglied kann das Risiko, später selbst eine Sexualstraftat zu begehen, um das Viereinhalbfache erhöhen (Dudeck et al., 2012). Neben multiplen Umwelteinflüssen, die in der Ätiologie von Antisozialität und im weiteren Sinne von Gewaltdelinquenz entscheidend sind, finden wir sogenannte biologische Mediatoren. Beschrieben wurden bemerkenswerte Defizite bei der Konditionierung von verschiedenen Komponenten von Angst sowie eine enge Assoziation zwischen Defiziten und geringerer Aktivität des Behavioral Inhibition System (Gray, 1994; Birbaumer et al., 2005). Darüber hinaus ist die antisoziale Persönlichkeitsstörung auch eine Emotionsregulationsstörung, welche sich in einer Hyporeagibilität mit Volumenminderung der Amygdala (= Mandelkern) zeigt. Ebenso finden wir Veränderungen im kortikalen System, insbesondere im orbitofrontalen Kortex und im anterioren Cingulärem Kortex (Raine et al., 2000). Bei der ausgesprochenen Heterogenität von Ergebnissen bildgebender Verfahren muss jedoch vor einer Überinterpretation der Befunde gewarnt werden.
Zusammenfassend entsteht bei der APS das Bild einer multikausalen Erkrankung. Wenn man diese Persönlichkeitsstörung als Extrem im Kontinuum sozialen Verhaltens betrachtet, dann unterliegen ihre Entstehung und ihr Ausdruck wie o.g. ähnlichen Mechanismen wie gewalttätiges Verhalten im Allgemeinen (Dyck & Mathiak, 2013).

IV. Die Bedeutung von Empathie für die Ausübung von Gewalt

Der Begriff der Empathie wird im Alltag zumeist als wohlwollende, entgegenkommende, aber auch als therapeutisch wirksame emotionale Zuwendung des Behandlers gegenüber dem Patienten gesehen. Das Vorhandensein von Empathie in der Person des Patienten wiederum wird als dessen Ressource erlebt und damit als ein Erfolgskriterium für die therapeutischen Bemühungen angesehen. Dennoch ist Empathie als dimensionales Konstrukt nicht nur eine Angelegenheit des Wohlwollens und der positiven Akzeptanz des anderen, sondern erlaubt ebenso ein besseres Verständnis des Gegenübers und so die Möglichkeit, den anderen auszuschalten. Darüber hinaus muss aus dem, was momentan über Empathie bekannt ist, geschlussfolgert werden, dass jede Person Empathie kontextabhängig ein- und ausschalten kann. Exemplarisch sei hier die Geschichte zur Illustration dargestellt, die Fritz Breithaupt (2009) als Einleitung seines Buches »Kulturen der Empathie« wählte:

> »In meiner ersten eigenen Wohnung als Student gab es eine Maus. Ich konnte sie nachts bisweilen hören und ihre Spuren sehen, aber es gelang mir nicht, sie zu fangen. Als ich eines Morgens in die Küche kam, hörte ich ein sonderbares, kratzendes Geräusch aus dem Waschbecken. Ich trat näher heran und sah, dass die Maus in das Becken gefallen war. An den glatten Wänden konnte sie keinen Halt finden und war gefangen. Ich starrte die Maus an und sie blickte zurück. Dann machte ich den Wasserhahn an, so dass die Maus von dem Wasser in den garbage disposal (einen elektrischen Müllzerkleinerer) gespült wurde. Dann drückte ich den Knopf...«

Grundsätzlich unterscheidet man die affektive von der kognitiven Empathie. Unter der affektiven Empathie versteht man die emotionale Reaktion auf den Gemütszustand des Anderen, wobei die kognitive Empathie das Verstehen mentaler Zustände meint und »Theory of Mind« (ToM) genannt wird. ToM ist die Grundlage sozialen und »sittlichen« Verhaltens und stellt eine spezielle geistige Leistung d.h. die Fähigkeit bzw. den Versuch eines Individuums dar, sich in den anderen hineinzuversetzen, um dessen Wahrnehmungen, Gedanken und Absichten zu verstehen (Premack & Woodruff, 1978). Es handelt sich also um die Fähigkeit, mentale Zustände zu einem selbst oder einer anderen Person zu attribuieren (Baron-Cohen, 2001). In Bezug auf Persönlichkeitsstörungen wurde ToM sehr oft mit antisozialem Verhalten und Psychopathy untersucht. Bereits Kinder und Jugendliche mit einer Störung des Sozialverhaltens schnitten im Vergleich zu gesunden Kindern schlechter beim Erkennen von emotionalen Gesichtsausdrücken ab, vor allem wenn die Störung schon im frühen Kindesalter begonnen hatte. Ebenso zeigte sich ein schlechteres Abschneiden bei

Jugendlichen, die höhere Werte auf der Psychopathy-Skala aufwiesen (Fairchild et al.,2009). Übereinstimmend zeigen die Ergebnisse verschiedener Studien, dass Patienten, die ein hohes Ausmaß an antisozialem Verhalten zeigen, schlechter im Erkennen von Emotionen anderer Personen sind (Richell et al., 2003; Del Gaizo & Falkenbach, 2008). Im Vergleich zwischen Gewalt- und Nicht-Gewaltstraftätern zeigen sich Gewaltstraftäter signifikant weniger in der Lage, Emotionen in Gesichtern zu erkennen (Hoaken et al., 2007). Erweitert man die Definition der Empathie jedoch um die Konstrukte der Alexithymie (= Keine Worte für Gefühle) und Impulsivität, ergeben sich zwischen Gefangenen mit einer antisozialen Persönlichkeitsstörung und Gefangenen ohne eine Persönlichkeitsstörung keine signifikanten Unterschiede mehr. Deshalb gibt Steinböck (2012) als forensisch tätiger Psychiater und Gutachter zu bedenken, dass Psychopathen kein generelles ToM-Defizit aufweisen und konstatiert den fehlenden Kausalzusammenhang mit delinquentem Verhalten.

V. *Therapieoptionen bei Gewaltdelinquenz*

Behandelte Straftäter werden signifikant seltener rückfällig und zeigen positivere Behandlungsverläufe als unbehandelte Straftäter (McGire, 2002). Mittlerweile stehen für alle, aber auch insbesondere für Straftäter mit antisozialer Persönlichkeitsstörung, verschiedenste Therapiemöglichkeiten zur Verfügung, was vor dem Hintergrund der mehr als 400 existierenden Therapieansätze nicht verwundern mag. Der Praxisführer von Rotgers und Maniacci (2007) gibt einen kasuistischen Überblick und stellt insgesamt acht Therapiemöglichkeiten vor, wovon nachfolgend der Psychodynamische Ansatz, die Dialektische-Behaviorale Therapie, die Motivierende Gesprächsführung und die Kombination aus Psycho- und Psychopharmakatherapie näher beschrieben werden sollen.
Die psychodynamische Psychotherapie nach Clarkin (1999) ist aus der psychoanalytischen Idee hervorgegangen und hat in der Arbeit mit Straffälligen eine lange Tradition, die sicher mehr als 100 Jahre zurückreicht. Neben einer differenzierten Diagnostik zu Beginn werden Therapievereinbarungen getroffen. Es existiert eine thematische Hierarchie, wobei Abweichungen von der Neutralität möglich bleiben. Die Therapiesitzungen werden audiovisuell aufgezeichnet, was gute Supervisionsmöglichkeiten zur Folge hat. Ein Pilotprojekt im Maßregelvollzug in Marsberg konnte mit Erfolg abgeschlossen werden. Die Maßregelpatienten konnten im Vergleich zu einer Kontrollgruppe nach Intervention besser mit eigenen

Aggressionen umgehen, hatten eine geringere psychische Gesamtbelastung und eine positive Veränderung in ihrer Selbstwertschätzung (Fontao et al., 2006).

Das sich bislang am besten etablierte Verfahren stellt die Dialektisch-Behaviorale Therapie (DBT) nach Marsha Linehan (1996) dar. Es handelt sich dabei um eine achtsamkeitsbasierte Therapieform, welche auf einer biosozialen Theorie beruht. Darin enthalten sind genau umschriebene Behandlungsstufen und –ziele mit flexiblen Behandlungsmodalitäten und vielfältigen –strategien. Eine dialektische Balance besteht zwischen der Validierung des Patienten und der notwendigen Problemlösung. Zunächst wurde das Verfahren für die Behandlung der Borderline-Persönlichkeitsstörung entwickelt und im Laufe der Zeit für forensische Patienten und Straftäter adaptiert, da diese überzufällig häufig emotional-instabile Persönlichkeitsanteile aufweisen und gezeigt werden konnte, dass auch Impulsivität als zeitlich stabiles Merkmal durch diese Therapie reguliert werden konnte (Bernheim et. al, 2011).

Betrachtet man die Straftäter in der Lebensspanne, kann für die DBT gesagt werden, dass schon delinquent in Erscheinung getretene Kinder, aber auch jugendliche Straftäter partizipieren können (Trupin et al., 2002; McDougall & Jones, 2007). Fruzzetti und Levensky behandelten Probanden, welche häusliche Gewalt begangen hatten, hinsichtlich Impulsivität und psychischer Befindlichkeit mit guten Ergebnissen (Fruzzetti & Levensky, 2000). Durch DBT lässt sich eine deutliche Veränderung im Bereich physischer Gewalt erreichen, was sich in der Untersuchung von Shelton und Kollegen in der Reduzierung von Disziplinverstößen und der Entwicklung von guten Bewältigungsstrategien bei männlichen Gefängnisinsassen zeigte (Shelton et al., 2011). Zudem gelingt bei Maßregelpatienten die Reduzierung von Feindseligkeit und es ändert den Umgang mit kognitiv erlebtem Ärger und die Ernsthaftigkeit gewaltassoziierter Ereignisse verringert sich (Evershed et al., 2003). Forensische Patienten mit antisozialer Persönlichkeitsstörung und einer Abhängigkeitserkrankung konnten nach DBT Intervention auf neuropsychologischer Ebene sogar das schlussfolgernde Denken und ihre Aufmerksamkeitsleistung verbessern, was insgesamt einen positiven Einfluss auf die Prognosebeurteilung hatte (Pein et al., 2012). Selbst suizidales Verhalten und Symptome einer Posttraumatischen Belastungsstörung lassen sich reduzieren (Feigenbaum et al., 2012).

Die Motivierende Gesprächsführung nach Miller & Rollnick (2002) hat zur Basis das reflektierende Zuhören und wurde zunächst für Patienten mit einer Abhängigkeitserkrankung entwickelt. Veränderungen in der Therapie werden dadurch erleichtert, dass der Schwerpunkt auf Diskrepanzen zwischen dem aktuellen Verhalten und langfristigen Zielen und Werten gelegt wird. Dem Widerstand wird nichts direkt entgegengesetzt, sodass der Patient sich als Hauptquelle der Veränderung erleben kann. Der Therapeut sollte Vertrauen in die Fähigkeit zur Veränderung des Patienten haben und an dessen Fertigkeiten glauben. Die Idee dahinter ist der nonkonfrontative Ansatz, welcher nicht nur bei substanzabhängigen, sondern auch antisozialen Menschen wirken soll. Zum einen kann dieser Therapieansatz mit anderen Interventionen kombiniert werden und zum anderen ist dieser an kriminell in Erscheinung getretenen Populationen erprobt (Saunders et al., 1995; Ginsburg et al., 2002). Die Kombination aus Psycho- und Pharmakotherapie unterliegt den Behandlungsrichtlinien der American Association of Psychiatry von 2001. Da die bisherigen pharmakologischen Studien zumeist auf kleinen Fallzahlen und kurzen Beobachtungszeiträumen beruhen, gibt es kein zugelassenes Medikament zur Behandlung von Persönlichkeitsstörungen. Allerdings werden off Label moderne Antidepressiva zur Behandlung von komorbiden (zeitgleich auftretenden) Erkrankungen wie z.B. Depressionen und atypische Neuroleptika in niedriger Dosierung zum Spannungsabbau und zur besseren Impulskontrolle für einen begrenzten Therapiezeitraum eingesetzt. Sowohl die psychodynamische als auch die kognitiv-behavoiralen Therapien sind ähnlich gut wirksam und können durch eine Medikation gestützt werden (Leichsenring, 2003).

VI. Zusammenfassende Bemerkungen

Insgesamt sind therapeutische Interventionen unabhängig von der Methode wie Beratung und Fertigkeitentraining signifikant effektiver als Interventionen, die auf Zwang, Überwachung und Disziplin beruhen. Die Effektivität steigt mit der genauen Einschätzung des Delinquenzrisikos und mit der Qualität der Implementierung der Therapiemethode. Die verhaltenstherapeutischen Therapieansätze sind, soweit der aktuelle Stand der Evaluationsstudien, allen anderen überlegen (Lipsey, 2009).
Vor diesem Hintergrund ist deutlich, dass die Behandlung der antisozialen Persönlichkeitsstörung und damit der Gewaltdelinquenz möglich ist. Die Straftäter sind nach Behandlung psychisch stabil und weniger rückfällig, aber ob sich Therapie auf die Moralentwicklung auswirkt, muss letztendlich offen bleiben. Das Konzept der Moralentwicklung nach Kohlberg sieht drei Niveaus mit jeweils zwei Stufen vor (1996). Es handelt sich da-

bei um die prämoralische Position, die Moral der konventionellen Rollenkonformität und der selbstakzeptierten moralischen Prinzipien. Unzweifelhaft ist, dass Menschen mit antisozialer Persönlichkeitsstörung das zweite Niveau erreichen, indem diese die Moral der Aufrechterhaltung von Autorität erfüllen. Wünschenswert wäre für eine Zivilgesellschaft das Erreichen der Stufe sechs auf Niveau III d.h. die Moral der individuellen Gewissensprinzipien (Kohlberg, 1996). Dabei ist nicht nur die Frage zu klären, ob Therapie das zu leisten vermag, sondern auch, ob man Moral in jeder Altersstufe lernen kann. Wenn das so sein sollte, kann man moralisches Denken auch verlernen und Gewalt wird nahezu ausschließlich kontextabhängig. Diese Fragen zu beantworten, bleibt einem interdisziplinär denkenden und arbeitenden Forschungsteam vorbehalten.

Literatur

Adams, J. (2002). Child abuse: fundamental issue in forensic clinical practice. International Journal of Offender Therapy, 46, 729-733

American Psychiatric Association (2013). Diagnostic and Statistical Manual of Mental Disorders, Fifth Edition, American Psychiatric Association, Arlington, VA

Andrews ,D.A. & Bonta, J. (2010). The Psychology of Criminal Conduct. Fifth edition. Matthew Bender & Company, New Providence, NJ

Barnow, S. & Freyberger, H.J. (2003). The family environment in early life and aggressive behaviour in adolescents and young adults. In M. P. Mattson (ed.), Neurobiology of aggression: Understanding and preventing violence (213-230). Totowa, N.J.: Humana Press

Barnow, S., Stopsack, M., Ulrich, I., Falz, S., Dudeck, M., Spitzer, C., Grabe, H.J., Freyberger, H.J. (2010). Prävalenz und Familiarität von Persönlichkeitsstörungen in Deutschland: Ergebnisse der Greifswalder Familienstudie. Psychotherapie, Psychosomatik, Medizinische Psychologie, 60, 334 – 341

Baron-Cohen, S., Wheelwright, S., Hill, J., Raste, Y. & Plumb, I. (2001). The »Reading the Mind in the Eyes« Test Revised Version: A Study with Normal Adults, and Adults with Asperger Syndrome or High-functioning Autism. The Journal of Child Psychology and Psychiatry, 42(2), 241-251

Bernheim, D., Dudeck, M., Limberg, A., Grabe, H.J., Freyberger, H.J., Barnow, S. (2011). Stationäre Dialektisch-Behaviorale Intervalltherapie - Ein Behandlungsansatz für Patienten mit Borderline-Persönlichkeitsstörung. Psychodynamische Psychotherapie 10, 211-222

Birbaumer, N., Veit, R., Lotze, M., Erb, M., Hermann, C., Grodd, W. & Flor, H. (2005). Deficient fear conditioning in psychopathy: a functional magnetic resonance imaging study. Archives of General Psychiatry, 62, 799-805

Breithaupt, F. (2009). Kulturen der Empathie. Suhrkamp Verlag Frankfurt/Main

Clarkin ,J.F., Yeomans, F.F., Kernberg, O.F. (1999). Psychotherapy for Borderline Personality. New York: John Wiley (dt.: Psychotherapie der Borderline Persönlichkeit. Manual zur Transference-Focused Psychotherapy [TFP].Stuttgart, New York: Schattauer 2001)

Cleckley, H. (1941). The Mask of Sanity: An attempt to clarify some issues about the socalled psychopathic personality. St. Louis, Mosby

Del Gaizo, A. L. & Falkenbach, D. M. (2008). Primary and secondary psychopathic-traits and their relationship to perception and experience of emotion. Personality and Individual Differences, 45, 206-212

Dreßing, H. (2009). Psychopathy-Konstrukt und seine Beziehung zur antisozialen und dissozialen Persönlichkeitsstörung. In: U., Venzlaff, K., Foerster. (Hrsg.) Psychiatrische Begutachtung, S. 318-321, Urban und Fischer, München, 5. Aufl.

Dudeck, M., Kopp, D., Drenkhahn, K., Kuwert, P., Orlob, S., Lüth, H.J., Freyberger, H.J., Spitzer, C. (2009). Die Prävalenz psychischer Erkrankungen bei Gefängnisinsassen mit Kurzzeitstrafe. Psychiatrische Praxis, 36, 1-6

Dudeck, M., Becker, M., Bernheim, D., Freyberger, H.J. (2011). Emotionale Intelligenz bei Gefängnisinsassen. Kriminalpädagogische Praxis, 39(47), 54-61

Dudeck, M., Drenkhahn, K., Spitzer, C., Barnow, S., Kopp, D., Freyberger, H.J., Dünkel, F. (2011). Traumatisation and mental distress in long-term prisoners in Europe. Punishment & Society, 13(4), 403-423

Dudeck, M. & Freyberger, H.J. (2011). Was nützt Fremdaggression bei Persönlichkeitsstörungen? Persönlichkeitsstörungen-Theorie und Therapie, 16 (4), 219-223

Dudeck, M., Drenkhahn, K., Spitzer, C., Barnow, S., Freyberger, H.J., Grabe, H,J. (2012). Gibt es eine Assoziation zwischen familiärem sexuellen Missbrauch und späteren Sexualstraftaten? Psychiatrische Praxis, 39 (5), 217-221

Dyck, M. & Mathiak, K. (2013). Persönlichkeitsstörungen. In F. Schneider, G.R. Fink (Hrsg.) Funktionelle MRT in Psychiatrie und Neurologie (729-750). Heidelberg: Springer Verlag

Evershed, S., Tennant, A., Boomer, D., Rees, A., Barkham, M., Watson, A (2003). Practice-based outcomes of dialectical behavior therapy (DBT) targeting anger and violence, with male forensic patients: a pragmatic and non-contemporaneous comparison. Criminal Behaviour and Mental Health, 13,3, 198-213

Fairchild, G., Van Goozen, S. H. M., Calder, A. J., Stollery, S. J. & Goodyer, I. M. (2009). Deficits in facial expression recognition in male adolescents with early-onset or adolescence-onset conduct disorder. The Journal of Child Psychology and Psychiatry, 50(5), 627-626

Feigenbaum, J.D., Fonagy, P., Pilling, S., Jones, A., Wildgosse, A., Bebbington, P.E. (2012). A real-world study of the effectiveness of DBT in the UK National Health Service. British Journal of Clinical Psychology, 51, 121-141

Fontao, M., Pfäfflin, F., Lamott, F. (2006). Anwendung der Übertragungsfokussierten Psychotherapie (TFP) auf die Behandlung von Maßregelpatienten. Eine Pilotstudie. Recht & Psychiatrie, 24, 193-200

Fruzzetti, A.E. & Levensky, E.R. (2000). Dialectical behavior therapy for domestic violence: Rationale and procedures. Cognitive and Behavioral Practice, 7, 457-468

Ginzburg, J.I.D., Mann, R.E., Rotgers, F., Weekes, J.R.(2002). Using Motivational Interviewing with criminal justice populations. In W. R. Miller, S. Rollnick (Eds.), Motivational Interviewing: Preparing People for Chance (pp. 333-346). New York: Guilford Press

Gray, J.A. (1994). Three fundamental emotion systems. In P.D. Ekman, (ed.), The nature of emotion: Fundamental questions. New York: Oxford University Press

Hare, R.D. (1996). Psychopathy – A Clinical Construct Whose Time Has Come. Criminal Justice and Behavior, 23(1), 25-54

Hare, R.D. (2003). The Hare Psychopathy Checklist-Revised. Second edition. Multi-Health Systems, Toronto, Ohio

Hoaken, P.N., Allaby, D.B., Earle, J. (2007). Executive cognitive functioning and recognition of facial expressions of emotion in incarcerated violent offenders, non-violent offenders, and controls. Aggressive Behavior, 33(5), 412-421

Kohlberg, L. (1996). Die Psychologie der Moralentwicklung. Suhrkamp, Frankfurt/Main

Kopp, D., Spitzer, C., Kuwert, P., Barnow, S., Orlob, S., Lüth, H.J., Freyberger, H.J., Dudeck, M. (2009). Psychische Störungen und Kindheitstraumata bei deutschen Strafgefangenen mit antisozialer Persönlichkeitsstörung. Fortschritte der Neurologie und Psychiatrie, 77, 152-159

Kraepelin, E. (1915). Psychiatrie. Ein Lehrbuch für Studierende und Ärzte. 8., vollständig umgearbeitete Auflage. Band 4. Barth, Leipzig

Langefeld, H., Melhus, H. (2004). Are psychiatric disorders indentified and treated by in prison health services? Tidsskrift for den Norske Loegeforening, 124, 2094-2097

Leichsenring, F. & Leibing, E. (2003). The Effectiveness of Psychodynamic Therapy and Cognitive Behavior Therapy in the Treatment of Personality Disorders: A Meta-Analysis

American Journal of Psychiatry, 160, 1223-1232

Linehan, M. (1996). Dialektisch-Behaviorale Therapie der Borderline-Persönlichkeitsstörung. CIP-Medine, München

Lipsey, M.W. (2009). The Primery Factors that Characterize Effective Interventions with Juvenile Offenders: A meta-Analytic Overview. Victims & Offenders: An International Journal of Evidence-based Research, Policy, and Practice, 4(2), 124-147

McDougall, T., & Jones, C. (2007). Dailectical behaviour therapy for young offenders: lessons from the USA, Part 2. Mental Health Practice, 11, 2, 20-21

McGire, J. (2002). Integrating Findigs from Research Reviews. In J. McGire (ed.), Offender Rehabilitation and Treatment: Effective Programmes and Policies to Reduce Reoffending (pp. 3-38). West Sussex, UK: John Wiley & Sons

Miller, W. R., Rollnick, S. (Eds.). (2002). Motivational Interviewing: Preparing People for Chance (2nd ed.). New York: Guilford Press

Moffitt, T.E. (1993). The neuropsychology of conduct disorder. Developmental and Psychopathology, 5, 13-137

Nagin, D. & Tremblay, R. (2001). Parental and early childhood predictors of persistent physical aggression in boys from kindergarten to high school. Archives of general psychiatry, 58, 389-394

Neumann, C.S., Vitacco, M.J., Hare, R.D., Wupperman, P. (2005). Reconstruing the «reconstruction" of psychopathy: A comment on Cooke, Michie, Hart, and Clark. Journal of personality Disorders, 19(6), 624-640

Pein, A., Kliemann, A., Schläfke, D., Kupke, F., Wettermann, A., Tardel, D., Fegert, J.M. (2012). Profitieren dissoziale Suchtpatienten von der DBT-F? Nervenheilkunde, 1, 30-35

Premack, D. & Woodruff, G. (1978). Does the chimpanzee have a theory of mind? Behavioral and Brain Sciences, 4, 515-526

Richell, R. A., Mitchel, D. G. V., Newman, C., Leonard, A., Baron-Cohen, S. & Blair, R. J. R. (2003). Theory of mind and psychopathy: can psychopathic individuals read the 'language of the eyes'? Neuropsychologia, 41, 523-526

Rotgers, F. & Maniacci, M. (2007). Die antisoziale Persönlichkeitsstörung. Therapien im Vergleich: Ein Praxisführer. Huber-Verlag, Bern

Samuels, J., Eaton, W.W., Bienvenu III, O.J., Brown, C.H., Costa Jr., P.T., Nestadt, G. (2002). Prevalence and correlates of personality disorders in a community sample. British Journal of Psychiatry, 180, 536-542

Saunders, B., Wilkinson, C., Philipps, M. (1995). The impact of a brief motivational intervention with opiate users attending a methadone programme. Addiction, 90, 415-424

Schneider, K. (1955). Klinische Psychopathologie. Thieme, Stuttgart, 4. erweiterte Auflage

Shelton, S., Kesten, K., Zhang, W., Trestman, R (2011). Impact of a Dialectic Behavior Therapy-Corrections Modified (DBT-CM Upon Behaviorally Challenged Incarcerated Male Adolescents. Journal of Child and Adolescent Psychiatric Nursing, 24 (2), 105-113

Steinböck, H. (2012). Kriminalität- Theory of Mind außer Kraft? In: H., Förstl (Hrsg.), Theory of Mind. 2.Auflage, Springer Verlag, Heidelberg, S.263-272

Trupin, E., Stewart, D., Beach, B., Boesky, L. (2002). Effectiveness of a dialectical behavior therapy program for incarcerated female juvenile offenders. Child and Adolescent Mental Health, 7, 121-127

Widom, C.S.(1989). The cycle of violence. Science, 244, 160-166

World Health Oranization (1994). Tenth revision of the international classification of diseases, chapter V (F): Mental and behavioral disorders. Multiaxial scheme (MAS). WHO: Geneva

Der Fall »Mollath« und die Folgen – zur Reform der Unterbringung in einem psychiatrischen Krankenhaus gem. § 63 StGB

Johannes Kaspar

I. Einführung

Der Fall Mollath hat das Vertrauen der Bevölkerung in Strafjustiz und Forensische Psychiatrie erschüttert. Beide Institutionen waren hier beteiligt, auf beiden Seiten ist es offenbar zu Fehlern gekommen.[1] Wie sehr der Fall für öffentliches Aufsehen gesorgt hat, zeigt die Flut an Veröffentlichungen in den Medien.

Daher soll die Causa »Gustl Mollath« der Ausgangspunkt meiner Überlegungen sein. Ich will anhand dieses konkreten Beispiels die Maßregel der Unterbringung in einem psychiatrischen Krankenhaus gem. § 63 StGB vorstellen. Es soll ganz generell um den Zweck sowie die Voraussetzungen dieser Maßregel gehen und die juristischen Probleme, die sich mit ihr verbinden. Nicht zuletzt der Fall Mollath hat gezeigt, dass es hier vor allem um zwei Fragen geht, etwas salopp formuliert: Wie gelangt man in den Maßregelvollzug und, für den Betroffenen dann natürlich genauso wichtig: Wie kommt man aus ihm heraus? Dass dieses »Herauskommen« in den letzten Jahren insgesamt schwieriger geworden ist, zeigen die empirischen Daten zur Anwendungspraxis des § 63 StGB, die ich zur Vervollständigung des Bildes von § 63 StGB anführen möchte.

Danach soll es um die aktuell diskutierten Reformvorschläge im Bereich des § 63 StGB gehen, bevor ich im Fazit noch versuchen werde, den Fall Mollath in die allgemeine Frage unseres Umgangs mit »abweichendem Verhalten« einzuordnen.

Eine der Besonderheiten dieses Falles, soviel vielleicht vorweg, liegt u. a. darin, dass er unser juristisches Denken arg strapaziert. Denn wir müssen hier zumindest vorläufig, vielleicht dauerhaft, damit leben, dass wir es nicht nur mit einer unsicheren Tatsachengrundlage zu tun haben – das ist Alltagsgeschäft der Justiz. Hier aber lassen sich darüber hinaus in selten extremer Ausprägung zwei völlig unterschiedliche Sichtweisen auf das

---

1 Vgl. *Hauer* ZRP 2013, 209; s. auch *Walter* GA 2014, 316.

Geschehen feststellen, zwei für sich genommen durchaus plausible »Narrative«, also Arten, die Geschichte Mollaths zu erzählen.

Sprechen wir von einem beruflich erfolglosen, verbitterten und aggressiven Mann, der sich im Laufe der Zeit in einen querulatorischen Wahn gesteigert hat und als Folge dieses Wahns Leib und Leben mehrerer Personen verletzt bzw. gefährdet hat und, da völlig uneinsichtig und unbelehrbar, auch in Zukunft gefährden wird?

Oder handelt es sich um einen streitbaren Kämpfer für Recht und Gerechtigkeit, der eine kriminelle Verstrickung höherer Kreise aufgedeckt hat und der nun durch eine Intrige seiner in diesem Zusammenhang ebenfalls verdächtigen Ex-Ehefrau durch falsche Anschuldigungen mundtot gemacht werden sollte? Als eigentlich geistig Gesunder zu Unrecht mehrerer Straftaten verdächtigt und darüber hinaus auf ungewisse Zeit in die Psychiatrie eingesperrt zu werden – das ist eine Horror-Vorstellung, die vermutlich mit dazu beigetragen hat, dass Gustl Mollath, nachdem diese Version der Geschichte zunehmend in den Medien verbreitet wurde, soviel Zuspruch und Solidarität erfahren hat.

II.   Der Fall Mollath

Wo also liegt die Wahrheit? Welche Version der Geschichte ist richtig? Um falsche Erwartungen von vornherein gar nicht aufkommen zu lassen: Das wird hier nicht geklärt werden können. Zu viele Details dieses komplexen Falles sind umstritten, zu vieles ist – trotz des jüngst als Folge der erfolgreichen Wiederaufnahme ergangenen freisprechenden Urteils des LG Regensburg vom 14.8.2014– offen geblieben.

Ich kann im Folgenden also nur in der Weise in den Fall Mollath einführen, dass ich eine kurze Zusammenfassung der Vorgeschichte sowie den Gang des gerichtlichen Verfahrens samt den von den Gerichten ursprünglich zugrunde gelegten Tatsachen schildere – im Wissen, dass manche dieser ursprünglich gerichtlich festgestellten, im Rahmen des Urteils vom 14.8.2014 teilweise korrigierten Fakten offenbar nicht zutreffend waren.

Zunächst zur Vorgeschichte. Gustl Mollath wurde 1956 in Nürnberg geboren.[2] Nach einem abgebrochenen Maschinenbaustudium arbeitete er kurze Zeit bei MAN und machte sich dann im Bereich Autotuning – Rei-

---

2   Zur Biografie s. die Ausführungen in LG Nürnberg-Fürth Urt. v. 08.08.2006, Az. 7 KLs 802 Js 4743/2003 Rz. 17 ff. sowie *Ritzer/Przybilla*, Die Affäre Mollath, 2013, 22 ff.

fenhandel selbständig. 1978 hatte er seine Frau, die als Vermögensberaterin arbeitete, kennen gelernt. 1991 heiratete das Paar. 2002 kam es zur Trennung, 2004 zur Scheidung. Bereits 2003 hatte seine Ehefrau Anzeige gegen Gustl Mollath wegen Körperverletzung erstattet.[3]

Da Mollath eine ambulante Begutachtung verweigerte, wurde er Mitte 2004 und erneut 2005 vorübergehend untergebracht, um eine psychiatrische Untersuchung zu ermöglichen. In diesem Jahr kam als strafrechtlicher Vorwurf noch hinzu, dass Mollath bei verschiedenen Personen Autoreifen zerstochen haben soll, die er möglicherweise dem »Lager« seiner Ex-Frau zugeordnet habe, darunter den Ehemann und Kanzleikollegen der Anwältin, die Frau Mollath im Scheidungsverfahren vertreten hatte.[4]

Wichtig ist noch zu erwähnen, dass Mollath im Vorfeld wiederholt von einer Verstrickung seiner Ehefrau als Mitarbeiterin der Hypovereinsbank in einen »Schwarzgeldskandal« berichtet hatte. Richtigerweise ging es wohl nicht um »Schwarzgeld«, sondern um rechtmäßig erworbenes Geld von Bankkunden, das ins Ausland geschafft worden sei, um auf diese Weise Steuerhinterziehung zu ermöglichen.[5] Bereits 2003 hatte ein interner Prüfbericht der Hypovereinsbank ergeben, dass »alle nachprüfbaren Behauptungen« von Mollath sich als wahr erwiesen hätten.[6] In der Folge kam es dann zu bankinternen arbeitsrechtlichen Konsequenzen und mittlerweile offenbar auch zur Einleitung von Steuerstrafverfahren. Dieser Bericht wurde allerdings erst 2012 durch Medienberichte publik, lag also zum Zeitpunkt der ursprünglichen gerichtlichen Ausgangsentscheidung noch nicht vor.

Damit bin ich beim nicht unkomplizierten Verfahrensgang und seiner Chronologie angelangt. Zum besseren Verständnis ist eine Differenzierung wichtig, die auch erklärt, warum eigentlich in kürzerer Zeit mehrere Gerichte an verschiedenen Orten in der Sache Entscheidungen getroffen haben. Es geht um die Ebene der Anordnung der Maßregel, die von der Ebene der Vollstreckung der Maßregel zu unterscheiden ist.

Bei der Anordnung, die durch das Landgericht Nürnberg im Jahre 2006 erfolgte[7], ging es um die grundsätzliche Frage, ob Mollath aufgrund der Begehung von Straftaten im Zustand der Schuldunfähigkeit in die Maßregel einzuweisen war, was bekanntlich bejaht wurde. Das Landgericht sah es als erwiesen an, dass Mollath seine damalige Ehefrau mehrfach körper-

---

3 *Ritzer/Przybilla* (FN. 2), 34 f.
4 LG Nürnberg-Fürth Urt. v. 08.08.2006, Az. 7 KLs 802 Js 4743/2003 Rz. 59.
5 Vgl. *Schöch* (in diesem Band).
6 *Ritzer/Przybilla* (FN. 2), 153; dazu auch *Hauer* ZRP 2013, 209, 210 sowie 212.
7 LG Nürnberg-Fürth Urt. v. 08.08.2006, Az. 7 KLs 802 Js 4743/2003.

lich misshandelt hatte, sie für ca. 1,5 Stunden ihrer Freiheit beraubt und mehrere Autoreifen zerstochen hatte. Er habe also rechtswidrige Taten begangen, es könne aber nicht ausgeschlossen werden, dass Mollath wegen krankhafter Wahnvorstellungen gem. § 20 StGB schuldunfähig gehandelt habe. Daher wurde er vom strafrechtlichen Vorwurf freigesprochen, zugleich aber seine Unterbringung gem. § 63 StGB angeordnet[8].

Ebenfalls auf dieser Ebene ist die Entscheidung des OLG Nürnberg vom 6.8.2013[9] anzusiedeln, mit der die Wiederaufnahme des ursprünglichen Verfahrens angeordnet wurde. Das bedeutet, dass das gesamte ursprüngliche Verfahren komplett neu aufgerollt werden muss und dementsprechend auch ganz neu über die Voraussetzungen der Unterbringung zu entscheiden ist. Bemerkenswert ist, dass dieser Antrag nicht nur von der Verteidigung Mollaths, sondern zugleich von der Staatsanwaltschaft gestellt wurde. Man kann vor diesem Hintergrund von einem erhöhten »Gewicht« des Antrags sprechen, auch wenn es natürlich Spekulation ist, anzunehmen, dass das Gericht dem Wiederaufnahmeantrag deswegen positiver gegenüber stand. Fakt ist aber, dass Wiederaufnahmeanträge an sich äußerst selten erfolgreich sind, schon aufgrund der sehr hohen Anforderungen für die Durchbrechung der Rechtskraft eines Urteils. Hier wurde allerdings vom Oberlandesgericht die Wiederaufnahme des Strafverfahrens tatsächlich angeordnet. Begründet wurde das mit dem Wiederaufnahmegrund von § 359 I Nr. 1 StPO, also dem Vorliegen einer falschen Urkunde. Denn es hatte sich herausgestellt, dass ein ärztliches Attest, das die Ehefrau Mollaths vorgelegt hatte, nicht von der dort namentlich genannten Ärztin, sondern von deren Sohn unterzeichnet worden war. Mollath wurde in der Folge dieses Urteils aus dem Vollzug der Unterbringung entlassen; am 14.8. 2014 erfolgte ein freisprechendes Urteil durch das LG Regensburg, in dem nur ein Teil der ursprünglichen strafrechtlichen Vorwürfe aufrecht erhalten blieb.

Davon zu unterscheiden ist die zweite Ebene der Vollstreckung. Hier ging es während des Zeitraums der Unterbringung um die Folgeentscheidungen, die zu einer Beendigung der Maßregel führen können, insbesondere um die Frage der Aussetzung der Maßregel zur Bewährung. Das LG Bayreuth hatte als zuständige Strafvollstreckungskammer am 9.6.2011[10] die Fortdauer der Unterbringung angeordnet, »...weil derzeit nicht zu erwarten ist, dass der Untergebrachte außerhalb des Maßregelvollzuges keine rechtswidrigen Taten mehr begehen wird...«. Gestützt wurde dies we-

---

8 LG Nürnberg, Urt. v. 08.08.2006, Az. 7 KLs 802 Js 4743/2003, Rz. 124 ff.
9 OLG Nürnberg Urt. v. 06.08.2013, Az. 1 Ws 354/13 WA, NJW 2013, 2692.
10 LG Bayreuth Urt. v. 09.06.2011, StVK 551/09.

sentlich auf ein von Pfäfflin am 12.2.2011 erstattetes Gutachten[11], dem sich die Klinik in Bayreuth anschloss und das letztlich auch von der Kammer ihrer Entscheidung zu Grunde gelegt wurde. An der Diagnose »wahnhafte Störung« wurde nicht gezweifelt, immerhin war diese durchgehend von den mit dem Fall betrauten Gutachtern bestätigt worden. Ein von Mollath selbst in Auftrag gegebenes Privatgutachten wurde mangels Objektivität nicht herangezogen, zumal es laut Aussage des Gerichts nicht geeignet war, »(...) Zweifel an den übrigen Einschätzungen zu wecken, mit der Folge, dass es auch der Einholung eines »Obergutachters« nicht bedarf.«[12]

Der weitere Vollzug der Maßregel, so das LG weiter, sei (auch wegen der Anlasstat einer gefährlichen Körperverletzung) verhältnismäßig.

Eine sofortige Beschwerde gegenüber diesem Beschluss wurde vom OLG Bamberg am 26.8.2011[13] als unbegründet zurückgewiesen. Das LG sei zu Recht von einer weiter fortbestehenden wahnhaften Störung bei Herrn Mollath ausgegangen. Auch dass das LG dem privat in Auftrag gegebenen Gutachten nicht gefolgt sei, wird nicht beanstandet, da dort die Angaben von Mollath, nicht aber die Feststellungen des Urteils im Erkenntnisverfahren zugrunde gelegt worden seien, was »keinem wissenschaftlichen Standard« entspräche[14]. Im Ergebnis stellt das OLG fest, dass die Fortdauer der Unterbringung rechtmäßig sei, weil nach wie vor die Gefahr schwerer Straftaten zu erwarten sei. Dabei wird in erster Linie auf die gegen die frühere Ehefrau gerichteten Körperverletzungsdelikte abgestellt.[15]

Diese beiden auf der Vollstreckungsebene ergangenen Beschlüsse wurden von Mollath mit der Verfassungsbeschwerde angegriffen, die letztlich erfolgreich war. Das BVerfG stellte in seiner Entscheidung vom 26.8.2013[16] überzeugend fest, dass der Beschwerdeführer trotz seiner zwischenzeitlich erfolgten (vorläufigen) Entlassung ein schutzwürdiges Interesse an einer nachträglichen verfassungsrechtlichen Überprüfung der Entscheidungen habe, da gravierende Grundrechtseingriffe im Raum stünden. Im Ergebnis wurde festgestellt, dass die angegriffenen Beschlüsse des LG

---

11 S. dazu die Zusammenfassung in BVerfG Beschl. v. 26.08.2013, Az. BvR 371/12, Rz. 16.
12 LG Bayreuth Urt. v. 09.06.2011, StVK 551/09.
13 OLG Bamberg Urt. v. 26.08.2011, 1 Ws 337/11, BeckRS 2013, 17392.
14 OLG Bamberg Urt. v. 26.08.2011, 1 Ws 337/11, BeckRS 2013, 17392.
15 OLG Bamberg Urt. v. 26.08.2011, 1 Ws 337/11, BeckRS 2013, 17392.
16 BVerfG Beschl. v. 26.08.2013, Az. BvR 371/12 = NJW 2013, 3228; s. dazu auch *Kasiske* NJW-Spezial 2013, 632 ff.; *Hauer* ZRP 2013, 209 ff.; *Muckel* JA 2014, 73.

Bayreuth sowie des OLG Bamberg Herrn Mollath in seinen Grundrechten aus Art. 2 II 2 GG i. V. m. Art. 20 III GG verletzten, also in seinem Grundrecht auf Fortbewegungsfreiheit in Verbindung mit dem Rechtsstaatsprinzip und dem darin enthaltenen Verhältnismäßigkeitsgrundsatz. Moniert wurde u. a., dass die Gerichte sich nicht ausreichend mit entlastenden Tatsachen auseinandergesetzt hätten und v. a. die Prognose weiter bestehender Gefährlichkeit nicht ausreichend begründet worden sei.[17] Generell müsse bei einem solchen gravierenden Eingriff in das Freiheitsgrundrecht des Art. 2 II GG das »Gebot bestmöglicher Sachaufklärung« beachtet werden, was hier nicht erfolgt sei. Damit sind die (verfassungsrechtlichen) Grenzen der Unterbringung benannt, also der Weg, der aus der Unterbringung hinausführt. Wie aber gelangt man in den Maßregelvollzug hinein? Was sind Zweck und Voraussetzungen der Unterbringung im psychiatrischen Krankenhaus, von der im Fall Mollath womöglich von vornherein zu Unrecht Gebrauch gemacht wurde?

III. Die Unterbringung im Psychiatrischen Krankenhaus (§ 63 StGB)

1. Zweck

Die Unterbringung gem. § 63 StGB ist eine Maßregel der »Besserung und Sicherung« und trägt damit ihren Zweck bzw. ihre Zwecke schon im Namen.[18] Die Reihenfolge wurde im Zuge der Reformen des Maßregelrechts umgekehrt. Heute steht also anders als früher die »Besserung« vor der »Sicherung«. Das sollte das vorrangige Ziel der Behandlung der Untergebrachten stärken.

Was aber, wenn dieser Behandlungs- oder Besserungszweck im konkreten Fall nicht einschlägig ist? Kann dann allein der Sicherungszweck die Unterbringung rechtfertigen? Die Frage stellt sich dann, wenn sich die betroffene Person von vornherein oder zumindest im Laufe der Unterbringung als »untherapierbar« erweist. Dabei ist durchaus umstritten, ob es die Gruppe der »Untherapierbaren« überhaupt gibt.[19] Das OLG Bamberg erkannte in dem oben genannten Urteil jedenfalls die Möglichkeit, dass der (angeblich) wahnhafte Zustand Mollaths »unkorrigierbar« sei.[20]

---

17 BVerfG Beschl. v. 26.08.2013, Az. BvR 371/12, Rz. 60 ff.
18 S. dazu nur SSW-*Kaspar* § 63 Rn. 1 f.
19 Krit. *Eisenberg* NStZ 2004, 240.
20 OLG Bamberg Urt. v. 26.08.2011, 1 Ws 337/11, BeckRS 2013, 17392.

Ein ganz konkretes Fallbeispiel eines offenbar »Untherapierbaren« hat vor einigen Jahren für Aufsehen gesorgt. Ich spreche von dem als »Dürer-Attentäter« bekannt gewordenen Hans-Jürgen Bohlmann, der immer wieder Attentate auf Kunstgegenstände verübte, u.a. auf unschätzbar wertvolle Gemälde von Albrecht Dürer in der Alten Pinakothek in München, die er mit Säure schwer beschädigte.[21]

Trotz jahrelanger Unterbringung in der Psychiatrie aufgrund der Diagnose einer paranoiden Persönlichkeitsstörung konnte keine Besserung erzielt werden. Bohlmann wurde 2005 vom OLG Hamburg[22] nach etwa fünfzehnjähriger Unterbringung trotz äußerst schlechter Prognose entlassen, weil man von der Unverhältnismäßigkeit einer weiteren Unterbringung ausging. Und tatsächlich handelte es sich hier dann nachweislich nicht um einen »false positive«, also nicht um einen zu Unrecht als gefährlich eingestuften Täter. Denn trotz der Auflage, keine Museen zu betreten und trotz einer europaweiten Warnung an entsprechende Einrichtungen, gelang es Bohlmann einige Zeit nach seiner Entlassung erneut, ein wertvolles Gemälde im Amsterdamer Reichsmuseum zu beschädigen.[23]

Es gibt also praktische Fälle, in denen »Untherapierbarkeit« eine Rolle spielt[24] und bei denen die Entlassungsperspektive ganz besondere Probleme bereitet. Es bleibt also die Frage: Ist § 63 StGB überhaupt zu rechtfertigen, wo »Heilung« keine entscheidende Rolle spielt?

Der BGH hat klar entschieden, dass auch allein der Sicherungszweck unabhängig von konkreten Therapie- und Heilungschancen die Unterbringung rechtfertigen könne.[25] Dafür lässt sich der Wortlaut der Norm anführen, der die Gefährlichkeit des Täters in den Fokus rückt. Auch die systematische Einordnung als Maßregel (eben auch) »der Sicherung« spricht dafür, dass der Schutz der Allgemeinheit nicht nur willkommener Nebeneffekt der Unterbringung gem. § 63 StGB ist, sondern sie im Einzelfall auch allein rechtfertigen kann. Nicht zu übersehen ist aber, dass die Unterbringung gem. § 63 StGB damit sehr stark in die Nähe der Sicherungsverwahrung rückt, bei der der Sicherungszweck klar im Vordergrund steht. Im Fall Bohlmann hat das deshalb zu einer interessanten juristischen Problematik geführt, weil nach damaliger Rechtslage eine Sicherungsver-

---

21 OLG Hamburg NStZ-RR 2005, 40 sowie *Kaspar* FPPK 2007, 217 ff.
22 OLG Hamburg NStZ-RR 2005, 40.
23 Es handelte sich dabei um das Bild »Schützensmahlzeit zur Feier des Friedens von Münster« von *Bartholomeus van der Helst* (1613-1670), s. Süddeutsche Zeitung v. 29.6.2006, S. 9.
24 Ihr Anteil wird von psychiatrischer Seite auf ca. 10% geschätzt, vgl. *Dönisch/Seidel* R&P 2002, 2.
25 BGH StV 1995, 300; BGH R&P 2006, 102; SSW-*Kaspar*, § 63 Rn. 2a m. w. N.

wahrung nach zehn Jahren hätte beendet werden müssen – denn es standen keine Gewaltdelikte im Raum, sondern »nur« Sachbeschädigungsdelikte. Ausnahmsweise hat sich also in diesem – gewiss extrem gelagerten – Sonderfall die Tatsache der Unterbringung in der Psychiatrie gem. § 63 StGB im Vergleich zur Sicherungsverwahrung als Nachteil erwiesen. Im Grundsatz ist das auch heute noch denkbar, denn § 63 StGB enthält als einzige Maßregel keinerlei fixierte zeitliche Obergrenze – darauf wird bei den Reformvorschlägen zurückzukommen sein.

2. *Voraussetzungen*

a) *Rechtswidrige Tat*

Zunächst ist für die Unterbringung vorausgesetzt, dass der Täter eine rechtswidrige Tat begangen hat. Allein aufgrund angenommener Gefährlichkeit ohne entsprechende Anlasstat darf die Maßregel als »strafrechtliche Sanktion« im weiten Sinn also nicht verhängt werden. In einem solchen Fall bleibt es bei der Möglichkeit der Unterbringung nach den entsprechenden Ländergesetzen.

Mit der Formulierung der Voraussetzung einer »rechtswidrigen Tat« ist zwar klargestellt, dass eine Ordnungswidrigkeit als Anlass der Unterbringung nicht genügt, das ergibt sich aus § 11 I Nr. 5 StGB.[26] Davon abgesehen enthält das Gesetz aber keine Erheblichkeitsgrenze, d. h. auch geringfügige Straftaten können prinzipiell Anlasstat der Unterbringung gem. § 63 StGB sein. Das ist im Hinblick auf den Grundsatz der Verhältnismäßigkeit bedenklich, auch darauf werde ich bei den Reformüberlegungen zurückkommen. Praktisch relevant wird das aber offenbar selten, denn die Anlasstat ist zumindest ein wichtiger Prognosefaktor im Hinblick auf die festzustellende Gefährlichkeit des Täters. Leichtere Delinquenz in der Vergangenheit lässt üblicherweise gerade nicht den Schluss auf die Gefahr der Begehung erheblicher Taten in der Zukunft zu, vielmehr muss das im Einzelfall besonders begründet werden[27] und ist bei Bagatelltaten generell ausgeschlossen.[28]

---

26 SSW-*Kaspar*, § 63 Rn. 9.
27 Nachweise bei *Streng*, Strafrechtliche Sanktionen, 3. Aufl. (2012), Rn. 404 sowie SSW-*Kaspar*, § 63 Rn. 19.
28 BGHSt 20, 232 f.; *Streng* (FN. 27), Rn. 404.

b)   Zustand der Schuldunfähigkeit oder verminderten Schuldfähigkeit

Vorausgesetzt ist weiterhin, dass der Täter die Anlasstat im Zustand der Schuldunfähigkeit (§ 20 StGB) oder verminderten Schuldfähigkeit (§ 21 StGB) begangen hat.

Die Feststellung von Schuldfähigkeit oder eben Schuldunfähigkeit stellt Sachverständige und vor allem den letztlich für die Entscheidung verantwortlichen Richter im Einzelfall vor Probleme. Auch im Fall Mollath haben sich diese Schwierigkeiten gezeigt, beginnend bei dem Problem, auf welcher Tatsachengrundlage der Sachverständige sein Gutachten erstellt und wie zu verfahren ist, wenn der zu Begutachtende (wie Mollath) die Kooperation mit dem Gutachter verweigert, wie es sein gutes Recht ist.

Fakt ist, dass insgesamt drei renommierte Gutachter im Fall Mollath zum selben Ergebnis kamen und eine ausreichende psychische Störung samt Gefährlichkeit bejaht haben.[29] Das Dilemma ist offensichtlich: Eine Begutachtung nach Aktenlage bzw. auf der Grundlage der Beobachtung des Verhaltens in Unfreiheit wird einerseits in der Praxis nicht zu vermeiden sein, birgt aber andererseits ein erhöhtes Fehlerrisiko. Ob die Begutachtung von Herrn Mollath zu anderen Ergebnissen geführt hätte, wenn er kooperiert hätte, ist natürlich eine offene Frage, über die man nur spekulieren kann.

Ich möchte an dieser Stelle noch einen Punkt ansprechen, der als generelles und grundlegendes Problem strafrechtlicher Sanktionen diskutiert wird, im Zusammenhang mit § 63 StGB aber vielleicht noch in einem etwas anderen Licht erscheint. Bekanntlich wird auf der Grundlage der Ergebnisse der modernen Hirnforschung die Existenz eines freien Willens des Menschen in Zweifel gezogen.[30] Manche leiten daraus ab, dass ein strafrechtlicher Schuldvorwurf nicht erhoben werden könne, jedenfalls nicht im klassischen Sinne als Vorwurf einer verantwortungsvollen Entscheidung des Einzelnen für das Unrecht und gegen das Recht.[31] Die Lösung dürfte in einem sozialen Schuldbegriff liegen, bei dem man einerseits anerkennt, dass es sich bei der Annahme schuldhaften Handelns um eine Zuschreibung handelt, die andererseits aber nicht willkürlich erfolgt, sondern anhand unserer Erfahrung unseres eigenen Freiheitsbewusstseins so-

---

29 Vgl. *Schöch* (in diesem Band).
30 Vgl. nur *Roth*, Fühlen, Denken, Handeln, 2. Aufl. (2003), 494 ff. sowie die Beiträge in *Roth* u.a. (Hrsg.), Schuld und Strafe, 2012. S. dazu auch die Kritik von *Hillenkamp* JZ 2005, 313 ff. m. w. N. sowie zum Ganzen *Merkel*, Willensfreiheit und rechtliche Schuld, 2. Aufl. (2014).
31 *Roth* (FN. 30), 554.

wie einer im Alltag ja tausendfach bestätigten gegenseitigen Zuschreibung von verantwortlichem Handeln.[32] Vor diesem Hintergrund lässt sich argumentieren, dass Schuldausgleich als Strafzweck abzulehnen ist, da man mit einem vagen und nicht beweisbaren Postulat wie »Schuld« und deren »Ausgleich« allein keine Eingriffe in Grundrechte begründen kann. Roxin weist nicht umsonst ausdrücklich darauf hin, dass strafrechtliche Schuld sich in seiner Konzeption nur strafbarkeitsbegrenzend auswirke.[33] Das entspricht meiner straftheoretischen Position, auch ich habe ein Problem mit einer Strafbegründung, die allein auf Schuld bzw. Schuldausgleich beruht – ich halte das sogar für eine Strafbegründung, die nicht mit der Verfassung vereinbar ist.[34] Was aber bei einer rein straforientierten Betrachtung zu kurz kommt, ist, dass auch die Kehrseite der Medaille, also die Fest-stellung von *Schuldunfähigkeit* Probleme bereitet. Sie exkulpiert den Täter zwar und erspart ihm die Belastung durch eine Strafe. Zugleich ermöglicht sie aber mit der zeitlich unbefristeten Maßregel gem. § 63 StGB einen ebenso gravierenden Grundrechtseingriff – schon deshalb kann man sich keine allzu unbestimmten Maßstäbe im Bereich der Feststellung strafrechtlicher Schuld erlauben.[35] Denn wenn wir nicht genau wissen, ob und wie man »Schuld« feststellen soll, erfasst diese Unsicherheit zwingend auch die Feststellung von »Nicht-Schuld«.

Dass ist auch deshalb prekär, weil die Feststellung fehlender Schuld nicht etwa nur für die Minderheit der Täter zur Belastung wird, bei denen aufgrund ihrer angenommenen Gefährlichkeit die Unterbringung gem. § 63 StGB im Raum steht. Bereits die Feststellung selbst tangiert das Allgemeine Persönlichkeitsrecht des Betroffenen. Denn ihm wird von staatlicher Seite bescheinigt, kein mündiger Bürger zu sein, wenn man es kurz und pointiert zusammenfasst: ein »verbrecherischer Irrer«.

Man kann diesen Punkt mit einem (sehr kursorischen) Ausflug in die Straftheorie noch etwas deutlicher machen. Von Hegel stammt der Ausdruck, wonach in der Strafe der Verbrecher als »Vernünftiges geehrt« werde.[36] Ich habe mich als Student über dieses Zitat und die damit verbundene absolute Strafbegründung mit ihrem äußerst hohen Abstraktions-

---

32 Vgl. dazu nur die Nachweise bei *Kaspar*, Grundrechtsschutz und Verhältnismäßigkeit im Präventionsstrafrecht, 2014, 271.
33 Vgl. nur *Roxin*, Strafrecht AT, Band 1, 4. Aufl. (2006), § 3 Rn. 51 ff.
34 S. dazu umfassend *Kaspar* (FN. 32), 134 ff.
35 Teilweise wird sogar von der Verfassungswidrigkeit der Vorschriften über die Schuldfähigkeit wegen eines Verstoßes gegen Art. 103 II GG ausgegangen, vgl. *Schiemann*, Unbestimmte Schuldfähigkeitsfeststellungen. Verstoß der §§ 20, 21 StGB gegen den Bestimmtheitsgrundsatz nach Art. 103 II GG, 2012.
36 *Hegel*, Grundlinien der Philosophie des Rechts, 1820/1821, § 100.

niveau etwas geärgert, weil es in meinen Ohren geradezu zynisch klang. Hegels Theorie halte ich immer noch nicht für ausreichend, den Eingriff durch Strafe zu legitimieren. Aber das Zitat, so habe ich mich von Hegelianern mittlerweile immerhin überzeugen lassen, ist nicht zynisch gemeint. Es geht um die Anerkennung des Verbrechers als vernünftiges Wesen, dessen »Aussage« durch die Begehung des Verbrechens ernst genommen und zum Anlass einer Strafe genommen wird, um diese Aussage wieder aus der Welt zu schaffen. Hegels Position wird aus diesem Grund bekanntlich als »Negation der Negation«[37] umschrieben.

Beim wegen einer geistigen Störung schuldunfähigen Täter ist das anders. Er wird nicht als »Vernünftiges geehrt«, sondern, wenn man so will, als »Unvernünftiges entehrt«. Das Stigma ist nicht zu übersehen: Ein in der Psychiatrie zwangsweise untergebrachter schuldunfähiger Straftäter dürfte in der öffentlichen Wahrnehmung nicht weit vom Sicherungsverwahrten anzusiedeln sein. All das erfolgt aber nun, wenn wir uns erinnern, im Wege einer Zuschreibung, die zwar auf empirischen Tatsachen beruht, aber stets auch ein normatives, wertendes Element beinhaltet, das missbrauchsanfällig ist.[38]

Man wird die Unschärfen und Spielräume für den Rechtsanwender hier vermutlich nie beseitigen können. Aber dennoch ist es wichtig festzuhalten, dass wir als Wissenschaftler, Juristen wie Psychiater, nicht damit aufhören dürfen, uns weiter um möglichst klare Maßstäbe zu bemühen. Denn nicht nur die Zuschreibung von »Schuld«, sondern gerade auch die Verweigerung der Zuschreibung von »Schuld« ist, wie ich zu zeigen versucht habe, mit Belastungen für den Betroffenen verbunden[39], die aus rechtsstaatlichen Gründen ein Mindestmaß an Bestimmtheit verlangen.

c) *Gefährlichkeitsprognose*

Erforderlich ist weiterhin die Prognose, dass vom Täter »infolge seines Zustandes erhebliche rechtswidrige Taten zu erwarten sind und er deshalb für die Allgemeinheit gefährlich ist«. Hier ist eine Gesamtwürdigung des Täters und seiner Tat vorzunehmen.[40]

---

37 Vgl. dazu (auch zur Entstehung dieses Ausdrucks) *Roxin* (FN. 33), § 3 Rn. 4.
38 Zum Problem der Definition von »Krankheit« s. *Fangerau* (in diesem Band).
39 Vgl. *Kasiske* NJW-Spezial 2013, 633.
40 SSW-*Kaspar*, § 63 Rn. 16 ff.

Erforderlich ist eine auf konkrete Anhaltspunkte gestützte[41] Wahrscheinlichkeit »höheren Grades«[42], die bloße Möglichkeit zukünftiger Straftatbegehung genügt nicht.[43]

Die zu erwartenden Straftaten müssen nicht gleicher Art wie die begangenen sein[44], allerdings muss dargelegt werden, warum gerade mit solchen (anderen) erheblichen Straftaten mit der erforderlichen Wahrscheinlichkeit gerechnet wird. Das gilt besonders dann, wenn die Anlasstaten eher leichten Charakter haben, nun aber die Gefahr erheblicher Straftaten in der Zukunft angenommen wird.[45]

Schon aus dem Verhältnismäßigkeitsgrundsatz[46] folgt, dass mit »erheblichen« Straftaten zu rechnen sein muss, wie es auch im Wortlaut fixiert ist. Die Details sind umstritten, exakte Maßstäbe lassen sich hier nur schwer formulieren. Die Fortführung von leichteren Eigentums- und Vermögensdelikten genügt richtigerweise nicht, auch dann nicht, wenn der Täter diese hartnäckig wiederholt – das kann eine so gravierende Maßnahme wie die Unterbringung gem. § 63 StGB nicht rechtfertigen. Aber auch bei mittlerer Kriminalität, die in besonderen Fällen für die Anordnung genügen soll[47], ist Zurückhaltung angebracht. Die Praxis hat sich richtigerweise auf den Bereich der schwereren Straftaten konzentriert, insbesondere auf Körperverletzungs- und Tötungsdelikte.[48]

Dennoch bleibt festzuhalten, dass der Gesetzgeber hier bewusst keine klaren und enger umrissenen Kriterien wie bei der Sicherungsverwahrung formuliert hat.[49] Die Sicherungsverwahrung wurde und wird (auch aufgrund ihres zumindest früher oft fehlenden therapeutischen Elements) als schärfste und eingriffsintensivste Maßregel verstanden, als »Sonderopfer«, wie es das BVerfG in seiner Entscheidung aus dem Jahre 2011 formuliert hat.[50] Die Unterbringung gem. § 63 StGB wurde dagegen teilweise offenbar als mildere Form des Freiheitsentzugs betrachtet, vielleicht auch aufgrund des Gedankens, dass es hier ja letztlich um Heilung und Besserung

---

41 BeckOK-StGB-*Ziegler*, § 63 Rn. 11.
42 BGH NStZ-RR 2006, 265; NStZ-RR 2009, 306.
43 BGH NStZ-RR 2006, 265.
44 Nachweise bei *Fischer* § 63 Rn. 14.
45 BGH NStZ-RR 2011, 240 f.
46 NK-*Pollähne*, § 63 Rn. 53.
47 BGH Urt. v. 02.03.2011, 2 StR 550/10, NStZ-RR 2011, 240 (241); enger *Walter* GA 2014, 316 (322), der für eine Beschränkung auf schwere Taten plädiert.
48 Eckpunktepapier des BMJ v. Juli 2013, abrufbar unter http://www.bmj.de/SharedDocs/Downloads/DE/pdfs/20130715_Eckpunkte_Reformvorschlaege_Unterbringungsrecht.pdf (zuletzt abgerufen am 13.8.2014).
49 NK-*Pollähne*, § 63 Rn. 69.
50 S. BVerfGE 128, 326, 374; s. bereits BVerfG NJW 2004, 739, 744.

geht, also um eine, wenn auch zwangsweise auferlegte, »Wohltat« für den Betroffenen. Das mag einer der Gründe dafür sein, dass die Unterbringung (anders als die Sicherungsverwahrung) auch dann angeordnet werden darf, wenn allein der Verurteilte ein Rechtsmittel eingelegt hat, was an sich zur Folge hat, dass das Instanzgericht nicht zu Ungunsten des Rechtsmittelführers urteilen darf (vgl. §§ 331 II, 358 II 3 StPO).

Die Vorstellung vom milderen Eingriff trifft allerdings, wie oben anhand des Falles Bohlmann gezeigt wurde, nicht in jedem Einzelfall zu – wir haben gesehen, dass in manchen Fällen die Unterbringung fast ausschließlich sichernden Charakter haben kann, andererseits aber anders als die Sicherungsverwahrung keine zeitliche Grenze zumindest für bestimmte Deliktsformen kennt. Diese Problematik betrifft konkret nicht nur die »Untherapierbaren«, sondern auch die sog. false positives, also diejenigen, die aufgrund einer falschen Prognose weiterhin untergebracht bleiben, obwohl von ihnen keine Gefahr mehr ausgeht. Bedenkt man weiterhin, dass die Sicherungsverwahrung aufgrund des Urteils des BVerfG vom Mai 2011 therapeutisch »aufgerüstet« wurde, ist eine solche klare Abstufung der Eingriffsintensitäten endgültig fragwürdig geworden, der Unterschied zwischen beiden Maßregeln ist so gesehen geringer geworden.[51] Vor diesem Hintergrund ist es nur konsequent, wenn das BVerfG auch die Unterbringung gem. § 63 StGB in einer Entscheidung aus dem Jahre 2012 ohne Differenzierung unter Bezugnahme auf die Entscheidung zur Sicherungsverwahrung als »Sonderopfer« bezeichnet.[52] Dabei wird u.a. darauf verwiesen, dass der präventive Freiheitsentzug hier auf einen Umstand gestützt werde, der vom Betroffenen naturgemäß nicht beherrscht werden könne. All dies Grund genug, über eine Verschärfung der Anordnungsvoraussetzungen auch bei § 63 StGB nachzudenken.[53]

d) Symptomatischer Zusammenhang

Der Wortlaut (»infolge seines Zustandes«) setzt voraus, dass die zu erwartenden Taten auf den Zustand im Sinne von § 20 StGB zurückzuführen sind. Das gilt auch für die Anlasstat. Jeweils muss ein sogenannter »symp-

---

51 Gegen die These vom weniger eingriffsintensiven Charakter des § 63 StGB und für eine Angleichung der Anordnungsvoraussetzungen im Hinblick auf die Gefährlichkeitsprognose *Walter* ZRP 2014, 103, 104.
52 BVerfGE 130, 372, 390; so bereits *Eisenberg* GA 2007, 348, 361.
53 S. dazu unten IV. 1.

tomatischer Zusammenhang« zum Defektzustand bestehen.[54] Bloße Spontan- oder Gelegenheitstaten, die nicht gerade auf den Defektzustand des Täters zurückgeführt werden können, können daher nicht die Grundlage einer Unterbringung sein.

e)   Würdigung des Falles Mollath

Wie ist nun der Fall Mollath, soweit bekannt, in dieser Hinsicht zu beurteilen? Lagen die Anordnungsvoraussetzungen tatsächlich vor? Meines Erachtens ist das zweifelhaft, und zwar selbst dann, wenn man mit dem Ausgangsgericht unterstellt, dass Herr Mollath die ihm vorgeworfenen Taten begangen hat und auch die Diagnose eines »querulatorischen Wahns«[55] zutreffend ist.

Die Anlasstaten (Körperverletzung, gefährliche Körperverletzung sowie Sachbeschädigung) würden zwar in den Bereich mittlerer Kriminalität hineinragen. Fraglich ist aber hinsichtlich der Körperverletzungen gegenüber der damaligen Ehefrau der symptomatische Zusammenhang. Das Gericht bejaht das ganz lapidar, dabei wäre sehr viel genauer zu erörtern gewesen, ob diese Anlasstaten gerade auf einem wahnhaften Zustand beruhten und nicht auf einer konflikthaft verlaufenden Ehe[56], die zum Urteilszeitpunkt schon geschieden war. Daher wäre im Rahmen der Gefährlichkeitsprognose in Rechnung zu stellen gewesen, dass dieses Konfliktpotenzial nach vollzogener Trennung und Scheidung so nicht mehr bestand, was auch vom BVerfG jedenfalls in Bezug auf die späteren Entscheidungen auf der Vollstreckungsebene moniert wurde.[57] Insgesamt muss man also die Heranziehung der behaupteten Körperverletzungen im Rahmen der Gefährlichkeitsprognose für die Unterbringung in Zweifel ziehen.

Was den Vorwurf möglicher zukünftiger Taten der üblen Nachrede oder Verleumdung angeht, kann wiederum mit Sicherheit gesagt werden, dass solche Delikte, selbst wenn man hier einen symptomatischen Zusammenhang nachvollziehbar bejaht, nicht erheblich genug sind, um die Unterbringung gem. § 63 StGB zu rechtfertigen. Ob die behauptete Verstrickung der Ehefrau und dritter Personen in Steuerhinterziehungstaten zutrifft oder nicht, kann daher dahinstehen. Ohnehin waren diese Delikte

---

54   NK-*Pollähne*, § 63 Rn. 73; SSW-*Kaspar*, § 63 Rn. 27 ff.
55   Zur Anwendung von § 63 StGB in solchen Fällen s. nur BGH NStZ 2009, 383; BGH NStZ-RR 2009, 169.
56   So auch *Schöch* (in diesem Band).
57   BVerfG Beschl. v. 26.08.2013, Az. BvR 371/12, Rz. 67.

nicht ausdrücklich Gegenstand der Anklage, kamen also als festgestellte Anlasstaten nicht in Betracht.

Was bleibt, ist der Vorwurf, Autoreifen zerstochen zu haben – der aber nur dann über eine Sachbeschädigung hinausgeht, wenn man davon ausgeht, dass Mollath damit jemanden an Leib oder Leben gefährden wollte. Genau das ist als Anlasstat aber nicht festgestellt, das Gericht geht in diesem Komplex lediglich von einer Sachbeschädigung aus, legt dann aber – insofern nicht konsequent, jedenfalls nicht ausreichend begründet – bei der Gefährlichkeitsprognose zugrunde, dass es hier um eine konkrete Gefährdung von Menschen gegangen sei, die man auch in Zukunft zu erwarten habe.[58]

Stellt man dagegen nur auf die Sachbeschädigungen ab, verbleiben große Zweifel an der ausreichenden Erheblichkeit dieser Anlasstaten, und das wohlgemerkt ganz unabhängig von der Frage, ob Mollath zu Recht wegen dieser Taten verurteilt wurde. Nicht erst auf der Vollstreckungsebene, wie vom BVerfG beanstandet, sondern bereits hier, auf der Ebene der Anordnungsvoraussetzungen, wurde also der oben erwähnte Grundsatz der Verhältnismäßigkeit[59] nicht ausreichend beachtet.

3. Rechtsfolgen

Liegen die Voraussetzungen der Maßregel vor, was ich für den Fall Mollath wie gesagt bezweifeln würde, ist ihre Anordnung zwingend; ein Ermessen des Richters ist hier also wegen des dann dringlichen Bedarfs nach Besserung und Sicherung nicht vorgesehen.

Bei Annahme von lediglich verminderter Schuldfähigkeit gem. § 21 StGB kann es zur Kumulation von Strafe und Maßregel kommen, also zu einer doppelten Belastung für den Täter, der einerseits Strafe zu verbüßen hat, andererseits mit dem Damoklesschwert der anschließenden Unterbringung leben muss, deren Dauer nicht klar absehbar ist. Auch das zeigt nochmals, dass die Annahme voller Schuldfähigkeit nicht stets zu Lasten des Täters geht, sondern dass gerade der § 21 StGB für den Täter per saldo nachteilig sein kann.

---

58 LG Nürnberg-Fürth Urt. v. 08.08.2006, Az. 7 KLs 802 Js 4743/2003, Rz. 161 f. Im späteren, nach erfolgreicher Wiederaufnahme ergangenen Urteil des LG Regensburg v. 14.8.2014 entfiel dieser Tatvorwurf mangels Beweisbarkeit.
59 Vgl. krit. in Bezug auf den Fall Mollath auch *Hauer* ZRP 2013, 209, 213 sowie *Kasiske* NJW-Spezial 2013, 632.

Kommt es zu einer solchen Kombination von Freiheitsstrafe und Maßregel, gilt nach § 67 I StGB das Prinzip des sogenannten »Vikariierens«, d. h. die Maßregel wird grundsätzlich vor der Strafe vollzogen. Angestrebt wird dann, einen anschließenden Freiheitsentzug ggf. entbehrlich zu machen. Diesem Zweck dient auch die Regelung in § 67 II StGB, nach der es möglich ist, zunächst einen Teil der Freiheitsstrafe zu vollstrecken und den anschließenden Übergang in die Maßregel so zu gestalten, dass danach eine Aussetzung der restlichen Freiheitsstrafe zur Bewährung möglich wird.

Was nicht befriedigen kann, ist die völlige Gleichstellung der Unterbringung von voll schuldunfähigen Tätern und nur vermindert schuldfähigen Tätern im Rahmen von § 63 StGB. In beiden Fällen erfolgt die Unterbringung (v. a. auch ihre Vollstreckung) nach denselben Regeln, obwohl die letztgenannte Gruppe ja per Urteil bescheinigt bekommen hat, dass ihre Einsichts- und Steuerungsfähigkeit nur beeinträchtigt, aber nicht aufgehoben ist. Das legt einerseits geringeren Behandlungsbedarf nahe, andererseits wird der Sicherungszweck der Maßregel faktisch auch bereits durch die Verbüßung der Freiheitsstrafe erzielt. Diese Unterschiede im Hinblick auf die Zielsetzungen der Maßregel sollten sich auch bei den gesetzlichen Regelungen zu deren Beendigung niederschlagen – zu denken wäre etwa an weniger hohe Aussetzungsvoraussetzungen bei der Gruppe der vermindert Schuldfähigen.[60]

Eine weitere Unstimmigkeit im gesetzlichen System der stationären Maßregeln besteht seit dem Inkrafttreten von § 66c StGB am 1.6.2013. Nach dieser Norm ist bei angeordneter Sicherungsverwahrung zwingend schon während des vorhergehenden Vollzugs der Freiheitsstrafe ein ausreichendes individuelles Therapieangebot bereitzustellen, um eine anschließende Sicherungsverwahrung möglichst obsolet zu machen. Wird dem in der Praxis nicht genügt, ist die Sicherungsverwahrung gem. § 67d II 2 StGB zwingend zur Bewährung auszusetzen; die Norm enthält somit eine Art »Anreiz- und Sanktionsmechanismus«, damit die Haftzeit bei den potenziellen Sicherungsverwahrten sinnvoll genutzt wird.[61]

---

60 S. dazu unten IV. 2. a). Eine (nicht näher konkretisierte) Differenzierung zwischen schuldunfähigen und nur vermindert schuldfähigen Personen wird auch in einem offenen Brief der Bundesdirektorenkonferenz, dem Verband der leitenden Ärztinnen und Ärzte in den psychiatrischen Kliniken, an die damalige Justizministerin Leutheusser-Schnarrenberger v. 19.8.2013 erwogen.

61 Das wird allerdings kaum praktische Relevanz entfalten, denn sowohl der Verurteilte als auch die Justizvollzugsanstalten können gem. § 119a StVollzG bereits während der Haftzeit gerichtlich überprüfen lassen, ob den Anforderungen des § 66c StGB genügt wird. Wird nach einer denkbaren Negativentscheidung ent-

Kommt es in den Fällen des § 21 StGB, bei denen § 63 StGB angeordnet wurde, zu einem Vorwegvollzug der Freiheitsstrafe, gilt dieses Gebot dagegen nicht. Dabei ist nicht einzusehen, warum nicht auch bei anschließender Unterbringung im psychiatrischen Krankenhaus die vorwegvollzogene Strafhaft zwingend für intensive therapeutische Bemühungen genutzt werden sollte. Nicht nur im Bereich der Sicherungsverwahrung, sondern auch in Bezug auf die Unterbringung gem. § 63 StGB stehen intensive Grundrechtseingriffe im Raum, die aus Gründen der Verhältnismäßigkeit möglichst zu minimieren sind.

4. Beendigungsmöglichkeiten

Damit sind wir bei der Frage angelangt, welche Wege aus dem Maßregelvollzug hinausführen.[62] Die Unterbringung gem. § 63 StGB enthält wie gesagt keine gesetzlich fixierte Obergrenze. Eine Beendigung kommt daher nach der momentanen Gesetzesfassung nur in Betracht, wenn die Voraussetzungen einer Aussetzung oder einer Erledigung der Maßregel vorliegen.

a) Aussetzung zugleich mit der Anordnung, § 67b StGB

Zunächst besteht gem. § 67b StGB die Möglichkeit, die Maßregel sofort mit ihrer Anordnung zur Bewährung auszusetzen, wenn »besondere Umstände die Erwartung rechtfertigen, dass der Zweck der Maßregel auch dadurch erreicht werden kann«. Allein die Möglichkeit, Weisungen zu erteilen oder den Betroffenen der Führungsaufsicht zu unterstellen, begründet noch keine »besonderen Umstände«.[63] Denkbar ist aber die Bereitschaft zur psychotherapeutischen oder medikamentösen Behandlung in einer offenen oder geschlossenen staatlichen Einrichtung.[64] Auch gravierende Änderungen der persönlichen Lebensverhältnisse in den Bereichen Arbeit oder Familie können als stabilisierende Faktoren eine solche Aussetzung im Einzelfall rechtfertigen, ebenso eine bereits laufende Unterbringung nach Landesrecht oder die Möglichkeit der Einschaltung eines

---

sprechend nachgesteuert, kommt die Aussetzung gem. § 67d II 2 StGB nicht in Betracht.
62 S. dazu auch (aus prognostischer Sicht) *Seifert* u.a. StV 2003, 301 ff.
63 BGH StV 1999, 601.
64 SSW-*Jehle*, § 67b Rn. 6 m. w. N. zur Rechtsprechung.

Betreuers oder (im Zusammenhang mit der Führungsaufsicht) eines Bewährungshelfers gem. § 68a StGB. In der Praxis wird von der Möglichkeit des § 67b StGB allerdings sehr selten Gebrauch gemacht, obwohl eine solche Vorgehensweise dem Verhältnismäßigkeitsgrundsatz entsprechen würde. Scheitern darf das jedenfalls nicht daran, dass zu wenig Geld für mögliche mildere Mittel, vor allem für eine gute ambulante psychiatrische Versorgung, in die Hand genommen wird.

b) Aussetzung bei vorwegvollzogener Strafe, § 67c StGB

Ebenfalls selten erfolgt eine Anwendung von § 67c StGB, der es erlaubt, bei einer vorwegvollzogenen Freiheitsstrafe die anschließende Maßregel zur Bewährung auszusetzen, wenn ihr Zweck schon im Rahmen des Strafvollzugs erreicht wurde, wenn also etwaige Therapiemaßnahmen schon dort erfolgreich waren. Dass hier eine Angleichung an die Maßstäbe der Sicherungsverwahrung (§ 66c StGB) angebracht wäre, wurde oben bereits dargelegt. Es ist nicht zu sehen, warum die Dringlichkeit einer möglichst frühzeitigen therapeutischen Einwirkung bei potenziellen Sicherungsverwahrten größer sein sollte als bei potenziellen Untergebrachten im psychiatrischen Krankenhaus.

c) Aussetzung der weiteren Vollstreckung, § 67d II StGB

Der quantitativ bedeutsamste Weg, der aus dem Maßregelvollzug herausführt, findet sich in § 67d II StGB. Danach ist die weitere Vollstreckung der Unterbringung zur Bewährung auszusetzen, wenn »zu erwarten ist, dass der Untergebrachte außerhalb des Maßregelvollzugs keine rechtswidrigen Taten mehr begehen wird«. Die Aussetzung setzt also eine positive Legalprognose voraus. Die Anforderungen sind sehr hoch, wenn man den Wortlaut der Norm mit der früheren, vor 1998 geltenden Fassung vergleicht. Damals war die Aussetzung möglich, »sobald verantwortet werden kann, zu erproben…«. Zwar war mit der Umformulierung der Vorschrift vom Gesetzgeber nur eine Klarstellung und keine Verschärfung der Maßstäbe intendiert. Das ist bei unbefangenem Blick auf die beiden Formulierungen aber nicht naheliegend.[65] Und es ist nicht zu übersehen dass

---

65 Krit. u.a. *Schöch* NJW 1998, 1257 ff.

seit der Gesetzesänderung die Zahl der Inhaftierten kontinuierlich gestiegen ist, wie sogleich gezeigt wird.

Die ursprüngliche Formulierung mit ihrer »Verantwortungsklausel« ist insofern vorzugswürdig, als sie überzogenen Vorstellungen von einer nahezu auszuschließenden Gefahr weiterer Straftaten entgegenwirkt.[66] Denn das ist schlicht unmöglich. Ein Restrisiko wird immer bestehen und muss in vertretbaren Fällen eingegangen werden.[67] Dabei ist nach dem Bundesverfassungsgericht auch hier, bei der Prüfung der Voraussetzungen des § 67d II StGB, der Grundsatz der Verhältnismäßigkeit heranzuziehen (sog. integrative Betrachtungsweise). Je länger die Unterbringung dauert, desto strenger wird die »verfassungsrechtliche Kontrolldichte«.[68] Das bedeutet, dass die Anforderungen an die Fortdauer der Unterbringung steigen und ein gewisses Risiko weiterer Straftaten eher in Kauf genommen werden muss.[69]

Um auf den Fall Mollath zurückzukommen: Zu den gestiegenen verfassungsrechtlichen Prüfungsmaßstäben findet sich in der Aussetzungsentscheidung des LG Bayreuth aus dem Jahre 2011 wenig. Dass die Voraussetzungen der Aussetzungsmöglichkeit aufgrund der zum damaligen Zeitpunkt immerhin schon über fünf Jahre andauernden Unterbringung intensiver geprüft wurden, lässt sich dem Beschluss nicht entnehmen. Dort wird nur, wie vom BVerfG[70] zu Recht gerügt wurde, sehr knapp und pauschal auf die nach wie vor bestehende Störung des jede Therapie verweigernden Untergebrachten sowie seine weitere Gefährlichkeit hingewiesen. Angesichts des nur mittleren Schweregrades der Anlasstaten und der wie gezeigt alles andere als klaren Prognose zukünftiger erheblicher Taten, hätte die Prüfung der Aussetzung also durchaus zu Gunsten von Herrn Mollath ausfallen können, wenn die verschärften Anforderungen des Verhältnismäßigkeitsgrundsatzes beachtet worden wären.

d)   Erledigung der Maßregel, § 67d VI StGB

Eine weitere, erst 2004 ins Gesetz gekommene Möglichkeit der Beendigung der Maßregel ist die Erledigung gem. § 67d VI StGB. Sie tritt ein, wenn die Voraussetzungen der Maßregelanordnung nicht mehr vorliegen

---

66   S. auch die Kritik von *Fischer*, § 63 Rn. 13.
67   *Fischer* § 63 Rn. 11.
68   BVerfGE 70, 297, 316.
69   BVerfGE 70, 297, 316; BVerfG NJW 1986, 767 ff.
70   BVerfG Beschl. v. 26.08.2013, Az. BvR 371/12, NJW 2013, 3228.

oder wenn die weitere Vollstreckung unverhältnismäßig wäre. Einige dieser Fälle können schon im Wege einer Aussetzung gem. § 67d II StGB sachgerecht gelöst werden.

Bei klar negativer Prognose ist dieser Weg aber verbaut. Daher kam es im Fall des Dürer-Attentäters Bohlmann in der Entscheidung des OLG Hamburg nicht zu einer Aussetzung, sondern zu einer Erledigung aufgrund Unverhältnismäßigkeit. Das Gericht argumentierte mit der langen Unterbringungsdauer sowie der Tatsache, dass der Strafrahmen für die von Bohlmann begangenen und auch drohenden Delikte (also gemeinschädliche Sachbeschädigung gem. § 304 StGB) nur drei Jahre betrage. Ich selbst bin skeptisch, ob das ein sachgerechtes Kriterium ist. Zwar wird mit dem Strafrahmen grob zum Ausdruck gebracht, welchen Wert der Gesetzgeber den geschützten Rechtsgütern zumisst. Aber es ist doch zu beachten, dass die Androhung von Strafe, die sich an geistig Gesunde mit »normativer Ansprechbarkeit« richtet, eine andere Funktion hat als die Unterbringung gem. § 63 StGB, die konkret ins Auge gefasste Straftaten von psychisch Gestörten verhindern will. Bei ganz hartnäckiger krankhafter Deliktsneigung, wie sie bei Bohlmann festzustellen war, ist es daher nicht per se illegitim, wenn sich die Unterbringungsdauer über einen längeren Zeitraum erstreckt als es bei einer Freiheitsstrafe der Fall gewesen wäre. Daher handelte es sich hier um einen Grenzfall, in dem beide Seiten gute Argumente vorbringen konnten. Im Ergebnis war die Entscheidung des OLG Hamburg also nachvollziehbar, wenn auch bei Weitem nicht so eindeutig wie in anderen Konstellationen. So hatte das BVerfG mehrfach über die Unterbringung von Tätern von Eigentums- und Vermögensdelikten zu entscheiden, die auf dieser Grundlage über 20 Jahre untergebracht waren und wegen Unverhältnismäßigkeit der weiteren Vollstreckung der Maßregel entlassen wurden.[71]

Im Fall Mollath handelte es sich um Taten aus dem Bereich der mittleren Kriminalität, sowie vor allem um eine äußerst zweifelhafte Gefährlichkeitsprognose, was angesichts der längeren Unterbringungsdauer spätestens auf der Ebene der Verhältnismäßigkeitsprüfung Zweifel an der weiteren Vollstreckung hätte wecken müssen.

Eine schwierige Frage ist, ob und wie man bei der hier anzustellenden Gesamtwürdigung auch die im konkreten Fall offensichtlich bestehenden Zweifel im Hinblick auf die der Ausgangsverurteilung zugrunde liegenden tatsächlichen Annahmen mit berücksichtigen kann. Das widerspricht unserem binär codierten juristischen Denken, womit ein Bogen zum Anfang

---

71 BVerfGE 70, 297 ff.; BVerfG Beschl. v. 06.04.1995 – 2 BvR 1087/94, NJW 1995, 3048.

des Beitrags geschlagen wäre. Denn wir sind es gewohnt, dass auf der Anordnungsebene (ggf. durch mehrere Instanzen hindurch) bestimmte Entscheidungen getroffen werden, nötigenfalls unter Anwendung von Regeln wie »in dubio pro reo«, aber doch so, dass am Ende ein rechtskräftig festgestellter Sachverhalt zu Grunde gelegt und zunächst nicht mehr in Frage gestellt wird. Der Täter hat dann die Tat begangen, er leidet an einem krankhaften Wahn und er ist gefährlich. Das lässt sich hier nicht vermeiden, die Justiz muss Entscheidungen verbindlich treffen. Auf der Vollstreckungsebene können zwar neue Entwicklungen und neue Tatsachen in Rechnung gestellt werden für die ohnehin aktuell anzustellende Gefahrenprognose. Aber an die tatsächlichen Feststellungen im Urteil (etwa im Hinblick auf die Begehung der vorgeworfenen) Taten bleiben Richter und Sachverständige zunächst gebunden. Das folgt aus der Rechtskraft der Ausgangsentscheidung, die im Sinne von Rechtssicherheit und Rechtsfriede nicht einfach außer Acht gelassen werden darf.

Aber: Liegt objektiv doch ein Fehler vor, und das lässt sich auch durch mehrere Instanzenzüge nicht verhindern, dann ist es für den zu Unrecht Verurteilten ein schwacher Trost, wenn sein Freiheitsrecht hinter abstrakten Begriffen wie Rechtssicherheit und Rechtsfriede zurücktritt. Das ist der Grund, warum man angesichts des Falles Mollath auch über eine Absenkung der sehr hohen formellen und materiellen Hürden einer Wiederaufnahme des Verfahrens nachdenken sollte.[72]

5. *Empirische Erkenntnisse*

Zumindest ergänzend will ich noch kurz auf einige empirische Erkenntnisse über die Anwendungspraxis des § 63 StGB eingehen. Zunächst ist festzuhalten, dass die Zahl der Untergebrachten im Laufe der letzten Jahre drastisch angestiegen ist. Im Jahr 2012 waren 6750 Personen in der Psychiatrie untergebracht, das sind mehr als doppelt so viele wie etwa im Jahre 1996.[73] Die durchschnittliche Verweildauer liegt mittlerweile bei ca. 8 Jahren und hat sich damit innerhalb von zehn Jahren etwa verdoppelt.[74]

---

72 Vgl. dazu SSW- StPO-*Kaspar*, Vor §§ 395 ff. Rn. 13 ff.
73 Vgl. Eckpunktepapier des BMJ (FN. 48); *Walter* ZRP 2014, 103.
74 S. die Stellungnahme der DGPPN v. 12.9.2013, S. 2, abrufbar unter
    http://www.dgppn.de/fileadmin/user_upload/_medien/download/pdf/stellungnah
    men/2013/DGPPN-
    Stellungnahme_Reform%C3%BCberlegungen__63_StGB_BMJ_final_01.pdf
    (zuletzt abgerufen am 13.8.2014).

Das liegt auch an den strengeren Voraussetzungen, die seit 1998 an die Aussetzung zur Bewährung gestellt werden.

Die Deliktsverteilung zeigt, dass Gewaltstraftaten den Hauptteil der Unterbringungen ausmachen.[75] Dem Eckpunktepapier des BMJ lässt sich weiterhin entnehmen, dass 75 % der im Maßregelvollzug Untergebrachten bereits Voraufenthalte in der Allgemeinpsychiatrie hatten. Es wird die Vermutung geäußert, dass der Anstieg der Unterbringungen gem. § 63 StGB auch mit einer auf Sparzwängen beruhenden Verkürzung der klinischen Behandlungszeiten und einer nicht ausreichenden Versorgung mit ambulanten Betreuungsmöglichkeiten zusammenhängt.[76]

IV. Reformvorschläge

Der Fall Mollath hatte sicher zumindest ein Gutes – er hat die öffentliche Aufmerksamkeit auf den Maßregelvollzug gelenkt und auf die Schwierigkeiten, die sich bei der sachgerechten Beurteilung einzelner Betroffener stellen können. Das hat einigen Schwung in die Reformdiskussion gebracht.

Im Juli 2012 hat z. B. die nordrhein-westfälische SPD einen umfassenden Vorschlag zur Reform der Vorschriften über den Maßregelvollzug vorgelegt.[77] Die dort zum Ausdruck gebrachte Forderung nach einer »zeitgemäßen Reform« wird mit dem Vorschlag verbunden, nicht mehr von Unterbringung in einem psychiatrischen Krankenhaus zu sprechen, sondern von der »Zuweisung zu einer therapiegerichteten und schützenden Maßregel«. Dabei ist klar, dass allein eine Änderung des »Etiketts« kein einziges Problem löst. Inhaltlich soll dies bedeuten, dass die Maßregel nicht nur die stationäre Unterbringung im Krankenhaus, sondern auch andere, ambulante Formen umfassen soll. Das weist in die richtige Richtung; ob dann allerdings in den für gefährlich erachteten Fällen tatsächlich in höherem Maße Risiken eingegangen werden, ist fraglich. Eventuell drohte hier sogar ein Net-widening, also der Effekt, dass die Maßregel schneller verhängt würde, weil sie nicht in allen Fällen zum Freiheitsentzug führt. Das Anliegen, im Sinne des Verhältnismäßigkeitsgrundsatzes dringend

---

75 Eckpunktepapier des BMJ (FN. 48), 2.
76 Eckpunktepapier des BMJ (FN. 48), 2.
77 Der Vorschlag stammt von der Arbeitsgemeinschaft sozialdemokratischer Juristinnen und Juristen in Nordrhein-Westfalen und ist abrufbar unter http://bflk.de/files/doku/2012/fuer_eine_zeitgemaesse_reform_der_psychiatrischen_massregel_nach_ss_63_stgb.pdf (zuletzt abgerufen am 13.8.2014).

auf die mögliche Wahl milderer Mittel hinzuweisen, ist allerdings völlig richtig und unterstützenswert.

Das Bundesministerium der Justiz (BMJ) hat im Juli 2013 Eckpunkte zur Unterbringung gem. § 63 StGB veröffentlicht (im Folgenden: Eckpunktepapier), und sich dabei ausdrücklich auf den »Fall Mollath« und die durch ihn aufgeworfenen Fragen bezogen.[78]

Auch der 2013 zwischen CDU, CSU und SPD vereinbarte Koalitionsvertrag sieht (ohne ins Detail zu gehen) vor, dass die Unterbringung in einem psychiatrischen Krankenhäuser reformiert wird, indem »(...) insbesondere dem Verhältnismäßigkeitsgrundsatz stärker zur Wirkung (...) verholfen wird«.[79] Der dort ebenfalls erwähnte Plan der Einrichtung einer Bund-Länder-Arbeitsgruppe zu dieser Thematik wurde mittlerweile umgesetzt, die Gruppe hat am 14.3.2014 ihre Arbeit aufgenommen.[80]

Schließlich wurde im Juni 2014 ein Diskussionsentwurf des Bayerischen Justizministeriums zur Reform von § 63 StGB vorlegt (im Folgenden: Diskussionsentwurf), der in die Beratungen der Bund-Länder-Arbeitsgruppe einfließen soll.[81] Der Entwurf nennt als ausdrückliches Regelungsziel die Stärkung des Verhältnismäßigkeitsgrundsatzes sowohl bei der Anordnung als auch bei der Vollstreckung der Unterbringung im psychiatrischen Krankenhaus.[82]

Insbesondere auf die Reformvorschläge im Eckpunktepapier des BMJ sowie im bayerischen Diskussionsentwurf soll im Folgenden etwas näher eingegangen werden.

1. Anordnungsebene

a) Anlasstat

Ein heißes Eisen, das weder im Eckpunktepapier, noch im Diskussionsentwurf angepackt wurde, ist die Erhöhung der Anforderungen an die An-

---

78 Eckpunktepapier des BMJ (FN. 48).
79 Koalitionsvertrag zwischen CDU, CSU und SPD, 2013, 146.
80 S. dazu die Mitteilung des Bundesministeriums für Justiz und Verbraucherschutz: http://www.bmjv.de/SharedDocs/Kurzmeldungen/DE/2014/20140314_Bund_Laender_Arbeitsgruppe_zur_Reform_des_63_StGB.html
(zuletzt abgerufen am 13.8.2014).
81 Diskussionsentwurf des BayStMJ v. Juni 2014, abrufbar unter http://www.justiz.bayern.de/media/pdf/gesetze/unterbringung.pdf
(zuletzt abgerufen am 13.8.2014).
82 Diskussionsentwurf des BayStMJ (FN. 81), 10.

lasstat.[83] Es soll weiterhin jede rechtswidrige Tat genügen, solange sich aus ihr die Gefahr »erheblicher« Straftaten ableiten lässt. Das ist problematisch, da sich die Frage stellt, inwiefern einfache Diebstähle oder Beleidigungen allein die Prognose schwerer Straftaten rechtfertigen können. Auch § 62 StGB spricht davon, dass die Maßregel nicht außer Verhältnis zur begangenen Straftat stehen darf, stellt also einen Bezug zur Schwere der Anlasstat her.[84] Zwar sollen »Bagatelltaten« niemals ausreichend sein für die Maßregelverhängung[85], aber das ergibt sich nun einmal nicht aus dem Wortlaut von § 63 StGB und sollte daher dort festgeschrieben werden, wenn man sich ohnehin um eine Reform bemüht. Ich würde daher vorschlagen, nur solche Taten als Anlasstaten genügen zu lassen, mit denen der Täter mindestens ein Jahr Freiheitstrafe verwirkt hat. Diese konkrete Strafhöhe markiert auch an anderen Stellen im Gesetz, z. B. bei § 60 StGB, die Grenze, bis zu der Sanktionslosigkeit (dort in Form des Absehens von Strafe) aufgrund besonderer Umstände hingenommen werden kann.

b) Gefährlichkeitsprognose

Konkrete Reformvorschläge gibt es dagegen bezüglich der Schwere der zu erwartenden »erheblichen« Taten.

Dabei wird teilweise eine Anknüpfung an die zu erwartende Strafe vorgeschlagen, also etwa die Prognose einer Tat, die mit mindestens zwei Jahren Freiheitsstrafe zu bestrafen wäre.[86] Das erscheint als möglicher Ansatzpunkt, liefert bei genauerer Betrachtung aber weniger Klarheit und Rechtssicherheit, als es auf den ersten Blick den Anschein hat. Denn das setzt die hypothetische Strafzumessungsentscheidung bezüglich einer Straftat voraus, die noch gar nicht begangen wurde und deren strafzumes-

---

83 Krit. auch der DAV in seiner Stellungnahme v. Januar 2014, 5, wo zumindest eine strengere Verhältnismäßigkeitsprüfung verlangt wird (http://anwaltverein.de/downloads/DAV-SN2-14.pdf (zuletzt abgerufen am 13.8.2014).
84 Insofern greift die Begründung im Diskussionsentwurf des BayStMJ (FN. 81), 25 zu kurz, wonach eine Orientierung (auch) an der Anlasstat der schuldunabhängigen »Natur der Unterbringung« widerspreche.
85 BGHSt 20, 232 f.
86 *Frisch* ZStW 102 (1990), 383, 385 f.; *Volckart/Grünebaum*, Maßregelvollzug, 7. Aufl. (2009) Rn. 15 a. E.; *Streng* (FN. 27), Rn. 405 a. E. Nach *Walter* ZRP 2014, 103, 104 soll auf eine Straferwartung von mindestens drei Jahren Freiheitsstrafe abgestellt werden. So auch *ders.* GA 2014, 316 (330).

sungsrelevante Faktoren daher im Einzelnen noch gar nicht abschätzbar sind. Es strapaziert die Anforderungen an die Gefährlichkeitsprognose, wenn man verlangt, konkrete Delikte mit konkretem Schadensumfang samt weiterer strafzumessungsrelevanter Begleitumstände vorherzusagen.

Naheliegender erscheint eine abstrahierende Betrachtungsweise, bei der man auf den Strafrahmen der zu erwartenden Delikte abstellt; denkbar wäre etwa eine Beschränkung auf zu erwartende Verbrechen, also Straftaten, die mit mind. einem Jahr Freiheitsstrafe bedroht sind. Das erscheint prognostisch realistischer, liefert aber nur einen sehr groben Anhaltspunkt für die Schwere der Tat im Einzelfall, wie das Beispiel der Zerstörung von unschätzbar wertvollen Kunstwerken gezeigt hat. Auch eine solche Lösung würde ich daher als zu schematisch ablehnen.

Sachgerechter ist es daher, die Schwere der Taten anhand materieller Kriterien zu umschreiben. Das Eckpunktepapier des Bundesjustizministeriums enthält einen Vorschlag zur Neufassung des § 63 StGB, der eine Definition von »erheblichen« Straftaten enthält. Das seien »namentlich solche, durch welche die Opfer seelisch oder körperlich erheblich geschädigt oder erheblich gefährdet werden oder schwerer wirtschaftlicher Schaden angerichtet wird«.[87]

Damit wären für gravierende Sonderfälle auch drohende Eigentums- und Vermögensdelikte mit erfasst, ansonsten aber die in der Praxis ohnehin schon tendenziell festzustellende Konzentration auf drohende schwere Delinquenz aus dem Bereich der Gewalt- und Tötungsdelinquenz festgeschrieben. Eine solche Umschreibung schafft zwar weniger Rechtssicherheit als ein klar ausformulierter Straftatenkatalog[88], hat aber den Vorteil, dass auf diese Weise flexibler auf drohende Straftaten je nach Art und Ausmaß Rücksicht genommen werden kann.

---

87 Eckpunktepapier des BMJ (FN. 48), 3. Gleichlautend der Vorschlag im Diskussionsentwurf des BayStMJ (FN. 81), 6 sowie 12.
88 Vgl. die dahingehende Forderung des Deutschen Richterbundes in seiner Stellungnahme zum Eckpunktepapier v. August 2013 (http://www.drb.de/cms/index.php?id=815, zuletzt abgerufen am 13.8.2014). Nicht überzeugend ist die dort vorgebrachte Kritik, dass bei bloßen Gefährdungen, bei denen wie durch Zufall kein größerer Schaden entstanden sei, eine Anordnung angeblich erschwert oder gar ausgeschlossen sei. Dabei wird nicht ausreichend zwischen der Beurteilung von Anlasstat und Prognosetat unterschieden. Die vom BJM konkretisierte Erheblichkeitsklausel bezieht sich allein auf Letztere. Droht (um ein Beispiel des Deutschen Richterbundes aufzugreifen) in Zukunft eine Brandstiftung, kann das natürlich die Kriterien der zu erwartenden »erheblichen Straftat« im Sinne von § 63 StGB erfüllen, auch wenn bei der konkreten Anlasstat niemand zu Schaden gekommen ist.

Angesichts des noch immer recht weit formulierten Anwendungsbereichs (unter Einschluss bloßer Gefährdungsdelikte) wäre unter Verhältnismäßigkeitsgesichtspunkten aber zu empfehlen, insofern eine abschließende Regelung im Gesetz zu fixieren. Das wäre durch eine einfache Streichung des Wortes »namentlich« zu erreichen[89]; ernsthafte Sicherheitslücken entstünden dadurch nicht. Die im bayerischen Diskussionsentwurf enthaltene Begründung, wonach man durch die »namentlich«-Klausel besser auf die Umstände des Einzelfalles reagieren könne[90], ist zwar zutreffend, ein echter praktischer Bedarf ist damit noch nicht dargetan. Allein die drohende wiederholte Begehung von an sich nicht erheblichen Taten[91] (die ohnehin schwer hinreichend sicher prognostizierbar ist), sollte nicht für eine Unterbringung ausreichen. Zweifelhaft ist auch die Erwägung, dass man so auch besser auf »unterschiedliche Verschuldensgrade«[92] eingehen könne. Denn bei der von der Maßregel des § 63 StGB allein anzustrebenden Prävention von Straftaten wird der Grad des Verschuldens nicht unmittelbar relevant – die Wiederherstellung des »gestörten Rechtsfriedens«[93] steht hier (anders als bei der Kriminalstrafe[94]) nicht im Zentrum. Insofern ist eine ganz vorrangig am Taterfolg orientierte, vom Verschulden des Täters unabhängige Betrachtung der Erheblichkeit der drohenden Taten im Gegensatz zu den im Entwurf enthaltenen Bedenken im Rahmen von § 63 StGB durchaus system- und sachgerecht.

Uneingeschränkt zu begrüßen ist die im bayerischen Diskussionsentwurf enthaltene Streichung der Bezugnahme auf die »Gefährlichkeit« des Täters[95], die auf einem im Vorfeld von mir geäußerten Vorschlag beruht.[96] Der Begriff ist an dieser Stelle zumindest redundant, weil er im Verhältnis zur ohnehin anzustellenden Prognose erheblicher Straftaten keinen eigenständigen Gehalt hat. Zugleich ist er potenziell schädlich, weil er (insofern vergleichbar dem bei der Sicherungsverwahrung gem. § 66 StGB zu prüfenden »Hang«) das Vorliegen einer quasi feststehenden Eigenschaft einer Person suggeriert. Eine solche Festlegung auf das Bild vom »gefährlichen

---

89 Vgl. die Forderung des DAV (FN. 81), S. 5.
90 Diskussionsentwurf des BayStMJ (FN. 81), 18.
91 Diskussionsentwurf des BayStMJ (FN. 81), 18.
92 Diskussionsentwurf des BayStMJ (FN. 81), 18.
93 Vgl. Diskussionsentwurf des BayStMJ (FN. 81), 18.
94 Zum Strafzweck der positiven Generalprävention s. *Roxin* (FN. 33), § 3 Rn. 26 ff.
95 Diskussionsentwurf des BayStMJ (FN. 81), 12 und 14 f.
96 *Kaspar*, Unveröffentlichte Stellungnahme v. 20.5.2014 zum (vorläufigen) Eckpunktepapier »Reform des Rechts der Unterbringung im psychiatrischen Krankenhaus gem. § 63 StGB« v. 12.3.2014.

Geistesgestörten«[97] droht, den Blick auf mögliche alternative Deutungen, ursprüngliche Fehldiagnosen oder auch schlicht zwischenzeitlich eingetretene therapeutische Erfolge zu verstellen.[98]

2. Vollstreckungsebene

a) Zeitliche Dauer

Dass die Maßregel gem. § 63 StGB im Vergleich zur Sicherungsverwahrung keinerlei zeitliche Begrenzung hat, wurde oben schon erwähnt und kritisiert. Insofern ist es zu begrüßen, dass das Eckpunktepapier des BMJ auch hier eine Reform vorsieht.[99] In Zukunft soll nach vier Jahren die Maßregel als erledigt gelten, wenn nicht die Gefahr besteht, dass aufgrund des Zustandes weitere erhebliche Straftaten im oben genannten Sinne drohen. Nach Ablauf von acht Jahren soll Erledigung nur dann nicht eintreten, wenn Straftaten drohen, durch welche die Opfer seelisch oder körperlich erheblich geschädigt oder erheblich gefährdet werden.

Das BMJ spricht hier etwas euphemistisch von einer differenzierten »dreistufigen« Regelung[100], denn bei genauer Betrachtung ist die zusätzliche Hürde nach vier Jahren nur schwach ausgeprägt. Ab diesem Zeitpunkt soll lediglich die Prognose einer bloßen »Gefährdung« anders als bei der Anordnung nicht mehr genügen. Aber ob das eine Filterfunktion haben wird, ist mehr als zweifelhaft, zumal bei der hier ohnehin einzunehmenden ex-ante-Perspektive der Unterschied zwischen der »Gefahr einer Schädigung« und der »Gefahr einer Gefährdung« nicht auf der Hand liegt. Immerhin kann man aus der neuen Formulierung des Gesetzes eine Umkehrung des Regel-Ausnahme-Verhältnisses herauslesen: Es heißt dort ja, dass die Maßregel erledigt ist, »wenn nicht...«. Ob das allein genügt, um den Trend der längeren Unterbringungsdauer zu stoppen, wird sich zeigen müssen.

Eine in ihrer Wirkung greifbare echte Neuerung bringt daher nur die Grenze von acht Jahren. Ab dieser Unterbringungsdauer kann nicht mehr auf die Gefahr allein ökonomischer Schäden abgestellt werden. Der bayerische Diskussionsentwurf geht hier weiter und sieht aus Gründen der

---

97 *Streng* (FN. 27), Rn. 405; vgl. auch *Volckart/Grünebaum* (FN. 86), Rn. 7.
98 Diskussionsentwurf des BayStMJ (FN. 81), 15.
99 Eckpunktepapier des BMJ (FN. 48), 4.
100 Eckpunktepapier des BMJ (FN. 48), 4.

Verhältnismäßigkeit bereits nach sechs Jahren eine absolute Grenze vor, wenn vom Untergebrachten nur noch wirtschaftliche Schäden drohen.[101]

Was im Papier des BMJ wie auch im bayerischen Diskussionsentwurf fehlt ist eine privilegierte Behandlung der vermindert Schuldfähigen. Bei diesem Personenkreis wäre zu überlegen, von vornherein die Gefahr wirtschaftlicher Schäden nicht ausreichen zu lassen. Möglichen Sicherungsbedürfnissen kann hier durch eine Freiheitsstrafe entgegen gewirkt werden, Therapie ist dann in diesem Rahmen anzubieten. Eine potenziell langjährige Unterbringung allein wegen drohender Eigentums- und Vermögensdelikte erscheint mir hier nicht mehr verhältnismäßig.

b) Begutachtung

Auch im Bereich der Sachverständigengutachten gibt es Reformüberlegungen, die allerdings nur zum Teil überzeugen. Derzeit ist gem. § 67e StGB eine jährliche Überprüfung der Voraussetzungen der Unterbringung vorgeschrieben. Diese kann durch klinikinterne Gutachter erfolgen, nur nach fünf Jahren »soll« ein externer Gutachter beauftragt werden (§ 463a IV StPO).

Das soll nach dem Papier des BMJ geändert werden. Bereits nach vier Monaten Unterbringung soll eine erste Überprüfung erfolgen, dann wieder nach acht Monaten und dann jährlich. Ob allerdings bereits nach vier Monaten eine fundierte Aussage mit ganz neuer Tendenz möglich ist, würde ich bezweifeln. Besonders hier droht vermutlich eine routinemäßige Wiederholung der im Urteil gestellten Ausgangsdiagnose, ganz unabhängig von der Frage, ob die Kapazitäten der vorhandenen Gutachter für einen entsprechend erhöhten Takt von Begutachtungsentscheidungen ausrei-

---

101 Diskussionsentwurf des BayStMJ (FN. 81), 12 sowie 26; der DAV (FN. 83), 6 fordert noch weitergehend eine Grenze von vier Jahren, die bei gravierenden Ausnahmefällen wie demjenigen des Dürer-Attentäters (vgl. dazu oben III.1.) aber zu kurz bemessen sein könnte im Hinblick auf je nach Fallgestaltung sehr zeitaufwändige therapeutische Bemühungen. Weiterer Vorschlag einer abgestuften Regelung (strengere Verhältnismäßigkeitsprüfung nach 5 Jahren sowie nach 10 Jahren Unterbringungsdauer sowie Obergrenze des Strafrahmens der Anlasstat als absolute Grenze) bei *Walter* ZRP 2014, 103, 105.

chen.[102] Dieser Vorschlag wird daher von psychiatrischer wie juristischer Seite nahezu einhellig und zu Recht abgelehnt.[103]

Sinnvoll erscheint dagegen der Vorschlag im bayerischen Diskussionsentwurf, wonach für den Beginn der Überprüfungsfrist in § 67e StGB in Zukunft nicht mehr auf den Beginn der Unterbringung, sondern auf den Zeitpunkt der Anordnung abgestellt werden soll. Dadurch ist eine frühzeitige Wiederbegutachtung auch in den Fällen gewährleistet, in denen bis zur Rechtskraft des Urteils (etwa aufgrund eingelegter Rechtsmittel) ein längerer Zeitraum verstreicht.[104]

Zu begrüßen ist dagegen der Plan, die Stellung externer Gutachter zu stärken. Es ist offensichtlich, dass Rollenkonflikte bestehen, wenn der anstaltseigene Psychiater den von ihm behandelten Patienten zu begutachten hat. Bei unangepassten Untergebrachten, die wie Herr Mollath jede Therapie verweigern, ist zudem wohl niemals ganz ausgeschlossen, dass auch persönliche Kränkungen die Begutachtung beeinflussen. Es ist also in der Tendenz völlig richtig, dass nun nach dem Eckpunktepapier des BMJ gem. § 463 IV StPO n. F. schon nach zweijähriger Unterbringungszeit ein externer Gutachter obligatorisch eingeschaltet werden muss, nach sechs Jahren sogar zwei.[105] Auch hier stellt sich aber die schon oft formulierte Frage einer ausreichenden Zahl geeigneter Gutachter.[106] Eine rein quantitative Erhöhung der Begutachtungen erhöht nicht deren Qualität. Das BMJ schließt sein Papier bemerkenswerterweise mit der Aufforderung an die Länder, »dafür Sorge zu tragen, dass ausreichend gut ausgebildete Gutachter zur Verfügung stehen«. Konkrete Anregungen, wie dieses Ziel gefördert werden könnte, fehlen leider. Es bleibt die Frage, ob diese Reform im Fall Mollath zu einem anderen Ergebnis geführt hätte. Das kann man bezweifeln, denn alle mit dem Fall betrauten externen Gutachter kamen zum selben Ergebnis wie die Klinikärzte – und die letzte Verantwortung für die

---

102 Krit. dazu auch *Dessecker*, StV 11/2013, I (Editorial) sowie der Deutsche Richterbund (FN. 88), 5.
103 Stellungnahme der DGPPN (FN. 74), 4 f.; Stellungnahme des DAV (FN. 83), 6; Stellungnahme des Deutschen Richterbundes (FN. 88), 4 f. Ablehnend auch der Diskussionsentwurf des BayStMJ (FN. 81), 29 f. Ähnlich aber der Vorschlag von *Walter* ZRP 2014, 103, 106, wonach alle 6 Monate eine Überprüfung zu erfolgen habe – dabei wird allerdings den Unterschieden zwischen § 64 StGB und § 63 StGB nicht ausreichend Rechnung getragen.
104 Diskussionsentwurf des BayStMJ (FN. 81), 30.
105 Eckpunktepapier des BMJ (FN. 48), 4 f.; zustimmend *Walter* ZRP 2014, 103, 106. Im bayerischen Diskussionsentwurf (FN. 81), 33 ist eine externe Begutachtung nach drei Jahren vorgesehen.
106 S. aktuell nur den Diskussionsentwurf des BayStMJ (FN. 81), 33 sowie *Walter* ZRP 2014, 103, 106.

Fortdauerentscheidung liegt ohnehin bei den Strafvollstreckungskammern.[107]

c) Anhörung

Ein interessanter und begrüßenswerter Vorschlag zur Verbesserung von effektivem Rechtsschutz und zur Erhöhung von Transparenz bei Entscheidungen auf der Vollstreckungsebene findet sich schließlich noch im bayerischen Diskussionsentwurf. Danach soll vor gerichtlichen Entscheidungen über die mögliche Erledigung der Maßregel aus Gründen der Verhältnismäßigkeit eine zwingende mündliche Anhörung des Untergebrachten erfolgen, die auf seinen Wunsch auch öffentlich erfolgen muss.[108] Das soll auch bei den entsprechenden Anhörungen bei anderen Maßregeln der Besserung und Sicherung sowie vor der Entscheidung über die Aussetzung des Strafrestes zur Bewährung gelten.[109]

V. Ausblick

Die genannten Reformen werden das Problem von vornherein zu Unrecht erfolgender oder zumindest unverhältnismäßig langer Unterbringungen abmildern, aber nicht beseitigen können. Das gilt auch für die (inhaltlich natürlich völlig berechtigte) Forderung nach einem ausreichenden Angebot an vorgelagerten, auch ambulanten Formen der Betreuung und Behandlung psychisch kranker Menschen. Denn selbst wenn solche Angebote existieren, muss man in Zweifelsfällen auch die Bereitschaft haben, unter dem Gesichtspunkt der Verhältnismäßigkeit auf die ultima ratio der stationären und potenziell langjährigen Unterbringung zu verzichten.

Dafür bräuchten wir, und damit meine ich nicht nur die Entscheidungsträger in der Justiz, sondern uns alle als Gesellschaft, die Bereitschaft, uns auf ein differenziertes Denken über Menschen mit »abweichendem Verhalten« einzulassen. Das ist vielleicht die wichtigste Lehre aus dem Fall Gustl Mollath. Seit dem Bekanntwerden seines Falles bekam er viel öffentliche Aufmerksamkeit und hatte bald einen aktiven Kreis von Helfern und Unterstützern[110] sowie einen der besten Strafverteidiger Deutschlands.

---

107 *Dessecker* StV 11/2013, I (Editorial).
108 Diskussionsentwurf des BayStMJ (FN. 81), 13 sowie 34 ff.
109 Diskussionsentwurf des BayStMJ (FN. 81), 13 sowie 37.
110 *Ritzer/Przybilla* (FN. 2), 227 ff.

Dieses Engagement ist ohne Einschränkung zu begrüßen. Worauf ich nur hinweisen will ist der Umstand, dass die Gesellschaft mit »Straftätern« – und Straftaten von Herrn Mollath standen ja durchaus im Raum – ansonsten deutlich weniger zimperlich umgeht. Klare Ablehnung und Abgrenzung, bestenfalls Gleichgültigkeit sind hier zu beobachten, alles Umstände, die die verfassungsrechtlich gebotene Resozialisierung vor allem ehemals inhaftierter Straftäter sehr erschweren. Mit einem Stigma und ähnlichen anschließenden Reintegrationsproblemen dürften auch aktuelle und ehemalige Insassen des Maßregelvollzugs zu kämpfen haben.

Der Fall Mollath zeigt, wie wichtig es ist, dass wir uns nicht vorschnell auf ein bestimmtes (notorisch unvollständiges) Bild einer Person festzulegen. Ganz vermeiden können wir das vermutlich nicht. Die oft recht grobe und vereinfachende Kategorisierung von Situationen und Personen hilft uns dabei, nicht in jedem Fall neu nachdenken und entscheiden zu müssen. Sie macht erst alltägliche Routine möglich, sie führt, um ein Wort von Luhmann zu gebrauchen, zu einer »Reduktion von Komplexität«.[111] Geht es um juristische Entscheidungen, verschärft sich das Problem, das hatte ich eingangs bereits angedeutet. Der Täter hat die Tat begangen oder nicht, er ist ausreichend gefährlich oder er ist es nicht. Der Richter muss sich seine Überzeugung bilden und dies seiner Entscheidung zugrunde legen.

Dringend zu warnen ist aber vor einer Verselbständigung und »Versteinerung« der auf diese Weise getroffenen Feststellungen, vor der unreflektierten Verteilung eines »Etiketts«, das der Betroffene nicht mehr los wird und das auch den zukünftigen Umgang mit ihm negativ prägt.[112]

Selbst wenn wir alle Verschwörungstheorien beiseitelassen, drängt sich beim Studium dieses Falles der Eindruck auf, dass sich die Entscheidungsträger sehr stark auf ein »Bild« von Herrn Mollath als gemeingefährlichem Querulanten festgelegt und dann lange Zeit unbeirrt an diesem festgehalten haben, ohne die Möglichkeit alternativer Deutungen im Hinterkopf zu behalten. Einseitige Festlegung zu verhindern, den gesamten Menschen und seine Geschichte im Blick zu behalten, auch wenn er Straftaten begangen haben sollte, das ist die gewiss große und anspruchsvolle Aufgabe für uns alle, aber auch und gerade für die an solchen Verfahren beteiligten professionellen Akteure, die eine schwierige und verantwortungsvolle Aufgabe haben. Aber genau darum ist der Fall Mollath lehrreiches Anschauungsmaterial, das sich für die Ausbildung der künftigen Ge-

---

111 Vgl. nur *Luhmann*, Vertrauen: Ein Mechanismus der Reduktion sozialer Komplexität, 2. Aufl. (1973).
112 Vgl. zu dieser Problematik auch *Hauer* ZRP 2013, 209, 211.

neration von jungen Juristinnen und Juristen hervorragend eignet und daher Eingang in die strafrechtliche Ausbildung finden sollte.[113]

---

113 So auch *Hauer* ZRP 2013, 209, 213.

Pathologischer Rechtsmissbrauch oder verdienstvoller »Kampf um's Recht«? – Zum Umgang des Rechtssystems mit »querulatorischen« Eingaben

Michael Lindemann

I. Einleitung*

Ganz ähnlich wie der von *Johannes Kaspar* in diesem Band behandelte »Fall Mollath«[1] sind auch die »querulatorischen« Eingaben, die im Fokus dieses Vortrages stehen, in nicht unerheblichem Maße von Ambivalenzen geprägt. Während wohl beinahe jeder, der über einen längeren Zeitraum in Justiz oder Verwaltung tätig ist, über die von den Aktivitäten vermeintlicher »Querulanten«[2] ausgehenden Belastungen des Arbeitsalltages zu berichten vermag,[3] wird das Bild bei näherer Betrachtung häufig unscharf – zu wenig ist über die Ursprünge der raumgreifenden Konflikte bekannt, in die Querulanten und staatliche Institutionen verstrickt sind, und zu selten lässt sich unter den Bedingungen des hektischen, Abbreviaturen erzwingenden Tagesgeschäftes beurteilen, ob dem gerichts- bzw. behördenbekannten Verfasser zahlreicher, in der Mehrzahl erfolgloser Eingaben nicht doch ursprünglich ein empfindliches Unrecht widerfahren ist, das den Furor, mit dem er sein Anliegen verfolgt, verständlicher machen würde. Das

---

* Ich danke BVR'in a. D. Prof. Dr. *Gertrude Lübbe-Wolff* für wertvolle Hinweise zum Thema und meiner Mitarbeiterin *Irina Kreitsch* für ihre unermüdliche Unterstützung bei der Sichtung und Auswertung des einschlägigen Schrifttums.
1   Vgl. dazu auch *Hauer* ZRP 2013, 209 ff.
2   Dem Umstand, dass man die Querulanz – zumindest auch – als das Ergebnis eines Etikettierungsprozesses deuten kann, wurde dadurch Rechnung getragen, dass der Begriff in der Überschrift in Anführungszeichen gesetzt wurde. Aus Gründen der Lesbarkeit wird im weiteren Gang der Darstellung darauf verzichtet. Ähnliche Überlegungen finden sich bereits bei *Dinger/Koch*, in: Dinger/Koch (Hrsg.), Querulanz in Gericht und Verwaltung, München 1992, S. 5.
3   Vgl. *Klag*, Die Querulantenklage in der Sozialgerichtsbarkeit, 1980, S. 3 ff. mit Fallbeispielen; *Lube* MDR 2009, 63. Krit. *Blankenburg*, Geleitwort, in: dies. (Hrsg.), a.a.O. (FN. 2), S. 11, der den Querulanten als »Topos der Justizlegenden« einordnet, »die unter Richtern und Rechtsanwälten hartnäckig die Runde machen, gleich wie selten oder irreal ihr Realitätsgehalt sei«.

nicht zuletzt in diesem grundlegenden, kaum einmal aufzulösenden Zweifel angelegte Spannungsfeld begegnet auch im einleitenden Satz der in der »Querulantenforschung« häufig in Bezug genommenen[4] Novelle »Michael Kohlhaas« von *Heinrich von Kleist*. Dort heißt es:

> »An den Ufern der Havel lebte, um die Mitte des 16. Jahrhunderts, ein Roßhändler, namens Michael Kohlhaas, einer der *rechtschaffensten* zugleich und *entsetzlichsten* Menschen seiner Zeit.«[5]

Dass von der schillernden Figur des Kohlhaas, dessen wütende Reaktion auf die Wegelagerei des adeligen Junkers und die anschließende Versagung von Rechtsschutz durch den Kurfürsten von Sachsen[6] einmal als verdienstvoller »Kampf um's Recht«[7] gewürdigt, ein anderes Mal als »querulatorischer Terrorismus«[8] verurteilt wurde, eine ungeminderte Faszination ausgeht, zeigt eine im September 2013 in die Kinos gekommene Adaption des Stoffes durch den Regisseur Arnaud des Pallières mit den Schauspielern Mads Mikkelsen und Bruno Ganz in den Hauptrollen.

Eine tendenziell pejorativ eingefärbte Beschreibung des »Querulantentums« findet sich häufig in den aus der Feder von Justizpraktikern stammenden Stellungnahmen zum Thema.[9] Beispielhaft seien hier einige Bemerkungen des Oberlandesgerichtsrates *Bublitz* aus dem Jahr 1956 wiedergegeben:

> »Bekannt sind die Persönlichkeiten, bei denen echte Querulanz vorliegt oder die sich auf bestem Wege dazu befinden, bei jedem Gericht. Die Zahl der Rechtsstrei-

---

4   Siehe etwa *Dietrich*, Querulanten, 1973, S. 45; *Ehrlich* Schweizerische Juristenzeitung 1952, 329 (332); *Kielholz* Schweizer Archiv für Neurologie und Psychiatrie 1938, 58 (74 f.); *Klag*, a.a.O. (FN. 3), S. 1; *Kleine*, Der Querulantenwahn und § 51 StGB, 1950, S. 5 f.; *Rowlands* British Journal of Psychiatry 153 (1988), 317 (322 f.); *Zier*, in: Dinger/Koch (Hrsg.), a.a.O. (FN. 2), S. 25. Weiterführend *Lüderssen*, in: Schulz et al. (Hrsg.), Festschrift für Imme Roxin, 2012, S. 879 ff.
5   *Heinrich von Kleist*, Michael Kohlhaas. Aus einer alten Chronik, 1810, zitiert aus Band 3 der 1990 im Klassiker-Verlag, Frankfurt am Main, erschienenen Werkausgabe. Hervorhebungen d. Verf.
6   *Von Kleist* zeichnet die typischen Elemente der Zuspitzung, denen die hier behandelten Konflikte unterliegen, meisterhaft nach. Dies gilt etwa auch für das (kränkende) »Schlüsselerlebnis«: In einer ablehnenden Resolution der Staatskanzlei wird Kohlhaas als »unnützer Querulant« bezeichnet; dieser »schäumt« daraufhin »vor Wut« (S. 45/47) und sieht sich zu einer stetigen Intensivierung seines Kampfes unter Zuhilfenahme immer drastischerer Mittel veranlasst.
7   *Jhering*, Der Kampf um's Recht, 17. Aufl. (1910), S. 62.
8   *Sendler*, Über Michael Kohlhaas – damals und heute, Berlin, New York 1985, S. 34. Zusammenfassende Würdigung der juristischen Rezeption bei *Hesse* NJW 2003, 621 ff.
9   Zu der dahinter stehenden Abwehrhaltung vgl. *Zier*, in: Dinger/Koch (Hrsg.), a.a.O. (FN. 2), S. 21.

tigkeiten, an denen sie beteiligt sind, wächst lawinenartig. Ihre Aggressivität ist grenzenlos. Sie lieben es, in ihren Eingaben Richter der Rechtsbeugung und Zeugen des Meineides zu bezichtigen. Ihre Sprache ist anmaßend und gefüllt mit schwülstigen Beleidigungen. An kleineren Gerichten fehlen sie bei keinem Terminstag. Sie erscheinen mit dicken Handakten. Den Richter überschütten sie mit Eingaben, von denen eine dringlicher gemacht wird als die andere.«[10]

Unabhängig von der Kritik, zu welcher die undifferenzierte, bisweilen geradezu gehässige Charakterisierung der Querulanten durch *Bublitz* Anlass gibt, evoziert die kurze Textpassage doch eine ganze Reihe von Fragen, die durchaus geeignet erscheinen, der nachfolgenden Untersuchung die notwendige Struktur zu verleihen: So interessiert zunächst einmal, durch welche Eigenschaften sich die von *Bublitz* so nachdrücklich beschworene »echte Querulanz« – wenn es sie denn gibt – auszeichnen mag. Weiter ist der Frage nachzugehen, ob es sich bei Querulanz um das Resultat einer psychischen Störung und/oder um soziale Konstruktion, um das Ergebnis eines Zuschreibungsprozesses handelt. Zu erörtern ist auch, wie das Rechtssystem mit für querulatorisch befundenen Eingaben umgeht, und wie es im Idealfall mit ihnen umgehen sollte. Schließlich bedarf der Prüfung, ob man die Entstehung von Querulanz verhindern kann, und wenn ja, mit welchen Mitteln.

Auf dem Hintergrund der vorstehend skizzierten Fragen erscheint es angebracht, zunächst den Versuch einer Definition und systematischen Erfassung des in Rede stehenden Phänomens zu unternehmen (II). Hieran schließt sich die – zwangsläufig geraffte – Darstellung bestehender psychiatrischer und psychologischer sowie soziologischer Erklärungsansätze für die Entstehung von Querulanz an (III und IV). Den Schwerpunkt der Darstellung bildet sodann die Analyse möglicher rechtlicher Konsequenzen der Zuschreibung eines »Querulantenwahns« (V) sowie der Beiträge, welche das Rechtssystem selbst zur Entstehung von Querulanz leistet. Am Ende stehen einige zusammenfassende Bemerkungen und ein Ausblick auf denkbare Präventions- und Deeskalationsstrategien (VII).

---

10 *Bublitz*, in: Kleist (Hrsg.), Richter und Arzt, Berichte und Vorträge bei den Tagungen der Juristisch-Psychiatrischen Vereinigung in Hessen und Rheinland-Pfalz 1950-1953, München, Basel 1956, S. 136 (137). Zit. bei *Dietrich*, a.a.O. (FN. 4), S. 2; *Dinger*, Querulatorisches Verhalten im Justizsystem, 1988, S. 9.

II. Begriffsbestimmung und Systematisierung

Die im Rahmen der Einleitung angesprochenen Ambivalenzen prägen auch die im einschlägigen, weit überwiegend älteren Schrifttum[11] vorfindlichen Beschreibungen der Wesensmerkmale, welche vermeintliche Querulanten aufweisen. Die diesen verliehenen Attribute zeichnen ein differenziertes Bild: So wird konstatiert, querulatorische Persönlichkeiten wiesen ein übersteigertes Rechtsgefühl auf,[12] seien aggressiv und kampfeslustig, geltungsbedürftig, uneinsichtig sowie »graphoman«. Hervorgehoben werden jedoch auch die besondere Verletzlichkeit und Empfindsamkeit vieler Querulanten sowie ihre überdurchschnittliche Intelligenz und Hartnäckigkeit bei der Verfolgung ihrer Rechte. Erwähnt werden schließlich gute, häufig im mühevollen Selbststudium erworbene juristische Kenntnisse.[13]

Die Gründe für die Uneinheitlichkeit der Definitionsversuche dürften nicht zuletzt darin zu finden sein, dass der Gebrauch des Querulantenbegriffes dem Wandel der Zeit unterliegt und das mit ihm bezeichnete Phänomen im Fokus so unterschiedlicher Disziplinen wie der Rechtswissenschaft, der Psychiatrie und Psychologie sowie der Soziologie mit jeweils eigenständigen methodischen Grundannahmen und Erkenntnisinteressen liegt. Der Begriff »Querulant« hat lateinische Wurzeln[14] und ist kein medizinischer Fachbegriff, sondern wurde ursprünglich von Juristen zur Identifikation von »Streitsuchenden« und »Prozesskrämern« geprägt.[15] Elaboriertere Definitionen heben häufig die (empfundene) Unverhältnismäßigkeit der Rechtsverfolgung hervor: So handelt es sich nach *Aschwan-*

---

11 Dass die wissenschaftliche Beschäftigung mit Querulanz ihren Schwerpunkt im 19. und in der ersten Hälfte des 20. Jahrhunderts hatte, wird von *Dinger*, in: Dinger/Koch (Hrsg.), a.a.O. (FN. 2), S. 20 zu Recht bemängelt (vgl. allerdings zuletzt *Saß* FPPK 2010, 223 ff.). Auch empirische Arbeiten zum Thema sind selten; eine Ausnahme bildet die von *Kaupen* begonnene und von *Dinger/Koch* fortgeführte Studie (FN. 2).

12 Exemplarisch *Bresser,* Jahrbuch für Rechtssoziologie und Rechtstheorie 1985, 276 ff., der von »querulatorischen Übersteigerungen des Rechtsgefühls« spricht (282 f.).

13 Vgl. zum Vorstehenden *Dinger*, in: Dinger/Koch (Hrsg.), a.a.O. (FN. 2), S. 14 ff.; eine Aufstellung der Eigenschaften der von ihm untersuchten Querulanten findet sich bei *Kolle*, Archiv für Psychiatrie und Nervenkrankheiten 1931, 24 (48 f.).

14 »Querulus« bedeutet klagend, sich beklagend oder auch oft klagend, »querela« ist die (gerichtliche) Klage oder Beschwerde und »queritor« steht für heftiges Klagen; vgl. *Knecht* Schweiz Med Forum 2012, 286.

15 *Knecht* Schweiz Med Forum 2012, 286.

den beim Querulanten um den »Repräsentant(en) einer Geisteshaltung der blindwütig das eigene, meist falsch beurteilte Recht in übertriebener und rücksichtsloser Art zu vertreten sucht, wobei die angewandten Mittel *in keinem sinnvollen Verhältnis* zum erreichbaren Ziel mehr stehen«.[16] Ähnlich, wenn auch weniger abwertend, ist bei *Vultejus* die Rede von einem »Mensch(en), der ein wirkliches oder vermeintliches Recht mit dem Anspruch auf eine höhere Moral und einem *dem Anlass nicht angemessenen Einsatz* durchzusetzen sucht«.[17] Demgegenüber legen *Dinger/Koch* ihrer soziologischen Studie ein betont deskriptives Begriffsverständnis zugrunde und wollen unter Querulanten Personen verstehen, »die durch ständige Prozesse und Beschwerdeverfahren die Arbeitskapazität von Juristen stark beanspruchen, ohne dass die bestehenden Konflikte befriedigend gelöst werden könnten«.[18]

Schon früh erfolgten im psychiatrischen Schrifttum Versuche einer Systematisierung, die von dem Bemühen um die Abgrenzung zwischen krankhafter (und damit rechtlich, etwa im Hinblick auf die Prozess- oder Schuldfähigkeit relevanter) Störung der Geistestätigkeit und bloßer Persönlichkeitsakzentuierung (ohne rechtliche Konsequenzen) getragen waren. So unterschied beispielsweise *Kraepelin* den »Querulantenwahn«, der als Geisteskrankheit anzusehen sei, von Fällen der »einfachen Streitsucht«, bei denen keine Wahnerkrankung vorliege.[19] Nach *Raecke* soll zwischen »symptomatischen« und »genuinen Querulanten« zu unterscheiden sein: Während nach seiner Auffassung beim »symptomatischen Querulantenwahn (...) ein gut umschriebener und mehr oder weniger weit gediehener, eigenen Gesetzmäßigkeiten folgender Krankheitsprozeß bereits vor(liegt), wenn durch die Einwirkung geeigneter erregender Umweltsreize die Entstehung querulatorischer Abwehrtendenzen hervorgerufen wird«, sei von einem »genuinen Querulantenwahn« auszugehen, »wenn vorher lediglich die Veranlagung, aber keine Geisteskrankheit vorhanden war, und erst infolge Auftreffens des verhängnisvollen Reizes auf jene

---

16   *Aschwanden*, Die Behandlung der Querulanten im Zivilprozess, 1978, S. 1 (Hervorhebungen d. Verf.).
17   *Vultejus,* Vorgänge 1985, 36 (Hervorhebungen d. Verf.); das Rechtsempfinden der Querulanten werde als »übermäßig« wahrgenommen und verletze »damit ein wichtiges bürgerliches Gebot von Mäßigkeit«. Siehe zur Unverhältnismäßigkeit der Rechtsverfolgung als dem wesentlichem Kennzeichen des »Querulierens« auch *Mullen/Lester,* Behavioral Sciences and the Law 24 (2006), 333 (340 f.).
18   *Dinger/Koch*, in: dies. (Hrsg.), a.a.O. (FN. 2), S. 5.
19   *Kraepelin*, Psychiatrie, Ein kurzes Lehrbuch für Studirende und Aerzte, 4. Auflage 1893, 407 ff.; ausführlicher zur Abgrenzungsfrage *ders.*, Psychiatrie, II. Band, 6. Auflage 1899, S. 452 f.

Veranlagung als ausgelöste Reaktion ein wahnhaftes Querulieren erzeugt wird«.[20] *Von der Heydt* hat dieser Typologie die Gruppe der »Opportunitätsquerulanten« hinzugefügt, die dadurch gekennzeichnet sei, dass die Betroffenen querulierten, »um aus der Querulanz selbst unmittelbar Vorteile zu ziehen«, mithin einen ausschließlich instrumentellen Gebrauch von den ihnen zur Verfügung stehenden Rechtsbehelfen machten.[21]

Ein weiterer, wiederholt rezipierter[22] Versuch einer Kategorisierung findet sich bei *Dietrich*, der in seinem Werk »Querulanten« von 1973 sechs verschiedene Formen von Querulanz unterscheidet.[23] Als »klassische Querulanten« bezeichnet er die sog. Rechts-Querulanten, die erstmals von Juristen und nicht von Medizinern so bezeichnet worden seien. Demgegenüber seien Karrierequerulanten Menschen, die sich durch ungerechte Bewertungen ihrer Vorgesetzten zurückgesetzt und in ihren beruflichen Fortkommen gehindert fühlten. Daneben existiere der sog. Renten-Querulant, der sich, unter der Einwirkung einer »neurasthenia querulatoria« stehend, über Versicherungen und staatliche Institutionen beschwere, die ihm in (vermeintlicher) Verkennung seines Leidenszustandes ungerechtfertigt Leistungen vorenthielten. Der Ehe-Querulant kämpfe um die Unauflöslichkeit der Ehe und in weiterem Sinne um die »Herrschaft« in der Ehe; der Kollektiv-Querulant vertrete die Rechte einer Minderheit, mit der er sich identifiziere und auf die er seine persönlichen Bedürfnisse und Ängste projiziere. Haft-Querulanten kämpften schließlich mit der Überzeugung, von der Justiz zu hart bestraft worden zu sein, um Rechte, Privilegien, Lockerungen oder gar eine Freilassung aus der Haft. Auf die letztgenannte Gruppe, die wiederholt die Aufmerksamkeit des einschlägigen Schrifttums gefunden hat,[24] wird im weiteren Gang der Untersuchung bei

---

20   Vgl. *Raecke*, Der Querulantenwahn. Ein Beitrag zur sozialen Psychiatrie, 1926, S. 21 et passim; zusammenfassend *ders,.* Klinische Wochenschrift 1927, 1785 ff. Für eine zeitgenössische Würdigung der Arbeiten *Raeckes* vgl. *Lammel*, in: ders. et al. (Hrsg.), Wahn und Schizophrenie, Psychopathologie und forensische Relevanz, 2011, S. 233 ff.

21   Siehe *von der Heydt*, Querulatorische Entwicklungen, 1952, S. 48 ff.; die von *Raecke* als »symptomatische Querulanten« bezeichneten Personen werden von ihm als »Querulanten mit psychotischer Persönlichkeit« bezeichnet, die »genuinen Querulanten« im Sinne *Raeckes* als »Querulanten mit spezifisch psychopathischer Persönlichkeit«. Vgl. zum Vorstehenden auch *Dinger*, in: Dinger/Koch (Hrsg.), a.a.O. (FN. 2), S. 16 f.; *Mullen/Lester,* Behavioral Sciences and the Law 24 (2006), 333 (343 ff.).

22   Vgl. etwa *Aschwanden*, a.a.O. (FN. 16), S. 34 f.; *Dinger*, in: Dinger/Koch (Hrsg.), a.a.O. (FN. 2), S. 17; *Knecht,* Schweiz Med Forum 2012, 286.

23   *Dietrich*, a.a.O. (FN. 4), S. 5 und 45 ff.

24   Ausführlich *Feest/Pecic,* Vorgänge 1985, 46 ff.; zur Prävalenz querulatorischer

der Analyse der Entstehungsbedingungen von Querulanz (VI) noch näher einzugehen sein.

III. Psychiatrische und psychologische Erklärungsansätze

Die Psychiatrie-Geschichte des Querulanzbegriffes, die einen wechselvollen Verlauf genommen hat, ist in verschiedenen Übersichtsarbeiten zum Thema gut aufgearbeitet; insofern kann an die dortigen Ausführungen angeknüpft werden.[25] Als wesentliche Entwicklungsschritte lassen sich eine vor allem durch die deutsche Psychiatrie des 19. Jahrhunderts betriebene »Psychiatrisierung« der Querulanten sowie die im 20. Jahrhundert einsetzende Erweiterung des Blickwinkels durch Einbeziehung psychodynamischer und sozialer Erklärungsansätze identifizieren.

Während die Querulanz im 19. Jahrhundert unter dem Einfluss französischer Psychiater ursprünglich als »Leidenschaft« oder »ererbte Affektanomalie« betrachtet wurde,[26] trat gegen Ende des Jahrhunderts im deutschsprachigen Schrifttum zunehmend die Einordnung als Geisteskrankheit in den Vordergrund. Als exemplarisch für diese Tendenz können die bereits angesprochene Zuordnung zur Gruppe der Paranoia durch *Kraepelin*[27] sowie die Bezeichnung als »Form der chronischen Verrückt-

---

Eingaben im Straf- und Maßregelvollzug auch *Böhm*, Strafvollzug, 3. Aufl. 2003, Rn. 390; *Dinger*, a.a.O. (FN. 10), S. 19; *Günter*, DRiZ 1977, 239 ff.; *Knecht*, Kriminalistik 2007, 59 (61); *Konrad*, in: Venzlaff/Foerster (Hrsg.), Psychiatrische Begutachtung, 5. Auflage 2009, S. 395 (405); *Laubenthal*, Strafvollzug, 6. Aufl. 2011, Rn. 753 f.; *Zier*, in: Dinger/Koch (Hrsg.), a.a.O. (FN. 2), S. 27 f.; für einen Beispielsfall aus der Rspr. vgl. BVerfG, Beschluss der 3. Kammer des Zweiten Senats v. 6.5.2011 – 2 BvQ 9/11 – Juris.

25 Zusammenfassungen finden sich beispielsweise bei *Becher*, Die querulatorischen Justizdienstaufsichtsbeschwerde, 1986, S. 103 ff.; *Dietrich*, a.a.O. (FN. 4), S. 6 ff.; *Dinger*, a.a.O. (FN. 10), S. 12 ff.; *dies.*, in: Dinger/Koch (Hrsg.), a.a.O. (FN. 2), S. 17 ff.; *Klag*, a.a.O. (FN. 3), S. 19 ff.; für eine dezidiert kritische Bestandsaufnahme vgl. *Herzog*, Vorgänge 1985, 75 ff.

26 Vgl. zu dieser von ihm als »vorkraepelinsche Ära« bezeichneten Phase *Dietrich*, a.a.O. (FN. 4), S. 6 f.

27 Vgl. *Kraepelin*, a.a.O. (FN. 19), 1893, S. 407 ff. und – ausführlicher – 1899, S. 445 ff., der – ganz ähnlich wie *Jhering* – den »Kampf um's Recht« im Ausgangspunkt durchaus positiv bewertet: »Es liegt auf der Hand, dass der Gedanke, auf jeden Fall die Anerkennung der eigenen Rechtsansprüche zu erzwingen, an sich ein vollkommen gesunder genannt werden muss. Was den Querulanten kennzeichnet, ist der Mangel an Verständniss für das wirkliche Recht, die einseitige Betonung der persönlichen Interessen gegenüber dem höheren Gesichtspunkte des allgemeinen Rechtsschutzes.« (a.a.O., 1899, S. 445).

heit« durch *Hitzig*[28] gelten, mit denen die theoretischen Grundlagen für juristische Interventionen wie die Entmündigung und die Anstaltsunterbringung querulierender Personen gelegt wurden.[29] In bewusster Abkehr von dieser eindimensionalen Sichtweise wurde zu Beginn des 20. Jahrhunderts zunehmend der Aspekt der Interaktion zwischen dem – mit bestimmten Persönlichkeitsmerkmalen ausgestatteten und dadurch für die Entstehung von Querulanz prädisponierten – Rechtsuchenden und dessen sozialer Umwelt in die Betrachtung einbezogen: So deutete *Raecke* den (von ihm sog.) »genuinen Querulantenwahn« als »von schädigenden Umweltreizen verursachte Affektreaktion bei angeborener psychopathischer Veranlagung«,[30] *Kolle* postulierte in einer breit angelegten klinischen Studie im Anschluss an *Kretschmer* die Rückführbarkeit querulatorischer Entwicklungen auf die Trias aus »Charakter, Erlebnis und Milieu«.[31] Parallel hierzu erfuhren auch psychologische und psychodynamische Gesichtspunkte (wieder) eine stärkere Berücksichtigung. Beispielsweise sah *Fenichel* den »Querulantenwahn« als das Ergebnis eines »narzisstischen Konflikts zwischen Ich und Über-Ich (...), der in projektiver Weise in der Außenwelt ausgelebt« werde;[32] nach *Kielholz* wiederholt der Querulant in den von ihm angestrengten Gerichtsprozessen kindliche Konflikte mit dem Vater und Geschwistern.[33] Unter dem Eindruck zunehmender Interdisziplinarität dominierten in der zweiten Hälfte des 20. Jahrhunderts differenzierte Ansätze wie der von *von der Heydt* vorgestellte, nach dem Querulanz fast immer durch ein »Schlüsselerlebnis« in Form einer realen rechtlichen Beeinträchtigung ausgelöst wird.[34] Dabei werde das Abgleiten

---

28 *Hitzig*, Über den Querulantenwahnsinn. Seine nosologische Stellung und seine forensische Bedeutung, 1895, S. 140; die daraus hervorgehenden Handlungen seien »als Willensäußerungen eines durch krankhafte organische Momente beherrschten, geistig unfreien Menschen aufzufassen« und gäben Anlass, die »im Interesse des Kranken wie dritter Personen zu treffenden Massnahmen der bürgerlichen Gesellschaft (...) je nach dem im Einzelfalle verschiedenen Grade der Geistesstörung« zu bemessen.
29 Auf diesen Zusammenhang weisen auch *Dinger*, in: Dinger/Koch (Hrsg.), a.a.O. (FN. 2), S. 17; *Kaupen,* Zeitschrift für Rechtssoziologie 1982, 171 (172 f.) hin.
30 Vgl. *Raecke*, a.a.O. (FN. 21), S. 82.
31 Vgl. *Kolle*, Archiv für Psychiatrie und Nervenkrankheiten 1931, 24 (88) mit der aus dieser These abgeleiteten Feststellung: »(...) es gibt keinen Querulantenwahn, sondern nur Querulanten« (89).
32 Vgl. *Fenichel*, Perversionen, Psychosen, Charakterstörungen, 1967, S. 86 f.; es handele »sich um eine projektive Abwehr regressiv wieder sexualisierter Schuldgefühle«.
33 Vgl. *Kielholz,* Schweizer Archiv für Neurologie und Psychiatrie 1938, 58 (68 ff.).
34 Vgl. *von der Heydt*, a.a.O. (FN. 21), S. 23; ders., Bericht über die Querulanten in

der zunächst »normal psychologisch« verlaufenden Rechtssuche in eine »querulatorische Entwicklung« durch ungünstige Persönlichkeitseigenschaften des Querulanten begünstigt.[35] *Dietrich* entwarf auf der Grundlage psychodynamischer Überlegungen eine »Frustrationstheorie der Querulanz« und beschrieb das Querulieren als »Ausagieren eines gesellschaftlichen Konflikts mit spezifischen emotionalen und aggressiven Reaktionen«;[36] im einflussreichen Handbuch der forensischen Psychiatrie von *Göppinger* und *Witter* wurde Querulanz als »abnorme Persönlichkeitsreaktion« eingeordnet, bei der eine »abnorme fanatische Persönlichkeit (...) in eine ungünstige Umweltsituation geraten« sei.[37]

Den aktuellen psychiatrischen Forschungsstand fasst *Saß* in einem 2010 veröffentlichten Beitrag zusammen. Danach handelt es sich beim (forensisch relevanten) »Querulantenwahn«, der »durch die wahnartige, unkorrigierbare Überzeugung« gekennzeichnet sei, »in böswilliger Weise fortwährend Rechtskränkungen zu erleiden«, nicht um eine Psychose im engeren Sinn, sondern um eine paranoide Entwicklung.[38] Im DSM-IV-TR entspreche dies der bei den anderen psychotischen Störungen aufgeführten wahnhaften Störung, die durch nichtbizarre Wahnphänomene bei ansonsten unauffälliger intellektueller Leistungsfähigkeit gekennzeichnet sei. Als nicht unbeträchtliches Problem für den psychiatrischen Gutachter und für die von diesem beratenen Juristen dürften sich die von *Saß* beschriebenen »fließenden Übergänge zwischen der querulatorischen Persönlichkeit und dem Querulantenwahn«[39] erweisen.

---

psychiatrischer Sicht, in: Kleist (Hrsg.), Richter und Arzt, Berichte und Vorträge bei den Tagungen der Juristisch-Psychiatrischen Vereinigung in Hessen und Rheinland-Pfalz 1950-1953, München, Basel 1956, S. 124 (125); ähnlich zuvor bereits *Kolle*, Archiv für Psychiatrie und Nervenkrankheiten 1931, 24 (40 ff.).

35 Siehe dazu im Einzelnen *von der Heydt*, a.a.O. (FN. 21), S. 22 ff.; *ders.*, a.a.O. (FN. 34), S. 124 ff.
36 Vgl. *Dietrich*, a.a.O. (FN. 4), S. 28 ff. und 110; danach sind die »spezifischen Aggressionen des Querulanten (...) keine gesunden Aggressionen, sondern aus hilfloser Wut entstandene Trotz-Reaktionen mit teils selbstzerstörerischem, teils sadistischem Gepräge« (112).
37 Vgl. *Witter*, in: Göppinger/Witter, Handbuch der forensischen Psychiatrie, 1972, S. 471 und 505 f.
38 Vgl. *Saß*, FPPK 2010, 223 (227).
39 *Saß*, a.a.O. (FN. 38); siehe auch *Becher*, a.a.O. (FN. 25), S. 143; *Dinger*, a.a.O. (FN. 10), S. 10. Krit. *Kaupen*, Zeitschrift für Rechtssoziologie 1982, 171 (174, 178): Angesichts des Fehlens präziser Abgrenzungskriterien hänge das Ergebnis einer Begutachtung des Querulanten in erheblichem Maße von der Einstellung des Sachverständigen gegenüber Abweichungen von den gesellschaftlichen Normen ab.

IV. Soziologische Erklärungsansätze

Aus soziologischer Perspektive hat sich vor allem *Kaupen* mit den Entstehungsbedingungen querulatorischer Karrieren auseinandergesetzt. Er weist die von der klassischen Psychiatrie begründete Bezeichnung der Querulanz als Geisteskrankheit zurück und will die Einordnung des Rechtsuchenden als Querulant stattdessen vornehmlich als das »Ergebnis eines Etikettierungsverfahrens« verstanden wissen, dem die Pathologisierung unbequemer, in der Sache häufig berechtigter Kritik durch die herrschenden Instanzen sozialer Kontrolle zugrunde liege.[40] Darüber hinaus ging man in der Arbeitsgruppe um *Kaupen* davon aus, dass das unbefriedigte Rechtsbedürfnis des Querulanten stellvertretend für den Konflikt stehe, der durch den Widerspruch zwischen den in der Bevölkerung vorherrschenden, auf die Verwirklichung materieller Gerechtigkeit gerichteten Erwartungen und den limitierten Lösungsmöglichkeiten einer häufig formal argumentierenden Justiz ausgelöst werde.[41] In eine ähnliche Richtung gehen die Überlegungen *Blankenburgs*, der seiner Kritik an der überkommenen Sichtweise in einem Beitrag zur Gedenkschrift für *Wolfgang Kaupen* wie folgt Ausdruck verliehen hat:

> »Es sei nochmals deutlich gesagt: der Querulant ist ein pathologisches Phänomen. Die Frage ist nur: wollen wir ihn in der Pathologie von Individuen sehen, deren Gerechtigkeitserwartungen übertrieben sind, oder richten wir den Vorwurf gegen den kafkaesken Rechtsstaat, dessen Produkt er ist?«[42]

Blankenburg weist darauf hin, dass sich die von *Luhmann* beschriebene »Legitimation durch Verfahren« letztlich gegen den Querulanten wendet: Die Verschiebung sozialer Probleme auf Konflikte über Verfahren und anschließende Absorption von Protest, in der nach *Luhmann* die wesentliche Leistung von Gerichtsprozessen liegt, entfalte hier eine delegitimierende Wirkung; in dem Maße, in welchem der Querulant seine Sache trotz des rechtskräftigen Abschlusses eines allgemein als fair wahrgenommenen Verfahrens weiterverfolge, verminderten sich Verständnis und Mitleid seiner Umgebung. »Wer weiter jammert, wird nicht mehr ernst genom-

---

40 *Kaupen,* Zeitschrift für Rechtssoziologie 1982, 171 (178).
41 Siehe dazu *Berger et al,.* Kölner Zeitschrift für Soziologie und Sozialpsychologie 1982, 127 (134); *Rausch,* Zeitschrift für Rechtssoziologie 1982, 163 ff.; zusammenfassend *Dinger,* a.a.O. (FN. 10), S. 15. Ähnlich für »unusually persistent complaintants« *Lester et al,.* British Journal of Psychiatry 184 (2004), 352 (354).
42 Vgl. *Blankenburg,* Der Querulant als soziale Konstruktion, in: Strempel/Rasehorn (Hrsg.), Empirische Rechtssoziologie. Gedenkschrift für Wolfgang Kaupen, 2002, S. 203 (205).

men, und wer dann noch nicht aufhört, wird zum Querulanten.«[43] Bedeutsam ist daneben auch der Hinweis *Blankenburgs*, dass der Querulant durch sein hartnäckiges Prozessieren bisweilen zum »Motor der Rechtsentwicklung« wird, der strukturelle Mängel des Rechtssystems aufzeigt oder gar einen Rechtsprechungswandel anstößt.[44]

V. Rechtliche Konsequenzen der Zuschreibung von »Querulantenwahn«

Der berechtigte Hinweis der Soziologie auf den nicht unerheblichen Eigenanteil des Justizsystems am Zustandekommen von Querulanz ändert nichts daran, dass es sich bei der intensiven Beanspruchung der Gerichte durch einige wenige Rechtsuchende um ein reales Phänomen handelt. Dies legt es nahe, der Frage nachzugehen, welchen rechtlichen Vorgaben der Umgang mit als querulatorisch bewerteten Klagen und Anträgen auf gerichtliche Entscheidung unterliegt.[45] Da es sich bei den in Rede stehenden Eingaben aus der Perspektive des Justizsystems um »abweichendes Verhalten« handelt,[46] wäre auf den ersten Blick eine ahndende Reaktion der staatlichen Instanzen zu erwarten. Tatsächlich fand sich ein entsprechender »Querulantenparagraph« bereits in § 30 der Allgemeinen Gerichtsordnung der Preußischen Staaten, der lautete:

»Diejenigen Parteien, welche sich der vorgeschriebenen Ordnung nicht unterwerfen, sondern entweder Kollegia und deren Vorgesetzte mit offenbar grundlosen und widerrechtlichen Beschwerden gegen bessere Wissenschaft und Überzeugung belästigen; oder, nachdem sie des Unrechts gehörig bedeutet wurden, mit ihren Klagen dennoch fortfahren und durch wiederholtes unziemliches Supplizieren et-

---

43 Vgl. *Blankenburg*, a.a.O. (FN. 42), S. 203 (205).
44 *Blankenburg*, a.a.O. (FN. 42)., S. 203 (210 ff.). Als Beispiel ließe sich die Verfassungsbeschwerde eines im Vollzug der Maßregel gemäß § 63 StGB Untergebrachten anführen, mit der sowohl die Vorenthaltung einer Obstportion als auch die Verhängung eines einwöchigen Zimmerarrestes betraf (vgl. BVerfG, Beschluss der 2. Kammer des Zweiten Senats v. 12. November 2007 – 2 BvR 9/06 –, R&P 2008, 46 ff.). Die zur Entscheidung berufene *Kammer* nahm die Verfassungsbeschwerde zum Anlass, der intrikaten Frage nachzugehen, inwieweit das geltende Recht die Ahndung vollzugsinterner Regelverstöße der Patienten des psychiatrischen Maßregelvollzuges gestattet.
45 Siehe dazu – rechtlich teilweise überholt – *Dinger*, a.a.O. (FN. 10), S. 17 ff.; *Zier*, in: Dinger/Koch (Hrsg.), a.a.O. (FN. 2), S. 21 ff.; aus schweizerischer Perspektive *Aschwanden*, a.a.O. (FN. 16), S. 44 ff.
46 Vgl. *Kaupen*, Zeitschrift für Rechtssoziologie 1982, 171 (178 f.). Zur Einordnung querulatorischer Eingaben in den Forschungsstand zur »Erklärung normgerechten und abweichenden Verhaltens« vgl. *Dinger*, a.a.O. (FN. 10), S. 23 ff.

was, so gegen Recht und Ordnung ist, durchzusetzen und zu erzwingen suchen; oder die am Ende gar das Justizdepartement mit falschen und unrichtigen Darstellungen ihrer Angelegenheiten oder mit unwahren und erdichteten Beschuldigungen und Verunglimpfungen der Kollegien und Gerichte zu behelligen sich unterfangen, sollen als mutwillige und boshafte Querulanten angesehen, ihnen der Prozeß gemacht und über ihre Bestrafung rechtserkannt werden.«[47]

Als Rechtsfolge sah § 31 der Gerichtsordnung vor, gegen den Querulanten in Abhängigkeit von der »Beschaffenheit der Umstände des mehr oder minder offenbaren Ungrundes seiner Beschwerden und des hierbei erwiesenen Grades von Bosheit und Hartnäckigkeit« eine Gefängnisstrafe von 14 Tagen bis zu 6 Monaten zu verhängen.[48] Ähnlich war nach dem Publikandum vom 14. Februar 1810 mit jenen Rechtsbehelfsführern zu verfahren, die durch unerwünschtes »persönliches Supplizieren« Verwaltungsbehörden oder Ministerien zur Last fielen.[49]

Wenn sich im geltenden Recht der Bundesrepublik Deutschland trotz verbreiteter Klagen der Justizpraxis über die von den Querulanten ausgehenden Belastungen keine den §§ 30, 31 AGO entsprechende Regelung findet (und auch im Schrifttum diesbezüglich unterbreitete Vorschläge de lege ferenda[50] bis auf Weiteres keine Aussicht auf Verwirklichung haben), so dürfte dies unter anderem darauf zurückzuführen sein, dass es kaum gelingen würde, das inkriminierte Verhalten in einer mit den heutigen Anforderungen des verfassungsrechtlichen Bestimmtheitsgrundsatzes (Art. 103 Abs. 1 GG) zu vereinbarenden Art und Weise zu umschreiben, und überdies einem geläuterten Verständnis der Rechtsschutzgarantie i.S.d. Art. 19 Abs. 4 GG zu verdanken sein, mit dem eine Kriminalisierung persistierender Rechtssuche kaum in Einklang zu bringen wäre.[51] Vor diesem

---

47 Wiedergabe bei *Aschwanden*, a.a.O. (FN. 16), S. 46; *Becher*, a.a.O. (FN. 25), S. 85; *Bublitz*, a.a.O. (FN. 10), S. 136 (138); *Kaupen*, Zeitschrift für Rechtssoziologie 1982, 171 (172); *Peters*, Reaktion und Wechselspiel. Zur Problematik des Begriffes »Querulant« aus juristischer Sicht, in: Just et al. (Hrsg.), Recht und Rechtsbesinnung. Gedächtnisschrift für Günther Küchenhoff, 1988, S. 457 (459).
48 Die Bezugnahme auf §§ 30, 31 der AGO findet sich auch bei *Dietrich*, a.a.O. (FN. 4), S. 6, 99; *Dinger*, a.a.O. (FN. 10), S. 16; *Köppen*, ArchPsychiatrie 1896, 221 (225).
49 Siehe dazu *Aschwanden*, a.a.O. (FN. 16), S. 46 unter Bezugnahme auf *Bublitz*, a.a.O. (FN. 10), S. 136 (138).
50 Beispielhaft *Ehrlich*, Schweizerische Juristenzeitung 1952, 329 (334): »Wer eine Sache, über die zu seinen Ungunsten rechtskräftig entschieden ist, ohne Aussicht auf Erfolg immer wieder von neuem der Behörde unterbreitet, wird mit Gefängnis oder mit Buße bestraft.« Siehe dazu auch *Dinger*, a.a.O. (FN. 10), S. 23 f.; *Zier*, in: Dinger/Koch (Hrsg.), a.a.O. (FN. 2), S. 28.
51 Ablehnend auch *Aschwanden*, a.a.O. (FN. 16), S. 139 ff.; *Becher*, a.a.O. (FN. 25), S. 214 ff.

Hintergrund ist der Fokus der weiteren Ausführungen darauf zu legen, welche Konsequenzen die Zuschreibung eines »Querulantenwahns« de lege lata für den Betroffenen hat.

1. Aberkennung der Prozessfähigkeit

Im Zentrum der Überlegungen zum Umgang des Rechtssystems mit querulatorischen Eingaben steht häufig[52] die Frage der Prozessfähigkeit. Dabei wird unter der Prozessfähigkeit die Fähigkeit verstanden, Prozesshandlungen selbst oder durch einen bestellten Vertreter vorzunehmen oder entgegennehmen zu lassen.[53] Fehlt dem Kläger im Zivil-, Verwaltungs- oder Sozialgerichtsprozess diese Fähigkeit, so sind seine Prozesshandlungen unwirksam und die Klage ist als unzulässig abzuweisen. Die Prozessordnungen nehmen insofern auf die Vorschriften über die zivilrechtliche Geschäftsfähigkeit Bezug (vgl. §§ 51 Abs. 1, 52 ZPO, 62 Abs. 1 VwGO und 71 Abs. 1, 2 SGG); danach ist u.a. als geschäftsunfähig anzusehen, »wer sich in einem die freie Willensbestimmung ausschließenden Zustand krankhafter Störung der Geistestätigkeit befindet, sofern nicht der Zustand seiner Natur nach ein vorübergehender ist« (§ 104 Nr. 2 BGB).

Nach der neueren obergerichtlichen Rechtsprechung ist die Annahme von Prozessunfähigkeit allerdings an strenge Voraussetzungen geknüpft: So hat etwa das LSG Sachsen-Anhalt im Jahr 2012 entschieden, dass eine zur Überzeugung des sachverständig beratenen Gerichts »unstreitig« vorliegende Querulanz, welche »sich insbesondere in der Vielzahl der Verfahren, die der Antragsteller beim Antragsgegner und bei Gericht anstrengt sowie in der gleichbleibenden stereotypen, größtenteils auch ‚unvernünftigen' Art der Verfahrensführung« zeige, nicht ausreicht, um eine Zurückweisung der Klage wegen Prozessunfähigkeit zu rechtfertigen; hinzukommen müssten vielmehr »Anzeichen für einen Querulantenwahn«, der erst dann angenommen werden dürfe, wenn »durch eine wahnhafte Entwicklung der Bezug zur Realität verloren gegangen ist und [die Betroffenen] durch den Wahn in ihrem Denken und Handeln eingeengt sind

---

52 Ausführlich *Lube*, MDR 2009, 63 ff.; siehe auch noch *Aschwanden*, a.a.O. (FN. 16), S. 99 ff.; *Bublitz*, a.a.O. (FN. 10), S. 136 (144 ff.); *Dinger*, a.a.O. (FN. 10), S. 18; *Klag*, a.a.O. (FN. 3), S. 91 ff.; *Zier*, in: Dinger/Koch (Hrsg.), a.a.O. (FN. 2), S. 23 ff.; aus psychiatrischer Perspektive etwa *Foerster*, in: Venzlaff/Foerster (Hrsg.), Psychiatrische Begutachtung, 5. Auflage 2009, S. 555 (569); *Nedopil*, Forensische Psychiatrie, 3. Auflage 2007, S. 193 f.
53 Vgl. MünchKomm-ZPO-*Lindacher*, 4. Aufl. 2013, § 52 Rn. 1; Musielak-*Weth*, ZPO, 10. Aufl. 2013, § 52 Rn. 1.

und deshalb nicht mehr in der Lage sind, neue Argumente zu berücksichtigen«.[54]

Zu berücksichtigen ist des Weiteren, dass das Institut der Prozessfähigkeit nicht als Mittel zur Abwehr unliebsamer Klagen konzipiert wurde, sondern primär dem Interesse des Rechtssuchenden zu dienen bestimmt ist, der vor den nachteiligen Folgen einer unsachgemäßen Prozessführung bewahrt werden soll.[55] Er wird daher durch eine Reihe von Schutzvorkehrungen vor möglichen Rechtseinbußen bewahrt: Wird die Prozessunfähigkeit des Klägers festgestellt (was in der Regel nicht ohne vorherige persönliche Anhörung und sachverständige Begutachtung möglich ist[56]), so obliegt die Wahrnehmung der Rechte des Betroffenen dessen gesetzlichem Vertreter; ist ein solcher nicht vorhanden, so ist gemäß § 1896 Abs. 1 Satz 1 BGB ein Betreuer für den Aufgabenkreis rechtlicher Angelegenheiten zu bestellen. Für den Streit über die Prozessfähigkeit ist die angeblich prozessunfähige Partei als prozessfähig anzusehen; überdies ist vor der Abweisung der Klage als unzulässig eine Vertagung des Rechtsstreits in Erwägung zu ziehen, um Gelegenheit zur Bestellung eines gesetzlichen Vertreters zu geben, der die Prozessführung nachträglich genehmigen kann.[57] Der »Entlastungseffekt«, den sich die Mitglieder eines von querulatorischen Eingaben betroffenen Spruchkörpers davon versprechen könnten, dass dem Querulanten die Prozessfähigkeit aberkannt wird, dürfte nach alldem in der Rechtswirklichkeit eher gering ausfallen; vielmehr dürfte die Klärung der Prozessfähigkeit sowie die im Falle der Aber-

---

54 LSG Sachsen-Anhalt, Urteil v. 3. Februar 2012 – L 5 AS 276/10 B ER –, Juris Rn. 23, 26; ebenso Meyer-Ladewig/Keller/Leitherer-*Leitherer*, SGG, 10. Aufl. 2012, § 71 Rn. 6a.

55 Siehe dazu Schoch/Schneider/Bier-*Bier*, VwGO, Loseblattwerk (25. Ergänzungslieferung 2013), § 62 Rn. 2; Musielak-*Weth*, ZPO, 10. Aufl. 2013, § 52 Rn. 2: zum Schutzzweck des Geschäftsfähigkeitsrechts Staudinger-*Knothe*, BGB, Neubearbeitung 2011, Vor §§ 104 ff. Rn. 20. Ähnlich für den vorliegend erörterten Zusammenhang *Zier*, in: Dinger/Koch (Hrsg.), a.a.O. (FN. 2), S. 25 m.w.N.

56 Vgl. Schoch/Schneider/Bier-*Bier*, a.a.O. (FN. 55), § 62 Rn. 18; Meyer-Ladewig/Keller/Leitherer-*Leitherer*, a.a.O. (FN. 54), § 71 Rn. 6a, jeweils auch zu den von der Rspr. zugelassenen Ausnahmen.

57 Vgl. BAG, Beschluss v. 28. Mai 2009 – 6 AZN 17/09 –, NJW 2009, 3051 f.; BGH, Beschluss v. 9. November 2010 – VI ZR 249/09 –, NJW-RR 2011, 284 f.; Schoch/Schneider/Bier-*Bier*, a.a.O. (FN. 55), § 62 Rn. 19, 22; MünchKomm-ZPO-*Lindacher*, a.a.O. (FN. 53), § 52 Rn. 38, 45; Musielak-*Weth*, a.a.O. (FN. 53), § 52 Rn. 6. Im Verwaltungsprozess ist dem prozessunfähigen Kläger überdies nach hM ein besonderer Vertreter zu bestellen, wenn er sich gegen Akte der Eingriffsverwaltung wehrt (§§ 57 ZPO, 62 Abs. 4 VwGO analog; vgl. Schoch/Schneider/Bier-*Bier*, a.a.O. (FN. 55), § 62 Rn. 16 m.w.N.); Gleiches gilt im sozialgerichtlichen Verfahren (vgl. § 72 Abs. 1 VwGO).

kennung anstehende Betreuerauswahl (an welcher der volljährige Betroffene zu beteiligen ist, vgl. § 1897 Abs. 4 Satz 1 BGB) Anlass zu weiteren Auseinandersetzungen geben.[58]

2. Verneinung des Rechtsschutzbedürfnisses

Im Lichte der in Art. 19 Abs. 4 GG verbürgten Rechtsschutzgarantie erweist sich auch der Anwendungsbereich der im einschlägigen Schrifttum[59] verschiedentlich diskutierten Verneinung des Rechtsschutzbedürfnisses querulatorischer Eingaben als limitiert. Nach hM kommt die Behandlung einer Klage oder eines Antrags als unzulässig unter Bezugnahme auf das prozessrechtliche Schikaneverbot nicht schon dann in Betracht, wenn der Rechtsbehelfsführer von seinem Recht *subjektiv* in missbilligenswerter Absicht Gebrauch macht; vielmehr wird für erforderlich erachtet, dass die Rechtsausübung dem Berechtigten *objektiv* keinerlei Vorteil zu bringen vermag, sondern ausschließlich zur Schädigung eines anderen taugt.[60] Letzteres wird mit Blick darauf, dass der Querulant mit seiner raumgreifenden Prozessführung regelmäßig durchaus ein Sachanliegen verfolgt,[61] in den hier in Rede stehenden Konstellationen eher selten feststellbar sein.

3. Weglegen von Anträgen ohne Bearbeitung

Eng verwandt mit der Zurückweisung einer Klage oder eines Antrages als unzulässig wegen Rechtsmissbrauchs ist das Weglegen von Anträgen ohne Bearbeitung. Tatsächlich werden die Herausnahme querulatorischer, ehrverletzender oder das Gericht beschimpfender Eingaben aus dem regelmäßigen Prozessablauf und deren anschließende Behandlung als ge-

---

58　Ebenso *Dinger*, a.a.O. (FN. 10), S. 18.
59　Siehe dazu *Aschwanden*, a.a.O. (FN. 16), S. 54 ff.; *Dinger*, a.a.O. (FN. 10), S. 18 f.; *Zier*, in: Dinger/Koch (Hrsg.), a.a.O. (FN. 2), S. 25 f.
60　Vgl. für das Verfahren in Strafvollzugssachen OLG Frankfurt, Beschluss v. 6. März 1979 – 3 Ws 9-25, 84-85/79 –, NJW 1979, 1613 f.; Beschluss v. 19. Januar 1989 – 3 Ws 867/88 –, NStZ 1989, 296; OLG Hamm, Beschluss v. 28. Juli 1987 – 1 Vollz (Ws) 182/87 –, Juris; LG Bonn, Beschluss v. 13. Juli 1992 – 52 Vollz 19/92 –, NStZ 1993, 54; für den Verwaltungsprozess Schoch/ Schneider/Bier-Ehlers, a.a.O. (FN. 55), Vor § 40 Rn. 99; *Kopp/Schenke*, VwGO, 19. Aufl. 2013, Vor § 40 Rn. 52.
61　Treffend *Rowlands*, British Journal of Psychiatry 153 (1988), 317 (322): »(Persistent) litigants do have a case, but that the case is not worth pursuing to such lengths".

genstandslos durchaus in Betracht gezogen, wenn der Betroffene zuvor auf diese Möglichkeit hingewiesen wurde.[62]

Dass auch dieser Vorgehensweise durch die Rechtsschutzgarantie enge Grenzen gezogen sind, lässt sich beispielhaft an einer Entscheidung des Bundesverfassungsgerichts[63] verdeutlichen: Nachdem die Anträge eines gemäß § 63 StGB im psychiatrischen Maßregelvollzug Untergebrachten auf gerichtliche Entscheidung (§§ 138 Abs. 3, 109 ff. StVollzG) gravierende Beleidigungen der zuständigen Richter enthielten, wurde der Antragsteller durch die Strafvollstreckungskammer aufgefordert, die Beleidigungen zurückzunehmen und sich zu entschuldigen. Die Weigerung des Untergebrachten führte zur Mitteilung der Kammer, dass sie die weitere Bearbeitung ablehne. Das Bundesverfassungsgericht sah hierin einen Verstoß gegen Art. 19 Abs. 4 GG: Eine Nichtbefassung sei nur zulässig, wenn sich die Eingabe im Wesentlichen in Beleidigungen erschöpfe und nicht ersichtlich sei, dass zugleich auch ein sachliches Anliegen verfolgt werde. Adäquates Mittel zur Sanktionierung von Beleidigungen sei das Strafrecht, nicht hingegen – über eine Beschneidung der Rechtsschutzmöglichkeiten – das Verfahrensrecht.[64]

---

62 Vgl. LG Stuttgart, Beschluss v. 5. Oktober 1993 – 2 T 480/93 –, NJW 1994, 1077 m.w.N.; siehe auch BFH, Urteil v. 4. Juni 1992 – IV R 139-140/91 –, NJW 1993, 1352; *Becher*, a.a.O. (FN. 25), S. 178 ff.; *Ehrlich*, Schweizerische Juristenzeitung 1952, 329 (334); MünchKomm-ZPO-*Becker-Eberhard*, a.a.O. (FN. 53), § 271 Rn. 9; Musielak-*Foerste*, a.a.O. (FN. 53), § 271 Rn. 2; *Klag*, a.a.O. (FN. 3), S. 88 f.

63 BVerfG, Beschluss der 3. Kammer des Zweiten Senats v. 19. Juli 2001 – 2 BvR 1175/01 –, NJW 2001, 3615; vgl. des Weiteren BVerfG, Beschluss der 3. Kammer des Zweiten Senats v. 21. August 2001 – 2 BvR 282/00 –, StV 2001, 697 f. mit dem Hinweis, es bleibe »Behörden und Gerichten unbenommen, bei einer unverhältnismäßig großen Anzahl von Eingaben diese zusammenzufassen und gegebenenfalls einheitlich zu bescheiden«.

64 Die Verfassungsbeschwerde des Untergebrachten wurde gleichwohl nicht zur Entscheidung angenommen, da dieser den Rechtsweg nicht erschöpft habe: Die Mitteilung der Strafvollstreckungskammer, Anträge nicht zu bearbeiten, stelle eine »Entscheidung« dar, gegen die im Wege der Rechtsbeschwerde vorzugehen gewesen wäre (BVerfG a.a.O. [FN. 63], 3615). Mit dieser juristisch überzeugenden, für einen Laien jedoch wohl nur schwer antizipierbaren Handhabung der Zulässigkeitsvorschrift des § 93 Abs. 2 Satz 1 BVerfGG dürfte die Kammer ihrerseits einen Beitrag zur weiteren Entfremdung des Beschwerdeführers vom Justizsystem geleistet haben.

4. Exkurs: Prefiling Order in Common Law-Jurisdiktionen

Als Zwischenfazit bleibt festzuhalten, dass deutschen Gerichten de lege lata lediglich ein schmaler Korridor für die Zurückweisung bzw. Nichtbearbeitung als querulatorisch bewerteter Eingaben verbleibt. Dieser aus der Sicht der Justizpraxis wahrscheinlich eher unbefriedigende Befund lässt es angezeigt erscheinen, den Blick auf die Behandlung des Phänomens in ausländischen Rechtsordnungen zu richten. Von Interesse sind in diesem Zusammenhang vor allem die Jurisdiktionen des Common Law, die – entgegen der im deutschsprachigen Schrifttum verbreiteten Annahme, das Querulieren sei Ausdruck des spezifisch deutschen Hanges zur Rechthaberei[65] – durchaus mit dem Auftreten sog. »vexatious litigation« vertraut sind und über Mittel zu deren »Abwehr« verfügen.[66]

Neben den bereits erörterten prozessualen Möglichkeiten kennen die Common Law-Jurisdiktionen mit der sog. »prefiling order« ein Instrument, das keine Entsprechung im deutschen Recht findet und daher nachfolgend zumindest in seinen Grundzügen vorgestellt werden soll. Im Vereinigten Königreich besteht eine gesetzliche Grundlage für den Erlass einer solchen Anordnung bereits seit dem Jahr 1896, als in Reaktion auf die ausufernde Prozessführung eines Klägers der »Vexatious Actions Act« erlassen wurde.[67] Die aktuelle Fassung der Vorschrift findet sich in Section 42 des Senior Courts Act 1981, der vorsieht, dass auf Antrag des Attorney General jede weitere Klageerhebung eines »vexatious litigants« von der Zulassung durch den High Court abhängig gemacht werden kann, wenn die bisherige Prozessführung sich als grundlos und/oder schikanös erwiesen hat. Ergeht eine »civil proceedings order« (die in der London Gazette zu veröffentlichen ist), so kommt die Zulassung einer erneuten Klage nur in Betracht, wenn der Gerichtshof sich davon zu überzeugen vermochte, dass die Klage nicht rechtsmissbräuchlich und von vernünfti-

---

65 So insbesondere *Dietrich*, a.a.O. (FN. 4), S. 9; ihm zustimmend *Berger et al.*, Kölner Zeitschrift für Soziologie und Sozialpsychologie 1982, 127 (133); vgl. des Weiteren *Kaupen*, Zeitschrift für Rechtssoziologie 1982, 171 (173 f.); *Saß* FPPK 2010, 223 (230); a.A. *Rausch*, Zeitschrift für Rechtssoziologie 1982, 163 (164).

66 Vgl. *Ferkelten*, International Journal of Law and Psychiatry 11 (1988), 127 ff.; *Lester et al.*, British Journal of Psychiatry 184 (2004), 352 ff.; *Mullen/Lester*, Behavioral Sciences and the Law 24 (2006), 333 ff.; *Trawlers*, Southern California Law Review 72 (1998), 275 ff.; *Rowlands*, British Journal of Psychiatry 153 (1988), 317 ff.; *Smith*, Monash University Law Review 15 (1989), 48 ff.; siehe auch schon *Aschwanden*, a.a.O. (FN. 16), S. 47 f.

67 Vgl. *Smith*, Monash University Law Review 15 (1989), 48 (54); *Stauber*, International Review of Business Research Papers 5 (2009), 11 (19).

gen Erwägungen getragen ist; eine ablehnende Entscheidung ist unanfechtbar. Mit der »criminal proceedings order« besteht eine entsprechende Regelung auch zur Regulierung des Anzeigeaufkommens im Strafprozess.[68]

Auch in einigen Staaten der USA existieren sog. »vexatious litigant laws«, welche die Prozessführung von Personen einschränken, die, ohne anwaltlich vertreten zu sein, innerhalb einer bestimmten Zeitspanne (z.B. fünf Jahre) wiederholt erfolglose Klagen (z.B. fünf oder mehr) eingereicht haben.[69] Erfüllt ein Rechtsbehelfsführer die vorerwähnten Kriterien, so kann ihm u.a. auferlegt werden, vor der Einreichung weiterer Klagen Sicherheiten zu hinterlegen und/oder um die Genehmigung eines Verwaltungsrichters nachzusuchen. Verstöße gegen die »prefiling order« können als »contempt of court« geahndet werden.[70]

Die Bewertung der in der Praxis offenbar eher selten angewendeten »vexatious litigant laws« durch das englischsprachige Schrifttum fällt eher zurückhaltend aus: Abgesehen davon, dass keineswegs alle »Querulanten« die von den Gesetzen aufgestellten Voraussetzungen erfüllten, könne über die Einordnung als »vexatious litigant« neuer Streit entstehen, der dann wiederum die Kapazitäten der Gerichte binde.[71] Darüber hinaus ist die mit der »prefiling order« verbundene Beschneidung der Rechtsschutzmöglichkeiten auch im anglo-amerikanischen Sprachraum keineswegs unumstritten.[72] Als Modell für eine vergleichbare deutsche Regelung kommen die skizzierten Vorschriften nach alldem nicht in Betracht.

---

68 Vgl. zu den nach deutschem Recht bestehenden Möglichkeiten im Umgang mit querulatorischen Strafanzeigen *Kockel/Vossen-Kempkens,* NStZ 2001, 178 ff.; *Zier,* in: Dinger/Koch (Hrsg.), a.a.O. (FN. 2), S. 27.

69 Entsprechende Gesetze existieren in Kalifornien, Florida, Hawaii, Ohio und Texas. Ausführlich *Stauber,* International Review of Business Research Papers 5 (2009), 11 (14 ff.); zur Rechtslage in Kalifornien auch *Rawles,* Southern California Law Review 72 (1998), 275 (284 ff.).

70 Ein Überblick über das den Gerichten zur Verfügung stehende »Sanktionsarsenal« findet sich bei *Stauber,* International Review of Business Research Papers 5 (2009), 11 (15 f.).

71 Vgl. *Stauber,* International Review of Business Research Papers 5 (2009), 11 (17 f.).

72 Zur Kritik siehe etwa *Smith,* Monash University Law Review 15 (1989), 48 (55); mit Blick auf ähnliche Regelungen im Bereich des Strafvollzugswesens auch *Schiller/Wertkin,* Georgetown Journal of Legal Ethics 14 (2001), 909 (917 ff.).

5. Exkulpation oder Dekulpation

Man muss nicht auf das Bild des von Michael Kohlhaas angeführten, mordend und brandschatzend durch die Lande ziehenden Heerhaufens zurückgreifen, um zu verdeutlichen, dass die Verfestigung querulatorischer Konflikte bisweilen auch eine Überschreitung der Grenzen des geltenden (Straf-)Rechts mit sich bringen kann. Während gewaltsame Angriffe von Querulanten auf Repräsentanten des Justizsystems als eher selten beschrieben werden,[73] kann es doch vorkommen, dass im Zuge der immer aussichtsloseren Rechtsverfolgung die Tatbestände der Nötigung (§ 240 StGB), der Bedrohung (§ 241 StGB) oder der Ehrdelikte (§§ 185 ff. StGB) erfüllt werden. In diesem Fall stellt sich regelmäßig die Frage, ob die Einsichts- oder Steuerungsfähigkeit des Querulanten bei Begehung der Tat in einem Maße beeinträchtigt war, welches einen Ausschluss oder zumindest eine erhebliche Verminderung der Schuldfähigkeit i.S.d. §§ 20, 21 StGB bedingt.

Obwohl im einschlägigen Schrifttum darauf hingewiesen wird, dass den §§ 20, 21 StGB gegenüber Querulanten ein eher geringer Anwendungsbereich zukommen dürfte,[74] hatte sich der *5. Strafsenat* des Bundesgerichtshofs zuletzt sogar wiederholt mit der Frage der Schuldfähigkeit bei Vorliegen eines »Querulantenwahns« auseinanderzusetzen. Dabei bezogen sich die drei Entscheidungen des *Senats*[75] auf denselben Fall: Zweimal beanstandete der *Senat* die Feststellungen des LG Bremen zur Schuldfähigkeit des Angeklagten, und erst die dritte landgerichtliche Entscheidung, mit welcher eine erheblich verminderte Schuldfähigkeit i.S.d. § 21 StGB konstatiert wurde, fand die Billigung des Revisionsgerichts.

Den Entscheidungen lag der Fall eines Angeklagten zugrunde, der »im Laufe einer etwa 20-jährigen, unheilvollen Prozessserie in schwere Rechtskämpfe verstrickt war«.[76] Mit zunehmender Aussichtslosigkeit sei-

---

73 Vgl. *Aschwanden*, a.a.O. (FN. 16), S. 95; *Becher*, a.a.O. (FN. 25), S. 130; *Dietrich*, a.a.O. (FN. 4), S. 42 (»der Querulant tötet mit Worten«); siehe aber auch *Mullen/Lester* Behavioral Sciences and the Law 24 (2006), 333 (345 f.).
74 Vgl. *Aschwanden*, a.a.O. (FN. 16), S. 133 ff.; *Dinger*, a.a.O. (FN. 10), S. 19; *Kleine*, a.a.O. (FN. 4), S. 55 f. (zu § 51 StGB a.F.); *Zier*, in: Dinger/Koch (Hrsg.), a.a.O. (FN. 2), S. 26 f. unter Hinweis auf BGH, Urteil v. 7. Juni 1966 – 5 StR 190/66 –, NJW 1966, 1871.
75 Vgl. BGH, Beschluss v. 20. Dezember 2007 – 5 StR 513/07 –, NStZ-RR 2008, 140; Beschluss v. 20. Februar 2009 – 5 StR 555/08 –, NStZ 2009, 383; Beschluss v. 20. Juli 2010 – 5 StR 209/10 –, Juris.
76 Diese und weitere, die Tatbestände der höchstrichterlichen Entscheidungen ergänzende Sachverhaltsinformationen können der in FPPK 2010, 223 veröffentlichten Fallstudie des mit der psychiatrischen Begutachtung des Angeklagten be-

ner Aktivitäten hatte der Angeklagte Briefe abgefasst, in denen er für die Erfüllung seiner Forderungen Fristen setzte und mit der Ermordung der Adressaten und weiterer Personen in ihrem Umfeld drohte, falls man den Forderungen nicht nachkommen sollte. Die Briefe waren an Bremer Gerichte, die Wohnungsvermieterin des Angeklagten, mit der er in einen Rechtsstreit verwickelt war, die Bremer Generalstaatsanwältin, die Generalbundesanwältin und das Bundesverfassungsgericht adressiert; den letzten dieser Briefe hatte der Angeklagte während seiner vorläufigen Unterbringung in einem psychiatrischen Krankenhaus verfasst.

Die Strafkammer verurteilte den Angeklagten wegen mehrfacher versuchter Nötigung (§§ 240, 22, 23 StGB) zu einer Freiheitsstrafe von zwei Jahren und sechs Monaten und ordnete seine Unterbringung in einem psychiatrischen Krankenhaus gemäß § 63 StGB an. Aufgrund einer von dem hinzugezogenen psychiatrischen Sachverständigen diagnostizierten schweren Persönlichkeitsstörung mit narzisstischen und paranoidquerulatorischen Zügen, welche die Voraussetzungen einer »schweren anderen seelischen Abartigkeit« i.S.d. § 20 StGB erfülle, sei die Schuldfähigkeit des Angeklagten bei Begehung der Tat i.S.d. § 21 StGB erheblich gemindert gewesen. Zwar sei seine Unrechtseinsicht »im Wesentlichen« unbeeinträchtigt geblieben, jedoch habe eine erhebliche Verminderung der Steuerungsfähigkeit vorgelegen. Auf die Revision des Angeklagten hob der 5. *Strafsenat* die Entscheidung mit den Feststellungen auf und verwies die Sache zur erneuten Entscheidung an eine andere Strafkammer des LG Bremen zurück. Der *Senat* kritisierte vor allem die mangelnde Auseinandersetzung des Tatgerichts mit anderen in Betracht kommenden Störungsbildern[77] sowie die unzureichende Begründung der Ablehnung von Schuldunfähigkeit i.S.d. § 20 StGB. Die nunmehr zur Entscheidung berufene Strafkammer verurteilte den Angeklagten zu einer Gesamtfreiheitsstrafe von zwei Jahren und ordnete erneut seine Unterbringung in einem psychiatrischen Krankenhaus an. Sie billigte dem Angeklagten wiederum (lediglich) eine erheblich verminderte Schuldfähigkeit zu, stützte diese Annahme jedoch nunmehr auf das Vorliegen einer anhaltenden wahnhaften Störung im Sinne eines Querulantenwahns sowie einer kombinierten Persönlichkeitsstörung mit querulatorisch-fanatischen, narzisstischen und

---

fassten Sachverständigen *Saß* entnommen werden. Charakteristisch an der Schilderung der Vorgeschichte ist, dass über die dem aktuellen Konflikt vorausgegangenen Rechtsstreitigkeiten nur wenig Konkretes zu erfahren ist (a.a.O., 226 f.).

77 Der *Senat* erwähnt hier insbesondere die wahnhafte Störung (ICD-10 F22.0) sowie die paranoide Schizophrenie (ICD-10 F20.0); vgl. BGH, Beschluss v. 20. Dezember 2007 – 5 StR 513/07 –, NStZ-RR 2008, 140.

paranoiden Zügen. Im Revisionsrechtszug bemängelte der 5. *Strafsenat* die Widersprüchlichkeit der tatrichterlichen Beweiswürdigung: Die Feststellungen der Strafkammer, die Wahnphänomene des Angeklagten seien »unbeeinflussbar durch Erfahrung und durch zwingende Schlüsse«, und der Angeklagte sei »unfähig, bestimmten Handlungsimpulsen zu widerstehen«, seien mit der Verneinung von Schuldunfähigkeit nicht in Einklang zu bringen.[78]

Erst der »dritte Anlauf« des LG Bremen erfuhr – bei identischer Ausgangsdiagnose – die Billigung des 5. *Strafsenates*, der die »sorgfältige und umfassende Beweiswürdigung des Landgerichts« lobend hervorhob.[79] Da die Gründe des Beschlusses, mit dem der *Senat* die Revision des Angeklagten als unbegründet verwarf, außer einem Hinweis darauf, dass die Strafkammer ihre Überzeugung auf das psychiatrische Sachverständigengutachten, die Anhörung mehrerer sachverständiger Zeugen (darunter frühere Gutachter) und den eigenen Eindruck vom Angeklagten in der Hauptverhandlung gegründet habe, keine weiteren Informationen enthält, bleibt letztlich unklar, worin genau der Unterschied zu den für unzureichend befundenen Begründungen der vorausgegangenen Entscheidungen bestanden haben könnte. Dies legt den Verdacht eines »Durchentscheidens aus Überdruss« nahe, zumal in die früheren Revisionserfolge – wie der psychiatrische Sachverständige zu berichten wusste – eine juristische »Eigenleistung des Probanden« eingeflossen war, »der sich erhebliche Rechtskenntnisse angeeignet hatte und keinen Verteidiger vollgültig neben sich duldete«.[80]

6. Unterbringung im psychiatrischen Krankenhaus

Die vorstehend diskutierten Beschlüsse sind für den hier erörterten Kontext noch aus einem weiteren Grund aufschlussreich; traf doch die in den beiden Aufhebungsentscheidungen geäußerte Kritik an den Feststellungen des Tatgerichts nicht nur die Überlegungen zur Schuldfähigkeit des Angeklagten, sondern auch die Argumentation, auf welche das LG Bremen des-

---

78   BGH, Beschluss v. 20. Februar 2009 – 5 StR 555/08 –, NStZ 2009, 383.
79   BGH, Beschluss v. 20. Juli 2010 – 5 StR 209/10 –, Juris Rn. 9.
80   *Saß*, FPPK 2010, 223 (226). Im Übrigen sah sich der *Senat* mit einem Befangenheitsantrag des Revisionsführers konfrontiert, der die Vorbefassung der Senatsmitglieder mit der Sache beanstandete. Der in der Sache erfolglose (vgl. BGH, Beschluss v. 20. Juli 2010 – 5 StR 209/10 –, Juris Rn. 4 f.) Antrag deutet darauf hin, dass der Betroffene auch die Richter des Bundesgerichtshofs mittlerweile in sein »Wahnsystem« integriert hatte.

sen Unterbringung im psychiatrischen Maßregelvollzug nach § 63 StGB gestützt hatte. Mit Blick hierauf wies der *5. Strafsenat* darauf hin, dass der Angeklagte bislang ausschließlich schriftlich gedroht hatte. Eine Maßregelanordnung komme jedoch allenfalls in Betracht, wenn tatsächliche Anhaltspunkte dafür bestünden, dass der Angeklagte bei den mit dem Tode bedrohten Personen eine objektiv begründete Furcht vor einer Realisierung seiner Drohungen hervorgerufen habe. Dies setze »indes eine gewisse berechtigte Befürchtung voraus, dass eine Realisierung der Drohungen tatsächlich erfolgen könnte«.[81] In seiner ersten Aufhebungsentscheidung wies der *Senat* die neue Strafkammer überdies an, die Entwicklung des Angeklagten in der zum Entscheidungszeitpunkt seit fast 16 Monaten andauernden vorläufigen Unterbringung zu berücksichtigen,[82] und auch im zweiten, noch einmal 14 Monate später ergangenen Beschluss betonte der *Senat* die Bedeutung des Verhältnismäßigkeitsgrundsatzes: Die Dauer der einstweiligen Unterbringung übersteige die der gegen den Angeklagten verhängten Gesamtstrafe deutlich; eine Fortdauer des Freiheitsentzuges lasse sich vor diesem Hintergrund »nur noch verbunden mit einem therapeutisch konkret angestrebten Konzept mit dem Ziel der in absehbarer Zeit realisierbaren Aussetzung der weiteren Vollstreckung der Unterbringung zur Bewährung (...) rechtfertigen«.[83]

Angesichts der auch vom Bundesgerichtshof angesprochenen, durch die Aufhebungsentscheidungen bedingten erheblichen Verfahrensdauer entbehrt es nicht einer gewissen Ironie, dass die Begründung, mit der das LG Bremen im »dritten Anlauf« den *5. Strafsenat* von der Notwendigkeit einer Maßregelunterbringung des Angeklagten zu überzeugen vermochte, gerade auf die – durch die lang andauernde vorläufige Unterbringung nach § 126a StPO sicher verstärkte – Ausweglosigkeit der Situation abhebt: So sei »in den letzten Monaten schriftlich wie mündlich eine massive weitere Steigerung verbaler Auffälligkeiten bzw. Aggressivität zu beobachten«, und es wirke sich sehr ungünstig aus, dass »die prozessualen Möglichkeiten des Angeklagten in seinem Kernanliegen auch aus seiner Sicht immer auswegloser erschienen«.[84] Wie zur eigenen Beruhigung betont der *Senat* erneut die Begrenzung der Maßregelvollstreckung durch den Verhältnismäßigkeitsgrundsatz[85] und referiert die landgerichtliche Prognose, »dass

---

81 Vgl. BGH, Beschluss v. 20. Februar 2009 – 5 StR 555/08 –, NStZ 2009, 383.
82 BGH, Beschluss v. 20. Dezember 2007 – 5 StR 513/07 –, NStZ-RR 2008, 140.
83 Vgl. BGH, Beschluss v. 20. Februar 2009 – 5 StR 555/08 –, NStZ 2009, 383.
84 Wiedergabe durch BGH, Beschluss v. 20. Juli 2010 – 5 StR 209/10 –, Juris Rn. 10.
85 Dies unter Bezugnahme auf die grundlegende Senatsentscheidung des Bundes-

sich in absehbarer Zeit eine Aussetzung der weiteren Vollstreckung der Unterbringung zur Bewährung werde rechtfertigen lassen«.[86]

Die weitere vollstreckungsrechtliche Entwicklung des Falles, auf die hier aus Raumgründen nur noch kurz eingegangen werden kann, sollte diese positive Einschätzung allerdings nicht bestätigen. Nachdem der 5. *Strafsenat* des Bundesgerichtshofes die Verurteilung des Betroffenen mit seinem dritten Beschluss vom 20. Juli 2010 bestätigt hatte, ordnete das LG Bremen mit Beschlüssen vom 13. Juli 2011 und vom 22. Juni 2012 die Fortdauer der Unterbringung an. Die gegen den letztgenannten Beschluss gerichtete, von mehreren Befangenheitsanträgen gegen die mit der Sache befassten Richter begleitete sofortige Beschwerde des Untergebrachten verwarf das Hanseatische Oberlandesgericht Bremen mit Beschluss vom 18. März 2013 als unzulässig. Von besonderer Brisanz ist die Begründung der Entscheidung:

»Der Untergebrachte ist nach diesen Feststellungen aufgrund seiner krankheitsbedingten Prozessfähigkeit selbst zur Rechtsmitteleinlegung und Antragstellung nicht in der Lage. Ein Betreuer, der dies ggf. für ihn tun könnte, ist (noch) nicht bestellt. Der im vorliegenden Verfahren beigeordnete Verteidiger hat selbst für den Untergebrachten keine weiteren Anträge gestellt oder Rechtsmittel eingelegt, insbesondere auch nicht gegen den Beschluss des Landgerichts über die Fortdauer der Unterbringung.«[87]

Mit diesem Beschluss verletzt das Oberlandesgericht – wie an anderer Stelle ausführlich dargelegt wurde[88] – die Rechte des Untergebrachten aus Art. 19 Abs. 4, 103 Abs. 1 GG: Die Vorgehensweise des *Senates* führt dazu, dass der Untergebrachte letztlich »zwischen allen Stühlen« sitzt.[89] Er selbst ist aufgrund der Aberkennung der Prozessfähigkeit nicht in der Lage, in rechtserheblicher Weise gegen die Verlängerung seiner Unterbringung vorzugehen, der ihm zur Seite gestellte Verteidiger – zu dem er, wie eine weitere, gegen die Verteidigerbestellung gerichtete Beschwerde belegt, offenbar kein Vertrauensverhältnis aufzubauen vermochte – hat sich

---

verfassungsgerichts BVerfGE 70, 297; siehe dazu zuletzt BVerfG, Beschluss der 2. Kammer des Zweiten Senats v. 24.07.2013 – 2 BvR 298/12 –, R&P 2014, 31.

86   Vgl. BGH, Beschluss v. 20. Juli 2010 – 5 StR 209/10 –, Juris Rn. 12.
87   HansOLG Bremen, Beschluss v. 18. März 2013 – Ws 90-94, 100/12 –, R&P 2013, 240 (244).
88   Vgl. *Lindemann/Kreitsch*, R&P 2013, 244 ff.
89   Siehe zur verfassungsrechtlichen Bewertung vergleichbar kafkaesker Situationen die weiter unten noch näher behandelten Entscheidungen BVerfG, Beschluss der 2. Kammer des Zweiten Senats v. 22. März 2007 – 2 BvR 1983/05 –, StV 2008, 88; Urteil der 3. Kammer des Zweiten Senats v. 19. Dezember 2012 – 2 BvR 166/11 –, NStZ-RR 2013, 120.

der Einlegung eines Rechtsbehelfs für seinen Mandanten enthalten,[90] und ein Betreuer, der die sofortige Beschwerde des Untergebrachten nachträglich hätte genehmigen können, war zum Entscheidungszeitpunkt »(noch) nicht bestellt«. Angesichts des empfindlichen Eingriffes in die Freiheitsrechte, der mit der verfahrensgegenständlichen Fortdauerentscheidung perpetuiert wird, wäre es geboten gewesen, die Bestellung eines Betreuers gemäß § 1896 Abs. 1 Satz 1 BGB anzuregen, der die prozessuale Handlungsfähigkeit des Untergebrachten wiederhergestellt hätte. Nicht zuletzt den Überlegungen zur Verhältnismäßigkeit der Unterbringung, die – wie dargelegt – in den Gründen der höchstrichterlichen Entscheidungen im Erkenntnisverfahren breiten Raum eingenommen hatten, wäre auf diesem Wege Beachtung zu verschaffen gewesen.

VI. Beiträge des Rechtssystems zur Entstehung von Querulanz am Beispiel des Rechtsschutzes in Straf- und Maßregelvollzugssachen

Wenn ein Obergericht am Ende einer schier endlos erscheinenden Serie zivil- und strafgerichtlicher Prozesse offenbar keinen anderen Ausweg zu erkennen vermag, als den in unbefristetem hoheitlichen Freiheitsentzug befindlichen Querulanten in prozessualer Hinsicht »mundtot« zu machen, so ist dies neben anderem ein Beispiel für eine fulminant gescheiterte Kommunikation zwischen den Vertretern staatlicher Instanzen und dem rechtsuchenden Bürger.[91] Dieser Befund leitet über zu der vor allem von soziologischen Autoren angesprochenen,[92] aber auch in dem in der psychowissenschaftlichen Literatur vorfindlichen Hinweis auf die Bedeutsamkeit der Trias aus »Charakter, Erlebnis und Milieu«[93] angelegten Fra-

---

90   Der Fall verdeutlicht die problematischen Konsequenzen der Rechtsprechung, die davon ausgeht, dass die Interessen eines prozessunfähigen Angeklagten durch einen vom Gericht bestellten (notwendigen) Verteidiger ausreichend gewahrt werden, so dass es der Beteiligung eines gesetzlichen Vertreters nicht bedarf (BGH, Beschlüsse v. 23. April 2008 – 1 StR 165/08 –, NStZ 2008, 524, und v. 25. September 2012 – 4 StR 354/12 –, Juris; zuvor bereits BGH, Beschluss v. 7. Mai 1996 – 5 StR 169/96 –, NStZ 1996, 610 für das Sicherungsverfahren). Vgl. dazu, dass sich die Aufgaben des Verteidigers und die eines Betreuers grundlegend unterscheiden, *Lindemann/Kreitsch,* R&P 2013, 244 (246).
91   Der kommunikative Aspekt der Entstehung von Querulanz wird beispielsweise von *Fabricius,* R&P 1992, 124 ff. hervorgehoben; siehe dazu auch *Dinger,* a.a.O. (FN. 10), S. 227 ff.; *Muck,* Vorgänge 1985, 29 (33 ff.); *Saß,* FPPK 2010, 223 (230 f.).
92   Vgl. hierzu die Nachweise in FN. 40-44.
93   Vgl. *Kolle,* Archiv für Psychiatrie und Nervenkrankheiten 1931, 24 (88).

ge nach dem Eigenanteil, welchen das Justizsystem zur Entstehung und Verfestigung von »Querulantenkarrieren« leistet. Dieser Frage soll im Folgenden mit Blick auf einen dem Vernehmen nach für querulatorische Tendenzen besonders anfälligen Bereich gerichtlichen Rechtsschutzes nachgegangen werden: Den – methodisch mehr oder weniger fundierten – Schätzungen des einschlägigen Schrifttums zufolge handelt es sich bei 2% aller Strafgefangenen in der Bundesrepublik Deutschland um Querulanten, welche die Gerichte durch ihre Eingaben in nicht unerheblichem Maße fordern.[94] Dass es allerdings gerade in diesem besonders grundrechtssensiblen Kontext[95] auch um die Gewährung von Rechtsschutz und rechtlichem Gehör nicht immer gut bestellt ist, zeigt die Vielzahl der Entscheidungen des Bundesverfassungsgerichts zum Straf- und Maßregelvollzug, in denen Verletzungen der Rechte Gefangener und Untergebrachter aus Art. 19 Abs. 4, 103 Abs. 1 GG beanstandet werden mussten.[96]

Als strukturelles Problem begegnet in den Entscheidungen des höchsten deutschen Gerichts zunächst eine verbreitete Praxis der für die Entscheidung über Anträge Strafgefangener und Untergebrachter auf gerichtliche Entscheidung gemäß §§ 109 ff. StVollzG zuständigen Strafvollstreckungskammern, dem Rechtsbehelfsführer keine Gelegenheit zur Erwiderung auf die nach Antragseingang routinemäßig eingeholte und sodann der Entscheidung zugrunde gelegte Stellungnahme der Antragsgegnerin einzuräumen.[97] Die Attraktivität dieser besonders »ökonomischen« Vorge-

---

94 Wiedergabe bei *Feest/Pecic,* Vorgänge 1985, 46; weitere Nachweise zum Phänomen des »Haft-Querulanten« in FN. 24.
95 Siehe nur *Kruis/Cassardt,* NStZ 1995, 574 (579), die zutreffend darauf hinweisen, dass Personen in keinem Rechtsbereich der rechtlichen und faktischen Herrschaftsmacht des Staates so ausgeliefert sind wie im Straf- und Maßregelvollzug. Als besonders »konfliktträchtig« erweist sich der Streit um die Erteilung der Vielzahl von Genehmigungen, auf die Gefangene und Untergebrachte in der »totalen Institution« (vgl. zu der auf *Goffman* zurückgehenden Einordnung der Einrichtungen des Straf- und Maßregelvollzuges als »totale Institutionen« bereits *Lindemann,* Die Sanktionierung unbotmäßigen Patientenverhaltens, 2004, S. 19 f.) für die Befriedigung ihrer Bedürfnisse angewiesen sind.
96 Vgl. die Rechtsprechungsübersichten durch *Kruis/Cassardt* NStZ 1995, 521 ff., 574 ff.; *Kruis/Wehowsky,* NStZ 1998, 593 ff. ; *Lübbe-Wolff/Geisler,* NStZ 2004, 478 ff.; *Lübbe-Wolff/Lindemann,* NStZ 2007, 450 ff.; *Lübbe-Wolff/Frotz,* NStZ 2009, 616 ff., 677 ff., die den Gewährleistungen aus Art. 19 Abs. 4, 103 Abs. 1 GG jeweils einige Aufmerksamkeit widmen.
97 Stattgebende Kammerentscheidungen wegen Verstoßes gegen Art. 103 Abs. 1 GG: BVerfG, Beschluss der 2. Kammer des Zweiten Senats v. 6. Dezember 1993 – 2 BvR 1499/93 –, Juris Rn. 15 ff.; Beschlüsse der 3. Kammer des Zweiten Senats v. 15. November 2010 – 2 BvR 1183/09 –, Juris Rn. 20 ff.; und v. 6. Juni 2011 – 2 BvR 2076/08; Nichtannahme mangelnder Rechtswegerschöpfung, weil

hensweise, mit welcher der Vollzugsbehörde ein unangemessener »Vertrauensvorschuss« eingeräumt wird, scheint trotz wiederholter Beanstandung der in ihr liegenden Gehörsverletzung (Art. 103 Abs. 1 GG) durch das Bundesverfassungsgericht ungebrochen.[98] Als wenig geeignet, zur Befriedung der zugrunde liegenden Konflikte beizutragen, dürfte sich darüber hinaus die Spruchpraxis der im Rechtsbeschwerdeverfahren zuständigen Oberlandesgerichte erweisen. Diese haben gemäß § 116 Abs. 1 StVollzG zunächst zu prüfen, ob eine Nachprüfung der angegriffenen Entscheidung zur Fortbildung des Rechts oder zur Sicherung einer einheitlichen Rechtsprechung zu ermöglichen ist.[99] Die ohnehin restriktive Auslegung dieser Zulässigkeitshürde durch die obergerichtliche Rechtsprechung[100] wird auf die Spitze getrieben, wenn in den Gründen des OLG-Beschlusses zwar das Vorliegen einer Rechtsverletzung konstatiert, die Zulässigkeit der Rechtsbeschwerde jedoch gleichwohl mit dem Hinweis verneint wird, es handele sich um eine Einzelfallentscheidung, und eine Wiederholung sei aufgrund der von dem *Senatsbeschluss* ausgehenden Korrekturwirkung auszuschließen.[101]

Der Zugang der Strafgefangenen und Untergebrachten zur Rechtsbeschwerdeinstanz wird weiter dadurch erschwert, dass die Oberlandesgerichte der Vorschrift des § 118 Abs. 2 Satz 2 StVollzG, nach der im Falle einer Verfahrensrüge »die den Mangel enthaltenden Tatsachen angegeben werden« müssen, zunehmend eine vergleichbar strenge Auslegung zuteil werden lassen wie der Bundesgerichtshof dem (wortgleichen) Begründungserfordernis des § 344 Abs. 2 Satz 2 StPO,[102] ohne dabei zu berück-

---

der Beschwerdeführer die Gehörsverletzung nicht mit der Anhörungsrüge gemäß § 33a StPO im fachgerichtlichen Verfahren gerügt hatte: BVerfG, Beschluss der 2. Kammer des Zweiten Senats v. 7. Dezember 2007 – 2 BvR 2074/07 –, Juris; Beschlüsse der 3. Kammer des Zweiten Senats v. 23. April 2008 – 2 BvR 1889/07 –, Juris; v. 24. Juli 2008 – 2 BvR 610/08 –, Juris; v. 30. Juli 2009 – 2 BvR 1575/09 –, Juris; v. 2. März 2011 – 2 BvR 43/10 u.a. –, Juris; v. 21. März 2011 –2 BvR 301/11 –, Juris; und v. 10. Oktober 2012 – 2 BvR 1218/10 –, Juris; siehe schließlich auch noch BVerfG, Beschluss der 2. Kammer des Zweiten Senats v. 24. Oktober 2006 – 2 BvR 30/06 –, Juris Rn. 8.

98 Zur Prävalenz entsprechender Verletzungen der Rechte Strafgefangener aus Art. 103 Abs. 1 GG vgl. auch *Lübbe-Wolff/Frotz*, NStZ 2009, 616 (617).
99 Zur Verfassungsmäßigkeit der Regelung vgl. BVerfG, Beschluss der 2. Kammer des Zweiten Senats v. 12. März 2008 – 2 BvR 2219/06, juris Rn. 27.
100 Krit. Feest-*Kamann/Spaniol*, StVollzG, 6. Aufl. 2012, § 116 Rn. 9.
101 Beanstandet durch BVerfG, Beschluss der 2. Kammer des Zweiten Senats v. 11. April 2008 – 2 BvR 866/06 –, Juris.
102 Exemplarisch OLG Celle, Beschluss v. 24. Juni 2009 – 1 Ws 292/09 –, NStZ 2010, 398: »Die Angaben haben so genau und vollständig zu sein, dass das Rechtsbeschwerdegericht allein auf Grund der Beschwerdebegründung ohne

sichtigen, dass die Bedingungen, unter denen die regelmäßig rechtsunkundigen und nicht anwaltlich vertretenen Beschwerdeführer um vollstreckungsgerichtlichen Rechtsschutz nachsuchen, sich deutlich von der Situation im Erkenntnisverfahren unterscheiden.[103] Die unzureichende Befriedungswirkung vieler Entscheidungen der Rechtsbeschwerdeinstanz dürfte schließlich auch mit dem übermäßigen Gebrauch von der in § 119 Abs. 3 StVollzG eingeräumten Möglichkeit zusammenhängen, von der Begründung eines ablehnenden Beschlusses abzusehen, wenn der *Senat* die Beschwerde einstimmig für unzulässig oder für offensichtlich unbegründet erachtet. Während die gesetzliche Regelung als solche die Billigung des Bundesverfassungsgerichts gefunden hat,[104] thematisieren mehrere Kammerentscheidungen die hypertrophe Anwendungspraxis, die vor allem dann problematisch erscheint, wenn der Beschwerdeführer seinen Vortrag gegenüber dem erstinstanzlichen Verfahren substantiell ergänzt hat.[105] Nicht verschwiegen werden sollte allerdings, dass die Problematik

---

Rückgriff auf die Akten oder sonstige Unterlagen prüfen kann, ob der Verfahrensfehler vorliegt, wenn die behaupteten Tatsachen zutreffen.«; ebenso HansOLG Hamburg, Beschluss v. 24. Februar 2010 – 3 Vollz (Ws) 61/09 –, Juris Rn. 11; OLG Stuttgart, Beschluss v. 21. Oktober 2013 – 4a Ws 211/13 –, Juris Rn. 17 (»Grundsatz der Revisionsähnlichkeit«).

103 Die Unterstützung, die dem Beschwerdeführer bei einer Einlegung der Rechtsbeschwerde zur Niederschrift der Geschäftsstelle (§ 118 Abs. 3 StVollzG) durch den Rechtspfleger zu gewähren ist, vermag die Defizite des Strafgefangenen oder Untergebrachten in der Wahrnehmung seiner Rechte lediglich unzureichend zu kompensieren; sind doch auch die auf diesem Wege zustande gekommenen Rechtsbeschwerdebegründungen ihrerseits nicht selten unzureichend (vgl. etwa BVerfG, Beschluss der 1. Kammer des Zweiten Senats v. 27. September 2005 – 2 BvR 172/04 u.a. –, NJW 2005, 3629; Beschluss der 2. Kammer des Zweiten Senats v. 27. Juni 2006 – 2 BvR 1147/05 –, Juris; Beschluss der 3. Kammer des Zweiten Senats v. 29. Februar 2012 – 2 BvR 2911/10 –, Juris; OLG Celle, OLG Celle, Beschluss v. 28. November 2007 – 1 Ws 438, 469/07 –, NStZ-RR 2008, 127; OLG München, Beschluss v. 30. Juli 2008 – 4 Ws 73/08 –, StV 2009, 200).

104 Vgl. BVerfG, Beschluss der 3. Kammer des Zweiten Senats v. 24. Mai 2001 – 2 BvR 746/01 –, NStZ-RR 2002, 95.

105 Vgl. die oben (FN. 44) zitierte Entscheidung BVerfG, Beschluss der 2. Kammer des Zweiten Senats v. 12. November 2007 – 2 BvR 9/06 –, R&P 2008, 46 ff. Die Aufhebung einer begründungslosen OLG-Entscheidung kommt insbesondere in Betracht, wenn an ihrer Vereinbarkeit mit Grundrechten des Beschwerdeführers erhebliche Zweifel bestehen; dies ist vom Bundesverfassungsgericht verschiedentlich mit dem Hinweis auf die offenkundige inhaltliche Abweichung des mit der Rechtsbeschwerde angegriffenen landgerichtlichen Beschlusses von der Rechtsprechung des Bundesverfassungsgerichts und/oder des Europäischen Gerichtshofes für Menschenrechte angenommen worden; vgl. BVerfG, Beschlüsse der 3. Kammer des Zweiten Senats v. 26. Oktober 2011 – 2 BvR 1539/09 –, StV 2012, 678; v. 29. Februar 2012 – 2 BvR 309/10 –, Juris Rn. 26; v. 20. Juni 2012

begründungsloser Entscheidungen auch beim Bundesverfassungsgericht besteht, dessen häufig ohne Begründung ergehende Nichtannahmebeschlüsse (vgl. § 93d Abs. 1 Satz 3 BVerfG) für den Adressaten nicht erkennen lassen, in welchem Ausmaß man sich gerichtsintern mit seinem Beschwerdevorbringen auseinandergesetzt hat.[106]

Bisweilen führt die Handhabung der §§ 109 ff. StVollzG durch die Land- und Oberlandesgerichte auch dazu, dass antragstellende Gefangene oder Untergebrachte – wie der für prozessunfähig erklärte Maßregelpatient, dessen Fall weiter oben ausführlicher erörtert wurde[107] – »zwischen allen Stühlen« sitzen. Ein Beispiel für das Auftreten derartiger, geradezu kafkaesker Situationen bildet der einem Kammerbeschluss des Bundesverfassungsgerichts vom 22. März 2007[108] zugrunde liegende Sachverhalt:

Die Vollzugsplanung des Strafgefangenen, der eine langjährige Freiheitsstrafe verbüßte, empfahl seine Verlegung in eine sozialtherapeutische Anstalt gemäß § 9 Abs. 2 StVollzG. Zu diesem Zweck wurde dem Gefangenen eine Liste mit den Adressen sozialtherapeutischer Anstalten ausgehändigt. Nachdem seine Versuche, mit Schreiben an die aufgeführten Einrichtungen einen Therapieplatz für sich zu finden, erfolglos blieben, stellte der Gefangene Antrag auf gerichtliche Entscheidung gemäß § 109 Abs. 1 StVollzG mit dem Ziel, seine »Stammanstalt« zu verpflichten, ihn in eine geeignete Einrichtung zu verlegen. Diesen Antrag wies die am Sitz der JVA befindliche Strafvollstreckungskammer mit der Begründung zurück, die gemäß § 9 Abs. 2 Satz 2 StVollzG erforderliche Zustimmung des Leiters der aufnehmenden Anstalt liege bislang nicht vor. Gegen die ablehnenden Bescheide der von ihm ins Auge gefassten aufnehmenden Anstalten müsse der Gefangene gesondert vorgehen. Ein nach einer erneuten er-

---

– 2 BvR 851/11 –, NStZ-RR 2012, 387 (388); v. 10. Oktober 2012 – 2 BvR 922/11 –, NStZ 2013, 168 (169 f.); v. 23. Mai 2013 – 2 BvR 2129/11 –, Juris Rn. 20 ff.; und v. 10. Juli 2013 – 2 BvR 2815/11 –, Juris Rn. 26 ff. Deuten besondere Umstände darauf hin, dass entscheidungserhebliches Vorbringen des Beschwerdeführers vom Oberlandesgericht nicht in der gebotenen Weise zur Kenntnis genommen oder erwogen worden ist, so kann es allerdings geboten sein, vor der Anrufung des Bundesverfassungsgerichts eine Anhörungsrüge gemäß § 33a StPO zu erheben; vgl. BVerfG, Beschluss der 3. Kammer des Zweiten Senats v. 19.4.2011 – 2 BvR 2374/10 –, Juris Rn. 4.

106 Siehe dazu *Blankenburg*, a.a.O. (FN. 3), S. 203 (208 f.).
107 Vgl. insbesondere oben bei FN. 89.
108 Vgl. BVerfG, Beschluss der 2. Kammer des Zweiten Senats v. 22. März 2007 – 2 BvR 1983/05 –, Juris; Zusammenfassung der Entscheidungsgründe durch *Lübbe-Wolff/Frotz*, NStZ 2009, 677. Für ein weiteres Beispiel vgl. BVerfG, Beschluss der 3. Kammer des Zweiten Senats v. 19. Dezember 2012 - 2 BvR 166/11 –, NStZ-RR 2013, 120 (Vollzugsplanfortschreibung).

folglosen Bewerbung bei der für die sozialtherapeutische Einrichtung zuständigen Strafvollstreckungskammer gestellter Antrag wurde allerdings ebenfalls zurückgewiesen; zur Begründung führte das Gericht aus, die ablehnende Entscheidung des Leiters der »Zielanstalt« sei als bloßes Verwaltungsinternum einer gesonderten Anfechtung entzogen.

Die Kammer sah in der erstgenannten Entscheidung zu Recht einen Verstoß gegen Art. 19 Abs. 4 GG, da die zugrunde liegende Rechtsauffassung den Gefangenen mit einem unverhältnismäßigen Aufwand und unübersehbaren Prozessrisiken belastet. Sie wies zutreffend darauf hin, dass der Gefangene sich nicht nur gezwungen sehen dürfte, mehrere Antragsverfahren bei ihm geeignet erscheinenden Einrichtungen parallel durchzuführen, sondern selbst im Erfolgsfall noch ein weiteres Verfahren gegen seine »Stammanstalt« anstrengen müsste, wenn deren Leiter der angestrebten Verlegung nunmehr aus anderen Gründen als der fehlenden Zustimmung entgegentritt. Überdies habe der Gefangene »erhebliche und ungewöhnliche Schwierigkeiten« für den Fall zu gewärtigen, dass die Rechtsauffassung des Landgerichts – wie im konkreten Fall tatsächlich geschehen – von der für die vorgesehene »Zielanstalt« zuständigen Strafvollstreckungskammer nicht geteilt werde. Vor diesem Hintergrund verdiene eine Auslegung der §§ 109 ff. StVollzG den Vorzug, die es dem Gefangenen gestatte, den ihm zustehenden Anspruch auf ermessensfehlerfreie Entscheidung über seine Verlegung allein gegen seine »Stammanstalt« zu verfolgen.[109]

Ein letztes, vergleichsweise gut dokumentiertes Ärgernis, das im vorliegend erörterten Zusammenhang Erwähnung verdient, ist die mangelnde Bereitschaft einiger Vollzugsbehörden, von Strafgefangenen erstrittene stattgebende Entscheidungen – etwa die Verpflichtung zur Herausgabe von Gegenständen – umzusetzen. Nachdem die Vollstreckungsgerichte derartiger »Renitenz« lange mit ostentativer Hilflosigkeit begegneten,[110]

---

109 Vgl. BVerfG, Beschluss der 2. Kammer des Zweiten Senats v. 22. März 2007 – 2 BvR 1983/05 –, Juris Rn. 23 ff. Dabei ist auch zu berücksichtigen, dass die meisten sozialtherapeutischen Anstalten eine Reststrafzeit von 18-24 Monaten für die Aufnahme verlangen. Genau in diesem zeitlichen Korridor muss der therapiewillige Gefangene seine Verlegung bewirken; ansonsten kommt er entweder zu früh oder – schlimmer – zu spät.
110 Vgl. LG Gießen, Beschluss v. 7. Dezember 2005 – 2 StVK –Vollz – 1591/05 –, StV 2006, 260 m. Anm. *Kamann*; OLG Hamm, Beschluss v. 27. August 2009 – 1 Vollz (Ws) 323/09 –, Juris (aufgegeben durch OLG Hamm, Beschluss v. 5. März 2013 – 1 Vollz [Ws] 710/12 – Juris Rn. 34). Siehe zum Ganzen auch BVerfG, Beschluss der 3. Kammer des Zweiten Senats v. 3. November 2010 – 2 BvR 1377/07 –, Juris; *Feest/Lesting*, Contempt of Court. Zur Wiederkehr des Themas der renitenten Strafvollzugsbehörden, in: Müller et al. (Hrsg.), Fest-

hat der Gesetzgeber im Zuge der Reform des Rechts der Sicherungsverwahrung durch eine Ergänzung des § 120 Abs. 1 StVollzG die Vorschrift des § 172 VwGO, welche die Verhängung und Vollstreckung eines Zwangsgeldes bis zu einer Höhe von 10.000 € gegen untätige Behörden ermöglicht, für in Vollzugssachen entsprechend anwendbar erklärt. Die Praxistauglichkeit der Neuregelung muss sich erst noch erweisen; insofern steht zu befürchten, dass umsetzungsunwillige Anstalten auch weiterhin Mittel und Wege finden werden, ihren Widerstand gegen gerichtliche Beanstandung zu immunisieren.[111] Unabhängig davon, welchen Ausgang der Streit um das Vorliegen von »Renitenz« im Einzelfall nehmen wird, erscheint der Eindruck eines kalkulierten Rechtsbruches der Vollzugsbehörde nicht nur unter Resozialisierungsaspekten verheerend, sondern überdies geeignet, die häufig beklagten querulatorischen Tendenzen unter Strafgefangenen und Untergebrachten zu fördern.

VII. Schlussbetrachtung

Die Ergebnisse der Untersuchung lassen sich nach alldem wie folgt thesenartig zusammenfassen:

1. Am Beispiel des für prozessunfähig erklärten Maßregelpatienten konnte gezeigt werden, dass als Querulanten eingeordnete Rechtssuchende oft nur unzureichend zur Wahrnehmung ihrer Rechte und Interessen in der Lage sind.[112] Die Zuschreibung eines »Querulantenwahnes« darf jedoch nicht dazu führen, dass der Betroffene rechtlos gestellt wird; vielmehr sind etwaige Defizite nach Möglichkeit – notfalls mit den Mitteln des Betreuungsrechts – zu kompensieren.
2. Die exemplarische Beschäftigung mit der Rechtsprechung des Bundesverfassungsgerichts zu den aus dem Straf- und Maßregelvollzug stammenden Verfassungsbeschwerden hat deutlich werden lassen, dass das Rechtssystem durch die Geringschätzung formaler Teilhaberechte von Antragstellern und Klägern einen erheblichen Eigenbeitrag zur Entstehung von Querulanz leistet. Führt man sich die beträchtliche Zahl stattgebender Kammerentscheidungen vor Augen, die Verletzungen der Rechte Strafgefangener und Untergebrachter aus

---

schrift für Ulrich Eisenberg, 2009, S. 675 ff.; *Kamann*, ZfStrVo 1993, 206 ff.; *Laubenthal*, a.a.O. (FN. 24), Rn. 847; *Pollähne*, ZfStrVo 2006, 277 ff.
111 So die wohl berechtigte Befürchtung von *Lesting/Feest*, StV 2013, 278 (280).
112 Ebenso *Dietrich*, a.a.O. (FN. 4), S. V; *Dinger*, a.a.O. (FN. 10), S. 231 f.

Art. 19 Abs. 4 GG und Art. 103 Abs. 1 GG konstatieren, so werden empfindliche Kränkungen erkennbar, die den Ausgangspunkt querulatorischer Entwicklungen bilden können. Gerade weil die Probleme des Rechtsschutzes in den »totalen Institutionen« des Straf- und Maßregelvollzuges zum Teil auf strukturelle Ursachen zurückzuführen sind, sollte hier über Reformen nachgedacht werden.[113]

3. Rechtliche »Gegenmaßnahmen« zur Abwehr querulatorischer Eingaben unterliegen von Verfassungs wegen engen Grenzen und wirken häufig kontraproduktiv. Vordringlich erscheint daher die Suche nach geeigneten Präventions- und Deeskalationsstrategien, mithilfe derer der Versuch unternommen werden könnte, den verhängnisvollen Verstärkerkreislauf aus enttäuschten Erwartungen und immer verzweifelterem Prozessieren, der viele querulatorische Karrieren prägt, bereits im Ansatz zu durchbrechen. Neben Bemühungen, den rechtsuchenden Bürgern die Arbeitsweise und nicht zuletzt die spezifischen Limitierungen des Justizsystems besser verständlich zu machen,[114] erscheint in diesem Zusammenhang vor allem eine Stärkung mediativer Elemente Erfolg versprechend.[115] Insofern besteht jedoch noch Bedarf an weiterer interdisziplinärer und empirischer Forschung, die den Entstehungsbedingungen von Querulanz und dem Umgang des Justizsystems mit »querulatorischen« Eingaben wieder mehr Aufmerksamkeit widmen sollte.[116]

---

113 Überblick über die Reformerfordernisse des Rechtsschutzes im Straf- und Maßregelvollzug bei *Laubenthal*, a.a.O. (FN. 24), Rn. 840 ff.; *ders.*, 30 Jahre Vollzugszuständigkeit der Strafvollstreckungskammern, in: Schöch et al. (Hrsg.), Recht gestalten – dem Recht dienen. Festschrift für Reinhard Böttcher, 2007, S. 325 (333 ff.). Dass den Bemühungen der im Justizsystem um eine zugewandte Verfahrensführung im Alltag Grenzen gesetzt sind, heben *Dinger/Koch*, in: dies. (Hrsg.), a.a.O. (FN. 2), S. 174 hervor.
114 Eingehend dazu *Dinger*, a.a.O. (FN. 10), S. 227 ff.; *Dinger/Koch*, in: dies. (Hrsg.), a.a.O. (FN. 2), S. 176 f.; siehe auch *Lester et al.*, British Journal of Psychiatry 184 (2004), 352 (354).
115 In diesem Sinne *Saß*, FPPK 2010, 223 (231).
116 Dabei wäre vor allem an die bei *Dinger*, a.a.O. (FN. 10), S. 107 ff. und *Dinger/Koch*, a.a.O (FN. 2), S. 45 ff. wiedergegebenen Erkenntnisse anzuknüpfen.

Die Zwangsbehandlung im Maßregelvollzug und in der klinischen Psychiatrie nach den Entscheidungen des Bundesverfassungsgerichts

Tilman Steinert

Vorbemerkung

Dieser Beitrag richtet sich an eine überwiegend juristische Leserschaft, ist aber von einem Arzt verfasst. Sollten sich juristische Unschärfen darin finden, bitte ich dies zu verzeihen. Zwangsläufig müssen in dem Beitrag zunächst einmal die höchstrichterlichen Entscheidungen und die daraus resultierenden Gesetzesänderungen rekapituliert werden. Dies alles wurde inzwischen auch schon vielfach andernorts publiziert. Eine gewisse Originalität entsteht erst dadurch, dass ich mir hier in diesem Kontext mit einem etwas ungewöhnlichem Format erlaube, bei allen abgehandelten Themen, die nicht meine Expertise als Kliniker betreffen (höchstrichterliche Entscheidungen, Gesetzgebung, UN-Behindertenrechtskommission, ethische Positionen) einen bewertenden Kommentar hinzuzufügen. Ein solcher ist zwangsläufig subjektiv, im vorliegenden Fall freilich auf einen mir aus den intensiv geführten fachlichen Diskussionen geläufigen doch relativ breiten Konsens unter Psychiatern gestützt, der näherungsweise auch die Position der Fachgesellschaft (Deutsche Gesellschaft für Psychiatrie, Psychotherapie, Psychosomatik und Nervenheilkunde DGPPN) wiedergeben dürfte.

I. Die Entscheidungen des Bundesverfassungsgerichts von 2011

In dem wegweisenden Beschluss vom 23.03.2011 (Bundesverfassungsgericht 2011a) hat sich das Bundesverfassungsgericht mit dem Unterbringungsgesetz des Bundeslandes Rheinland-Pfalz kritisch auseinandergesetzt. Anlass war die Beschwerde eines nach § 63 StGB im Maßregelvollzug untergebrachten Patienten. Dieser war wegen eines versuchten Tötungsdeliktes bei einer zugrundeliegenden wahnhaften Störung untergebracht, war zu Beginn ein Jahr lang mit einem atypischen Neuroleptikum behandelt worden und hatte dieses dann seither verweigert. Die behandelnden Ärzte argumentierten, die Zwangsbehandlung sei erforderlich, um eine Entlassung des Patienten aus dem Maßregelvollzug möglich zu machen. Für die vorgesehene Zwangsbehandlung war die gesetzliche Grundlage des § 6 des Maßregelvollzugsgesetzes von Rheinland-Pfalz mit dem Wortlaut: »Im Übrigen können Behandlungen und Untersuchungen zur Erreichung des Vollzugsziels ohne Einwilligung des untergebrachten Patienten durchgeführt werden.« Dies hielt das Bundesverfassungsgericht für nicht zulässig. In der Entscheidung wurde ausgeführt, dass ein solcher Eingriff, auch zum Erreichen des Vollzugsziels, im Einzelfall durchaus gerechtfertigt sein könne. Jedoch würden sich aus dem Grundsatz der Verhältnismäßigkeit strenge Anforderungen bezüglich der rechtlichen Regelungen und verfahrensrechtlichen Vorkehrungen ergeben. Das Verfassungsgericht rügte, dass die Eingangsvoraussetzungen nicht in hinreichend klarer und bestimmter Weise gesetzlich geregelt seien. Es betonte einerseits die »Freiheit zur Krankheit«, führte aber gleichzeitig aus, dass bei krankheitsbedingter Einsichtsunfähigkeit eine Zwangsbehandlung zur Wiederherstellung der Selbstbestimmungsfähigkeit gerechtfertigt sein könne. In diesem Zusammenhang findet sich auch der wichtige Satz: »Zur Rechtfertigung des Eingriffs kann aber das grundrechtlich geschützte Freiheitsinteresse des Untergebrachten selbst (Art. 2 Abs. 2 Satz 2 GG) geeignet sein, sofern der Untergebrachte zur Wahrnehmung dieses Interesses infolge krankheitsbedingter Einsichtsunfähigkeit nicht in der Lage ist.« Wegen reiner Fremdgefährdung sei eine Zwangsbehandlung dagegen nicht zulässig, weil die Abwehr der Fremdgefährdung auch auf andere Weise erfolgen könne, eben durch eine Fortdauer der Unterbringung im Maßregelvollzug. Eine Zwangsbehandlung sei möglich, wenn sie verhältnismäßig, erforderlich und nach Art und Dauer begrenzt sei, nur als ultima ratio nach erfolglosen Aufklärungs- und Motivierungsversuchen, bei deutlich überwiegendem Nutzen und sofern keine in einwilligungsfähigem Zustand abgeschlossene Patientenverfügung entgegenstehe. Folglich sei demnach auch eine Zwangsbehandlung nicht mehr zulässig nach einer durch diese erreichte Wiederherstellung der Einsichtsfähigkeit.

Die folgende Entscheidung des Bundesverfassungsgerichts vom 12.10.2011 (Bundesverfassungsgericht 2011b) bezog sich auf eine Beschwerde eines ebenfalls nach § 63 StGB im Maßregelvollzug untergebrachten Sexualdelinquenten mit kombinierter Persönlichkeitsstörung in Baden-Württemberg. Bei ihm war eine Zwangsbehandlung mit dem Neuroleptikum Aripriprazol beabsichtigt zur Behandlung des auf die Persönlichkeitsstörung zurückzuführenden Misstrauens und der Feindseligkeit gegenüber den Behandlern, dies auf der Basis des § 8 des Unterbringungsgesetzes von Baden-Württemberg mit folgendem Wortlaut: »Er hat diejenigen Untersuchungs- und Behandlungsmaßnahmen zu dulden, die nach den Regeln der ärztlichen Kunst erforderlich sind, um die Krankheit zu untersuchen und zu behandeln...«. Entsprechend dem Tenor der ersten Entscheidung monierte das Bundesverfassungsgericht auch hier, dass die Voraussetzung der Einsichtsunfähigkeit im Gesetzestext nicht ausreichend berücksichtigt worden sei und dass auch dieses Gesetz den Anforderungen an die verfahrensrechtlichen Bestimmungen nicht genüge.

Kommentar:

Kennern der Materie war, nicht zuletzt aufgrund der Entwicklung der Rechtsprechung in anderen europäischen Ländern, schon seit längerem klar, dass die quasi automatische Ermöglichung einer Zwangsbehandlung im Gefolge einer gerichtlichen Unterbringung weder unter verfassungsrechtlichen noch unter medizinethischen Gesichtspunkten haltbar sein würde. Andere europäische Länder haben schon früher begonnen, die Frage der Unterbringung und die der Behandlung rechtlich zu trennen. Von psychiatrischer Seite wurde bereits 10 Jahre zuvor auf die sich ergebende Problematik hingewiesen, wenn Patienten in psychiatrischen Kliniken untergebracht werden, dort aber eventuell nicht behandelt werden dürfen (Dreßing u. Salize 2004). Die Entscheidungen des Bundesverfassungsgerichts kamen insofern nicht überraschend. Bei der Rezeption dieser Entscheidungen ist jedoch zu berücksichtigen, dass sie zwei sehr speziell gelagerte Fälle betrafen, aber Auswirkungen für sämtliche Unterbringungen in psychiatrischen Kliniken hatten. Die Besonderheit in Baden-Württemberg besteht darin, dass es kein eigenes Maßregelvollzugsgesetz gibt, sondern die Behandlung im Maßregelvollzug mit dem Unterbringungsgesetz (UBG) geregelt ist. Die Entscheidungen für Patienten des Maßregelvollzugs hatten insofern nicht nur Auswirkungen für den Maßregelvollzug, sondern für die gesamte (zivile) Unterbringungspraxis in psychiatrischen Kliniken, bei der fortan nach dem Unterbringungsgesetz Zwangsbehandlungen nicht mehr genehmigungsfähig waren. Dass das Bundesverfassungsgericht keine Übergangsfrist für den Gesetzgeber einräumte, wirkte sich für die Kliniken zu dem Zeitpunkt dramatisch aus, als nachfolgend der Bundesgerichtshof auch die Regelungen des Betreuungsrechts außer Kraft setzte (s. u.). Aus psychiatrischer Sicht wäre eine Frist, die ein gesetzliches Vakuum vermieden hätte, dringend wünschenswert gewesen. Die beiden zur Entscheidung vorgelegten Fälle sind zumindest für die klinische (d. h. nicht forensische) Psychiatrie völlig ungewöhnlich. In beiden Fällen handelte es sich, wie der ausführlichen Entscheidungsbegründung zu entnehmen ist, wohl um Patienten, die für einsichtsfähig gehalten wurden, d. h. in der Lage waren, abzuwägen zwischen den Auswirkungen einer Medikation und den Folgen bei der Verweigerung derselben, d. h. einem Verbleib in den bisherigen Lebensumständen im Maßregelvollzug. Beide Patienten litten nicht an denjenigen Störungen, wegen derer medikamentöse Zwangsbehandlungen in der klinischen Psychiatrie praktisch ausschließlich vorgenommen werden, nämlich schizophrene und manische Störungen sowie Demenzerkrankungen. Solche Patienten sind bei der Entscheidung über eine Zwangsbehandlung praktisch immer einwilligungsunfähig. Für eine Zwangsbehandlung eines einsichtsfähigen Patienten in der klinischen Psychiatrie ist mir selbst in langjähriger Praxis kein einziger Fall erinnerlich, wo dies sinnvoll oder notwendig erschienen wäre; auch theoretisch ist dies kaum vorstellbar. Obendrein sind Neuroleptika für die Diagnosen der beiden Patienten, denen die Verfassungsgerichtsentscheidung galt, zur Behandlung nicht zugelassen. Es hätte sich also um eine »Off-Label-Behandlung« gehandelt, einen sogenannten Therapieversuch. Derartige Behandlungen sind zwar möglich und werden in der Medizin auch vielfach durchgeführt, sie erfordern aber in besonders hohem Maße eine umfassende ärztliche Aufklärung und damit natürlich auch die Zustimmung des Patienten (Jandl et al. 2011). Eine Behandlung mit einem nicht zugelassenen Medikament als Zwangsbehandlung durchzuführen, ist deshalb grundsätzlich noch erheblich problematischer als Zwangsbehandlungen es ohnehin sind.

Die Ausführungen des Bundesverfassungsgerichts zur Fremdgefährdung erfolgten ebenfalls im Kontext dieser speziell gelagerten Fälle in der forensischen Psychiatrie. Die Argumentation, dass einsichtsfähige Patienten abwägen können, ob sie die Belastungen der Medikation auf sich nehmen wollen oder die Fortsetzung des Freiheitsentzugs in Kauf nehmen möchten, ist nachvollziehbar. Eben diese Situation ist aber auf die klinische Psychiatrie nicht übertragbar. Eine Fortsetzung der Unterbringung wegen Fremdgefährdung in einem Krankenhaus ohne gleichzeitig stattfindende Behandlung der zugrundeliegenden Krankheit ist weder mit den Aufgaben eines Arztes nach der ärztlichen Berufsordnung noch mit der Kostenübernahme der Krankenkassen für eine stationäre Krankenbehandlung vereinbar. Vermutlich, weil es in den beiden genannten Einzelfällen keine Relevanz hatte, machte das Bundesverfassungsgericht keine Ausführungen dazu, dass die fortdauernde Verwahrung als fremdgefährlich eingeschätzter psychiatrischer Patienten ohne entsprechende Behandlung unter den zu fordernden möglichst wenig restriktiven Bedingungen der Unterbringung auch in erheblichem Maße die Grundrechte von Mitpatienten und Personal gefährdet und dass auch hier Überlegungen der Verhältnismäßigkeit angebracht sein könnten.

II. Die Entscheidung des Bundesgerichtshofs

Am 20.06.2012 entschied der BGH, dass die Vorgaben des Bundesverfassungsgerichts (BVerfG) vom 23.03.2011 im Wesentlichen auch auf die Zwangsbehandlung im Rahmen einer betreuungsrechtlichen Unterbringung zu übertragen seien (BGH 2012). Die Vorschriften des Betreuungsrechts, insbesondere § 1906 BGB als Grundlage für eine bloße Freiheitsentziehung, genügten diesen verfassungsrechtlichen Anforderungen nicht. Folglich kehre der BGH von seiner bisherigen Rechtsauffassung ab und geht davon aus, dass Zwangsbehandlungen nach dem § 1906 BGB nicht mehr genehmigungsfähig seien. Es existiere keine gesetzliche Regelung, die explizit erlauben würde, den »entgegenstehenden natürlichen Willen« mittels Zwang zu überwinden.

Kommentar:

Diese Entscheidung war folgerichtig und in Fachkreisen erwartet worden. Sie führte dazu, dass speziell in Baden-Württemberg, wo die Zwangsbehandlung nach UBG bereits außer Kraft gesetzt worden war, solche Behandlungen nun gar nicht mehr genehmigungsfähig waren. In anderen Bundesländern war die Rechtspraxis unterschiedlich. Teilweise genehmigten Amtsgerichte trotz noch gültiger Gesetze der öffentlich-rechtlichen Unterbringung Zwangsbehandlungen mit Verweis auf die grundsätzliche Bedeutung der Entscheidungen des Bundesverfassungsgerichts nicht mehr. Für die Psychiatrie entstand damit eine Phase der Rechtsunsicherheit, in der Zwangsbehandlungen nur noch in Notfällen unter Berufung auf § 34 StGB durchführbar waren, was viele Ärzte aber als sehr unzureichende Legitimation ansahen. Zwangsbehandlungen unterblieben deshalb weitgehend, was klinisch spürbare Auswirkungen hatte (s. u.). Dennoch war auch aus psychiatrischer Sicht die Klarstellung und die damit implizit einhergehende Aufforderung an den Gesetzgeber unbedingt zu begrüßen. Viele Jahre lang hatten sich Gerichte in allen Instanzen bemüht, den Willen des Gesetzgebers zu interpretieren, der sich bei der Formulierung des Betreuungsrechts in der heiklen Frage der Zwangsbehandlung, wohl dem Wunsch zur Vermeidung potentieller Konflikte folgend, in vager Nicht-Bestimmung bedeckt gehalten hatte. Ärzte und Justiz hatten in manchen Fällen die Notwendigkeit der Zwangsbehandlung immer gesehen; sie mit dem bestehenden Betreuungsrecht zu legitimieren benötigte aber komplizierte Interpretationsvolten. Wir hatten deshalb auch schon vor Jahren darauf hingewiesen, dass die Überwindung des entgegenstehenden natürlichen Willens durch das Gesetz eigentlich nicht abgedeckt sei (Kirsch u. Steinert 2006).

III. UN-Konvention über die Rechte von Menschen mit Behinderungen (UN-BRK)

Die UN-BRK wurde 2006 von der UNO-Generalversammlung in New-York verabschiedet und trat 2008 in Kraft, in Deutschland nach der Ratifizierung am 26.03.2009 (UN 2009). Die UN-BRK ist kein unmittelbar geltendes Recht, aber die Bundesrepublik Deutschland hat sich mit der Ratifizierung verpflichtet, die nationale Gesetzgebung mit der UN-BRK konform zu gestalten. Vor diesem Hintergrund entwickelt vor allem der Artikel 12 (gleiche Anerkennung vor dem Recht) eine gewisse Sprengkraft. Die Formulierung lautet:

> (1) Die Vertragsstaaten bekräftigen, dass Menschen mit Behinderung das Recht haben, überall als Rechtssubjekt anerkannt zu werden.
>
> (2) Die Vertragsstaaten anerkennen, dass Menschen mit Behinderungen in allen Lebensbereichen gleichberechtigt mit anderen Rechts- und Handlungsfähigkeit genießen.

Anlässlich der öffentlichen Anhörung zur Neufassung des Betreuungsrechts am 10. Dezember 2012 im Rahmen der 105. Sitzung des Rechtsausschusses nahm die Monitoring-Stelle zur UN-Behindertenrechtskonvention am Deutschen Institut für Menschenrechte Stellung (Deutsches Institut für Menschenrechte 2012). Die Monitoring-Stelle empfahl dem Deutschen Bundestag, den Entwurf eines Gesetzes zur Regelung der betreuungsrechtlichen Einwilligung in eine ärztliche Zwangsmaßnahme abzulehnen und an Stelle dessen eine neue Psychiatrie-Reform zu organisieren. Es bestünden schwerwiegende Bedenken, ob der Gesetzesvorschlag mit den Vorgaben der UN-BRK in Einklag stehe. Die Regelung ziele darauf ab, sich über den natürlichen Willen der betroffenen Person hinwegsetzen zu können und an die Stelle der persönlichen Entscheidung die Entscheidung Dritter zu setzen – eine sogenannte ersetzende Entscheidungsfindung. Im Lichte der aktuellen menschenrechtlichen Diskussion sei aber der Ansatz, wonach eine psychiatrische Behandlung ohne freie und informierte Zustimmung der betroffenen Person, allein legitimiert über die Entscheidung Dritter vorgenommen werden solle, menschenrechtlich in Frage gestellt. Anstelle dessen müsse der Grundsatz der Freiwilligkeit und der assistierten Autonomie handlungsleitend sein. Bislang sei nicht erkennbar, dass der UN-BRK-Ausschuss eine Ausnahme von der Freiwilligkeit der Behandlung erlaube oder eine einschränkende Differenzierung, etwa in Gestalt der »krankheitsbedingten Nichteinsichtsfähigkeit«, zulasse. Versäume es der Staat, heute alles in seiner Macht stehende zu tun, um in den nächsten Jahren die Mittel und Praktiken der Psychiatrie dergestalt zu entwickeln, dass akute Krisen anders als mit Zwangsmitteln bzw. mit den mildesten Mitteln beantwortet würden, könne er sich nicht mehr auf Zwang als »ultima ratio« berufen.

Sehr ähnliche, in der Essenz noch zugespitztere Formulierungen dieses Sachverhalts finden sich im »Report of the Special Rapporteur on torture and other cruel or inhuman or degrading treatment or punishment« vom 01. Februar 2013 von dem UN-Sonderbeauftragten Juan E. Méndez (United Nations 2013). In diesem Bericht wird die Zwangsbehandlung wie auch grundsätzlich die ersetzende betreuungsrechtliche Entscheidung in einen Zusammenhang mit Folter gestellt. Jegliche Formen von Zwangsmaßnahmen in der Psychiatrie seien strikt zu verbieten, die Mitgliedstaaten sollten ihre Gesetzgebung im Hinblick auf das Betreuungsrecht revidieren.

Kommentar:

Die Auslegung des Deutschen Instituts für Menschenrechte, die auf einer Linie mit den UN-Gremien liegt, steht sozusagen quer zu den Entscheidungen des Bundesverfassungsgerichts, zumal sie einer ganz anderen Logik folgt. Sie beruft sich auf die von der UN-BRK eingeforderte Gleichheit vor dem Recht, bei der Einschränkungen für bestimmte psychische Zustände keine Erwähnung finden. Ob dies bewusst so intendiert war oder ob der Sonderfall »psychische Erkrankung« bei der Abfassung der UN-BRK nicht hinreichend berücksichtigt wurde, ist nicht bekannt. Auch der von psychiatrischer Seite gelegentlich vorgebrachte Einwand, akut psychisch Kranke seien schließlich nicht mit Behinderten gleichzusetzen, hilft in der Sache nicht wirklich weiter. Dies ist zwar richtig, jedoch spezifiziert die UN-BRK letztlich nur universale Menschenrechte noch einmal für eine bestimmte Gruppe. Da sie universal gültig sein sollen, ist es letztlich nicht von Bedeutung, ob jemand dieser Gruppe zugerechnet wird oder nicht. Das Deutsche Institut für Menschenrechte und die Stellungnahme der UN konfrontieren nicht nur die Psychiatrie, sondern auch die Justiz und den Gesetzgeber mit einer radikalen Sichtweise, die auf den ersten Blick verstörend wirkt. Andererseits weisen die radikal wirkenden Forderungen wohl zurecht darauf hin, dass in der Praxis in vielen Fällen in der Anwendung des Betreuungsrechts – nicht nur im Hinblick auf Zwangsmedikation – mit den Willensbekundungen von Betreuten unter der Annahme einer »Nichteinsichtsfähigkeit« zu pragmatisch und bürokratisch im Sinne vermeintlich »vernünftiger« Zielsetzungen umgegangen wird. Jedoch können die Vertreter der menschenrechtlichen Position für die von Ärzten gerne vorgebrachten Extremfälle, in denen ein Unterbleiben einer notwendigen Behandlung fatale Konsequenzen hätte, auch keine überzeugenden Alternativen aufzeigen.

IV. Die neuen Gesetzesfassungen

§ 1906 BGB: Genehmigung des Betreuungsgerichts bei der Unterbringung

Die am 23.02.2013 in Kraft getretene Neufassung des § 1906 BGB setzt alle in den Entscheidungen des Bundesverfassungsgerichts dargestellten Anforderungen um. Explizit wird auf die Voraussetzungen für die Überwindung des natürlichen Willens eingegangen:

> Der Betreuer kann in eine Maßnahme, die dem natürlichen Willen des Betreuten widerspricht (ärztliche Zwangsmaßnahme) nur einwilligen, wenn
>
> 1. der Betreute aufgrund einer psychischen Krankheit oder einer geistigen oder seelischen Behinderung die Notwendigkeit der ärztlichen Maßnahmen nicht erkennen oder nicht nach dieser Einsicht handeln kann (fehlende Einsichtsfähigkeit),
>
> 2. zuvor versucht wurde, den Betreuten von der Notwendigkeit der ärztlichen Maßnahme zu überzeugen (ultima ratio),
>
> 3. die ärztliche Zwangsmaßnahme im Rahmen der Unterbringung zum Wohl des Betreuten erforderlich ist, um einen drohenden erheblichen gesundheitlichen Schaden abzuwenden (Erforderlichkeit),
>
> 4. der erhebliche gesundheitliche Schaden durch keine andere dem Betreuten zumutbare Maßnahme abgewendet werden kann (Verhältnismäßigkeit),

5. der zu erwartenden Nutzen der ärztlichen Zwangsmaßnahme die zu erwartenden Beeinträchtigungen deutlich überwiegt (Verhältnismäßigkeit).

Für die Einwilligung des Betreuers in eine ärztliche Zwangsmaßnahme wurde ein Richtervorbehalt vorgesehen. Nach § 321 FamFG hat eine förmliche Beweisaufnahme durch Einholung eines Gutachtens zu erfolgen. Der Sachverständige soll Arzt für Psychiatrie sein; er muss Arzt mit Erfahrung auf dem Gebiet der Psychiatrie sein. Bei der Genehmigung einer Einwilligung in eine ärztliche Zwangsmaßnahme oder bei deren Anordnung soll der Sachverständige nicht der zwangsbehandelnde Arzt sein.

Die Bestellung eines Verfahrenspflegers ist obligatorisch.

Kommentar:

Mit dieser Neuregelung hat der Gesetzgeber die Problematik (endlich und erst erzwungen durch das Bundesverfassungsgericht) mit hinreichender Klarheit geregelt. Dies stellt eine angemessene Rechtssicherheit für alle Beteiligten - Patienten, Ärzte, Betreuer, Bevollmächtigte und Richter - her. Dass der Gesetzgeber von einer »ärztlichen Zwangsmaßnahme« und nicht von »Zwangsbehandlung« spricht, ist klug im Hinblick auf einen besonderen Problemfall: die Zwangsernährung von Patienten (ganz überwiegend Patientinnen) mit schwerster Anorexia nervosa (Magersucht), die ohne diesen schweren Eingriff sterben würden, unter hinreichend langer Anwendung dieses Zwangs aber wieder genesen können. Ob es sich bei der Zwangsernährung um eine Form der Zwangsbehandlung handelt, ist rechtlich umstritten. Der Gesetzgeber hat mit dieser Regelung auch klargestellt, dass es eine Zwangsbehandlung nur im Rahmen einer stationären Unterbringung in einem psychiatrischen Krankenhaus geben kann. Ambulante Formen der Zwangsbehandlung, die z. B. in Großbritannien seit einigen Jahren eingeführt wurden, in der Schweiz in einigen Kantonen vorgesehen sind und in den Niederlanden geplant sind, bleiben damit weiterhin ausgeschlossen. Auch die Situation in somatischen Krankenhäusern und in Pflegeheimen bleibt, und dies ist durchaus ein ernster Kritikpunkt, ungeregelt. Auch dort gibt es häufig Situationen, in denen Patienten etwa in postoperativen Zuständen oder nach Schädel-Hirnverletzungen oder mit anderen Funktionsstörungen des Gehirns nicht einsichtsfähig sind und in denen das Unterlassen einer von diesen Patienten mit natürlicher Willensäußerung abgelehnten Behandlung für sie fatale Folgen hätte.

Die Erwartungen der Psychiatrie an den Gesetzgeber wurden mit der Neuregelung im Wesentlichen erfüllt. Unvermeidlich ist, dass die Vorgänge langwieriger und bürokratischer geworden sind. Ein gewisses Problem ergibt sich mancherorts mit der Bestellung der erforderlichen Gutachter. Dass es nur eine Soll-Bestimmung ist, dass der Gutachter Facharzt für Psychiatrie sein soll, halten Verbände der Psychiatrie-Erfahrenen und teils auch der Angehörigen für unangemessen und empörend. Der Hintergrund ist aber, dass der Gesetzgeber ermöglichen wollte, dass auch Ärzte in Gesundheitsämtern mit psychiatrischer Erfahrung tätig werden können, was auch aus psychiatrischer Sicht zu begrüßen ist, sofern die Fachkompetenz ausreichend vorhanden ist. Die Ausgestaltung der Vorschrift, dass der Gutachter nicht der behandelnde Arzt sein soll, scheint noch interpretationsbedürftig. Ist der behandelnde Arzt nur derjenige, der für die Behandlung unmittelbar zuständig ist und die Injektion verabreicht, oder muss als »behandelnder Arzt« auch der zuständige Oberarzt, der Chefarzt oder jeder Arzt an der behandelnden Klinik gelten? Je nach Auslegung dieser Vorschrift ergeben sich mancherorts erhebliche Probleme, einen Gutachter zu benennen, von dem zeitnah ein Gutachten nach eigener Untersuchung zu erhalten ist.

Gesetz zur Änderung des Unterbringungsgesetzes und des Landeskrankenhausgesetzes Baden-Württemberg vom 02.Juli 2013

Das Land Baden-Württemberg hat mit dieser Gesetzesänderung sein Unterbringungsrecht ebenfalls an die vom Bundesverfassungsgericht ausgeführten Anforderungen angepasst. Die Formulierungen sind relativ ähnlich wie im Betreuungsrecht. Ebenfalls wird das Kriterium der Nichteinsichtsfähigkeit angeführt, für die Genehmigung einer Zwangsbehandlung (somit andere Formulierung als im Betreuungsrecht) besteht ein Richtervorbehalt, eine zu dokumentierende Nachbesprechung ist vorgeschrieben und auch hier gilt, dass wirksame Patientenverfügungen zu beachten sind. Besonderes Interesse verdient der Abschnitt zur Fremdgefährdung. Die relevanten Abschnitte des Gesetzes lauten:

> (2) Die Behandlung bedarf der Einwilligung der untergebrachten Person. Die Einwilligung muss auf dem freien Willen der insoweit einwilligungsfähigen und ärztlich angemessen aufgeklärten untergebrachten Person beruhen.
>
> (3) Die Einwilligung der untergebrachten Person in die Behandlung, die ihrem natürlichen Willen widerspricht (Zwangsbehandlung), ist dann nicht erforderlich, wenn und solange

1. sie krankheitsbedingt zur Einsicht in die Behandlungsbedürftigkeit der Krankheit, wegen derer ihre Unterbringung notwendig ist, oder zum Handeln gemäß solcher Einsicht nicht fähig ist und die Behandlung nachweislich dazu dient,

a) eine Lebensgefahr oder eine gegenwärtige erhebliche Gefahr für die Gesundheit der untergebrachten Person abzuwenden oder

b) die tatsächlichen Voraussetzungen freier Selbstbestimmung der untergebrachten Person so weit als möglich wiederherzustellen, um ihr ein möglichst selbstbestimmtes, in der Gemeinschaft eingegliedertes Leben in Freiheit zu ermöglichen

oder

2. die Behandlung dazu dient, eine Lebensgefahr oder eine gegenwärtige erhebliche Gefahr für die Gesundheit dritter Personen abzuwenden.

Kommentar:

Die rechtliche Regelung der möglichen Zwangsbehandlung bei Fremdgefährdung ohne Einschränkung hinsichtlich der Einsichtsfähigkeit, d. h. auch bei einsichtsfähigen Personen, ist juristisch im Hinblick auf die Entscheidungen des Bundesverfassungsgerichts interessant. Leitend war dabei der Gedanke, soweit dies aus der dem Gesetzentwurf vorangehenden Expertenanhörung bekannt ist, dass es sich hier primär um eine Maßnahme der Gefahrenabwehr zur Wahrung der Rechte von Beschäftigten und Mitpatienten handle, nicht um eine eigentliche Zwangsbehandlung. In der Praxis entfaltet dieser Passus nicht die Brisanz, die man sich aus einer Außenperspektive denken könnte. Eine Zwangsbehandlung einwilligungsfähiger Personen wegen Fremdgefährdung ist in der klinischen Psychiatrie kaum vorstellbar. Wer in solch hohem Maße fremdgefährlich ist, dass es akuter Maßnahmen zur Gefahrenabwehr bedarf, gleichzeitig aber einsichtsfähig, ist wohl kaum im engeren Sinne psychisch krank. In den allermeisten Fällen werden solche Personen eher in die Zuständigkeit der Polizei als in die eines Krankenhauses gehören. In Grenzfällen verbliebe immer noch die Möglichkeit einer vorübergehenden mechanischen Sicherung durch Fixierung oder Isolierung. Im Gegensatz zu den obenstehenden Ausführungen zu einer Notfallbehandlung wäre bei einer einsichtsfähigen Person gerade nicht von einem krankhaften Erregungszustand auszugehen, der eine medizinische Notfallbehandlung erforderlich machen würde. Deshalb wäre in solchen seltenen Grenzfällen auch eine primär mechanische Sicherung nicht unethisch, wenngleich keine ärztliche Aufgabe. Eine Medikamentenverabreichung ausschließlich zum Zweck der Sedierung und »Ruhigstellung« ohne Behandlungsindikation wäre auch durch die ärztliche Berufsordnung nicht gedeckt. Eine Behandlung ist nur zu rechtfertigen, wenn sie geeignet ist, ein Leiden zu bessern, das seinerseits die Ursache der akuten Fremdgefährdung ist. Dies trifft besonders für die psychotischen und manischen Erkrankungen zu. Diese Patienten sind aber in akuten Zuständen in aller Regel nicht einsichtsfähig. Ihr fremdgefährdendes Verhalten entspricht gerade nicht einem freien, auf Abwägung und Einsicht beruhenden Willensentschluss, weshalb sie in diesen akuten klinischen Zuständen andererseits auch regelmäßig Schuldunfähigkeit zugebilligt bekommen würden.

V. Medizinethik

Es gibt verschiedene medizinethische Theorien, die zur Bearbeitung ethischer Fragestellungen in der Medizin herangezogen werden (Bloch u. Green 2006). Die ältesten gehen auf Aristoteles und Kant zurück und legen im Grunde ein Konstrukt individueller Tugendhaftigkeit und Weisheit als Basis für ethisch fundierte Entscheidungen zugrunde. Diese Konzepte sind für Entscheidungen über ärztliche Zwangsmaßnahmen generell wenig tauglich. Die ethischen Konfliktlinien verlaufen bei diesen Fragestellungen immer zwischen dem Respekt vor der Patientenautonomie einerseits und der Fürsorgepflicht andererseits; das korrespondierende rechtliche Dilemma ist das zwischen Freiheitsberaubung und Körperverletzung auf der einen und unterlassener Hilfeleistung auf der anderen Seite. Da sowohl die Patientenautonomie als auch das Patientenwohl ethisch hochstehende Werte sind, vermag allein die individuelle Tugend noch nicht zu einer begründeten Entscheidungsfindung in einem solchen Wertekonflikt führen. Die größte Rolle spielt in der Medizinethik in diesen Fragen deshalb die sogenannte Prinzipien-basierte Ethik (Beauchamp u. Childress 2009). Diese formuliert vier medizinethische Grundprinzipien, zu deren Einhaltung der Arzt verpflichtet sei: den Respekt vor der Würde und Selbstbestimmung des Kranken zu wahren, zum Wohl des Kranken zu handeln, nicht zu schaden und Gerechtigkeit walten zu lassen. Letztgenannter Punkt (Gerechtigkeit, engl. Fairness) ist im Zusammenhang mit Zwangsbehandlung von besonderer Bedeutung, weil ein wesentlicher Aspekt der Gerechtigkeit ist, vorhandene Ressourcen angemessen zu verteilen und insbesondere schwer Kranke nicht zu benachteiligen. Die am schwersten Kranken von einer Behandlung auszuschließen (weil sie aufgrund ihrer Krankheit nicht in der Lage sind, deren Notwendigkeit einzusehen) wäre insofern zunächst einmal unethisch.

Interessanterweise hatten die beiden Urheber der Prinzipien-basierten Ethik ursprünglich dargelegt, dass die Selbstbestimmung das oberste Prinzip sei, während die anderen dem nachgeordnet seien. Diese Auffassung haben sie aber später wieder revidiert und betrachten die vier Grundprinzipien tatsächlich als gleichranging. Nach den heutigen medizinethischen Vorstellungen gibt es deshalb keine klare »Regel«, wie zu entscheiden ist, wenn diese Prinzipien im Widerspruch stehen. Einfache Lösungen aus diesem Dilemma gibt es nicht. Dennoch ist eine eindeutig gegen das Autonomieprinzip gerichtete Handlungsweise medizinethisch am ehesten dann (und eigentlich nur dann) legitimierbar, wenn die Autonomie des Patienten geschwächt ist, typischerweise eben durch eine psychische Erkrankung. Das Wesen der psychischen Erkrankungen ist es, dass sie dasjenige Organ betreffen, das für den Erkenntnisprozess selbst verantwortlich ist. Dies unterscheidet psychische von körperlichen Erkrankungen. Allerdings gehen manche körperliche Erkrankungen auch mit psychischen Funktionsstörungen einher (Beispiel: postoperativer Verwirrtheitszustand, sogenanntes Delir), bei denen es sich dann aber genau genommen auch wieder um psychische und nicht um körperliche Erkrankungen handelt. Aus den genannten Gründen betreffen die hier ausgeführten ethischen Überlegungen aber keineswegs nur die Psychiatrie sondern genauso auch die Körpermedizin.

Das medizinethische Konstrukt, das die Intaktheit bzw. Beeinträchtigung der Autonomie wiederspiegelt, ist die Einwilligungsfähigkeit (deren wesentlicher Teil die hier schon vielfach beschriebene Einsichtsfähigkeit ist). Im Gegensatz zur Geschäftsfähigkeit bezieht sich die Einwilligungsfähigkeit stets auf einen konkreten medizinischen Eingriff (Steinert u. Borbé 2013). Man kann geschäftsunfähig für den Kauf eines Autos, aber einwilligungsfähig für die Zustimmung zu einer Operation sein und auch einwilligungsfähig für die Operation, aber einwilligungsunfähig zum Beispiel für die Behandlung mit Neuroleptika. Für die Einwilligungsfähigkeit gelten bestimmte medizinethische Kriterien (Vollmann 2012), die der Arzt (und letztlich auch der Betreuer und der Betreuungsrichter) in einem eingehenden Gespräch prüfen können: Der Betroffene muss zunächst einmal die gegebene Information bezüglich des Eingriffs bzw. der Behandlung und des damit verbundenen Nutzens und der damit verbundenen Risiken verstehen können. Ferner muss er auch in der Lage sein, diese Informationen auf die eigene Situation zu beziehen. Wer etwa bei einer schweren psychischen Erkrankung keinerlei Krankheitseinsicht hat, kann die erhaltenen Informationen nicht angemessen auf sich selbst beziehen und vernünftig abwägen, ob er diese Krankheit behandeln lassen möchte. Schließlich sollte er in der Lage sein, eine abwägende Entscheidung treffen zu können. Die Feststellung der Einwilligungsunfähigkeit kann sich nie ausschließlich auf die Diagnose stützen, sonders es bedarf stets der konkreten Prüfung der Situation im Einzelfall. Ob die Verweigerung einer empfohlenen Behandlung durch einen Patienten tatsächlich einer abwägenden Entscheidung entspricht, kann nur mit einem einfühlenden Verständnis in seine Lebenswelt und sein individuelles Wertesystem beurteilt werden.

Auch nach den Überlegungen der Prinzipien-basierten Ethik gelangt man folglich zu dem Schluss, dass eine Zwangsbehandlung einen schweren Eingriff in die Persönlichkeitsrechte des Patienten darstellt, unter bestimmten engen Bedingungen aber als ultima ratio zulässig ist und sogar eindeutig geboten erscheinen kann. Damit ergibt sich in allen Punkten ein vollständiger Konsens mit den Ausführungen des Bundesverfassungsgerichts. Hingegen bleibt ein Widerspruch zwischen der menschenrechtlichen Position und den medizin-ethischen Vorstellungen bestehen. Die Deutsche Gesellschaft für Psychiatrie, Psychotherapie, Psychosomatik und Nervenheilkunde (DGPPN) hat 2012 in einem Memorandum explizit festgestellt, dass sie eine volle Übereinstimmung der medizinethischen Positionen mit den Entscheidungen des Bundesverfassungsgerichts sieht und die damit erfolgten Klarstellungen ausdrücklich begrüßt (Steinert et al. 2012).

Diskret anders ist der Tenor einer Stellungnahme der Zentralen Ethikkommission bei der Bundesärztekammer (Wiesing 2013). Auch in dieser Stellungnahme werden die Argumente des Bundesverfassungsgerichts rekapituliert und zur eigenen ethischen Position gemacht. Allerdings fällt auf, dass die sorgfältigen Abwägungen, die das Bundesverfassungsgericht unternommen hatte im Hinblick auf Umstände, die eine Zwangsbehandlung rechtfertigen können, stark verkürzt sind oder fehlen. Die differenzierten Ausführungen des Bundesverfassungsgerichts zur Fremdgefährdung und der möglichen Alternativentscheidung des einsichtsfähigen Patienten im Hinblick auf eine Fortdauer der Unterbringung im Maßregelvollzug, aber auch zu dem grundgesetzlich geschützten Freiheitsinteresse bei einsichtsunfähigen Patienten, werden darin z. B. verkürzt zu folgendem Satz: »Eine drohende Fremdschädigung durch aggressives bzw. gewalttätiges Verhalten infolge der psychischen Erkrankung kann in der Regel durch freiheitsentziehende und sichernde Maßnahmen verhindert werden und rechtfertigt daher allein keine Zwangsbehandlung.«

Kommentar:

Die Übereinstimmung der medizinethischen Positionen mit den Entscheidungen des Bundesverfassungsgerichts ist aus ärztlicher Sicht entlastend. Die Stellungnahme der Zentralen Ethikkommission bei der Bundesärztekammer dagegen nimmt zwar Bezug auf die Entscheidungen des Bundesverfassungsgerichts, lässt aber gerade deren abgewogene Differenzierungen vermissen und ist deshalb für die Klärung ethischer Fragen wenig hilfreich. Zum Beispiel werden die Ausführungen des Bundesverfassungsgerichts zur Fremdgefährdung undifferenziert und unhinterfragt dahingehend verallgemeinert, dass eine Zwangsbehandlung wegen Fremdgefährdung generell nicht in Frage komme und dass freiheitsentziehende Maßnahmen ein milderes Mittel darstellten. Demgegenüber hatte sich das Verfassungsgericht schließlich dahingehend geäußert, dass eine Zwangsbehandlung im Interesse des Freiheitsinteresses unter bestimmten Umständen durchaus geboten sein könne. Schließlich ging es bei den Präzedenzfällen aus dem Maßregelvollzug um die Behandlung einer Fremdgefährdung auf Grund einer psychischen Erkrankung. Die Stellungnahme der Ethikkommission bei der Bundesärztekammer lässt auch eine Position zu der praktisch so wichtigen und schwierigen Frage vermissen, ob in der klinischen Akutbehandlung freiheitsentziehende Sicherungsmaßnahmen wie Fixierungen oder Isolierungen weniger einschränkend sind als eine Zwangsbehandlung. Nach Ansicht der meisten Psychiater ist dies nicht der Fall, weil derartige mechanische Zwangsmaßnahmen eben gerade keine Behandlungen darstellen und in ihrer Dauer, anders als die oft nur einmalige Zwangsbehandlung, nicht absehbar sind, wenn nicht gleichzeitig eine Behandlung erfolgt. Auch die Problematik der Grundrechte von Mitpatienten und Beschäftigten bei Fremdgefährdung bleibt undiskutiert. Hinsichtlich der Fremdgefährdung finden sich Ärzte also in der Situation, dass die Ethikkommission bei der Bundesärztekammer eine Behandlung grundsätzlich ablehnt, obwohl andere medizinethische Positionen eine solche, sofern die Fremdgefährdung auf eine Erkrankung zurückzuführen ist, durchaus für geboten halten, und die Gesetzgebung (UBG Baden-Württemberg) sie sogar in solchen Fällen erlaubt, in denen sie aus ärztlicher Sicht gar nicht erforderlich ist.

VI. Klinische und praktische Probleme

Praktisch gibt es im Umgang mit der Problemstellung von Zwangsbehandlungen mindestens fünf verschiedene Perspektiven: die des Psychiaters, die des Patienten, die der pflegerischen Mitarbeiter auf der Station, die der Angehörigen und die eines gesetzlichen Betreuers bzw. eines Bevollmächtigten; diejenigen der Justiz, der Medien und der Allgemeinbevölkerung lasse ich in diesem Beitrag aus ärztlicher Sicht einmal außen vor, weil dies den Rahmen des Beitrags sprengen würde. Bei der Diskussion der Problemlage in den Kliniken sollte man eine grundsätzliche terminologische Unterscheidung beachten: die Notfallbehandlung und die eigentliche Zwangsbehandlung. Eine Notfallbehandlung (legitimiert durch § 34 StGB) muss zum Beispiel bei einem akut erregten und gewalttätigen psychotischen Menschen erfolgen, der andere Personen körperlich angreift. In einem derartigen Erregungszustand nur eine Sicherung durch mechanische Zwangsmaßnahmen vorzunehmen und einen tobenden, erregten Patienten ohne sedierende Notfallbehandlung in einer Fixierung zu belassen, wäre unethisch, unverhältnismäßig und gefährlich. Die Gesundheitsgefährdung kann in solchen Fällen aus einem Herz-Kreislauf-Zusammenbruch bei extremer körperlicher Anstrengung über die Erschöpfung hinaus entstehen. Kennzeichen einer Notfallbehandlung sind die akute Gefahr für den Patienten selbst oder andere, eine medizinische Indikation und die Unaufschiebbarkeit der Entscheidung. Notfallbehandlungen sind in der Regel einmalig; die Indikation zu einer Nachinjektion nach einigen Stunden kann sich allerdings ergeben. Vorhersehbar wiederkehrende Behandlungen sind dagegen keine Notfallbehandlungen.

Eine eigentliche Zwangsbehandlung ist dagegen eine Behandlung, vor deren Entscheidung ausreichend Zeit zur Verfügung steht und bei der es um die Abwendung einer konkreten, aber nicht unmittelbaren Gefahr oder Gefährdung geht. Der Zwang ist dabei zuweilen körperlicher, zuweilen aber auch rein psychologischer Art. Auch wenn ein Patient sich nach einem entsprechenden Gerichtsbeschluss in Anerkenntnis desselben bereit erklärt, nun die verordneten Medikamente einzunehmen, handelt es sich um eine Zwangsbehandlung. Nur von derartigen Zwangsbehandlungen nach Gerichtsbeschluss ist im Grunde die Rede, wenn hier klinische Probleme geschildert werden. Notfallbehandlungen im o. g. Sinne waren auch in der »rechtlosen Zeit« von Juni 2012 bis Februar 2013 möglich. Allerdings wurden sie von den verantwortlichen Ärzten vor dem Hintergrund der eingetretenen Verunsicherung nur äußerst restriktiv eingesetzt, mit manchmal schädlichen Folgen für die Patienten selbst und das Personal.

VII. Die Perspektive des Psychiaters

Für Psychiater und Ärzte generell ist Zwangsbehandlung ein ausgesprochen unangenehmer Aspekt ihrer Tätigkeit. Aus naheliegenden Gründen ziehen Ärzte es vor, wenn ihre Tätigkeit von den ihnen anvertrauten Patienten wertgeschätzt wird und sie positive Rückmeldungen erhalten. Eine Zwangsbehandlung ist deshalb auch für den Arzt immer »undankbar«, auch wenn es nach einiger Zeit doch affirmative Äußerungen von Patienten gibt, jedoch eben nur von einem Teil (Finzen et al. 1993). Im Allgemeinen ist eine Zwangsbehandlung immer schädlich für die therapeutische Beziehung (Theodoridou et al. 2012), während eine Zwangseinweisung und ggf. -behandlung generell die zukünftige Behandlungsbereitschaft interessanterweise nicht verschlechtert (Jaeger et al. 2013).

Noch problematischer wird es allerdings für den Psychiater, wenn Zwangsbehandlungen generell nicht durchführbar sind. Der Arzt verstößt dann gegen grundlegende medizinethische Prinzipien (zu helfen, wo Hilfe nötig ist, Gerechtigkeit walten zu lassen, d. h. insbesondere auch den schwer Kranken zu helfen) und sieht sich, falls die intensiv unternommenen Anstrengungen, den Patienten doch zu einer Behandlung zu überreden, scheitern, mit einer reinen Verwahraufgabe konfrontiert. Die Verwahrung von Menschen in einem Krankenhaus, die außerhalb desselben eine Gefahr für sich selbst oder andere darstellen würden, ohne diesen Zustand durch eine zielführende Behandlung verändern zu dürfen, ist keine ärztliche Aufgabe und auch nicht durch die Berufsordnung abgedeckt. Noch ausgeprägter wird dieser Konflikt, wenn infolge gefährlicher Verhaltensentgleisungen auch im Krankenhaus anstelle einer Behandlung mechanische Sicherungsmaßnahmen wie eine Fixierung oder Isolierung erforderlich werden. Solche Maßnahmen sind reine Sicherungsmaßnahmen und primär keine Behandlung. Sowohl im Hinblick auf die dadurch erfolgende Traumatisierung als auch unter Gesichtspunkten der Menschenrechte und der Menschenwürde sollten sie soweit als irgend möglich reduziert werden (Steinert 2011). Dies zu erreichen, ist Gegenstand diverser Initiativen in Deutschland und anderen entwickelten Ländern (Steinert et al. 2010).

In der Zeit, als keine Zwangsbehandlungen genehmigungsfähig waren (01.07.2012 bis 24.02.2013), waren an unseren Kliniken genau die befürchteten und unerwünschten Auswirkungen zu beobachten. Verglichen mit demselben Zeitraum ein Jahr zuvor nahm an den 7 psychiatrischen Kliniken der Zentren für Psychiatrie Südwürttemberg zwar nicht die Zahl der von einer Zwangsmaßnahme betroffenen Patienten zu, aber die Anzahl der Zwangsmaßnahmen stieg insgesamt um über 120 % und auch die Anzahl aggressiver Übergriffe von Patienten stieg um mehr als das Doppelte (Flammer u. Steinert 2014). Dies bedeutet, dass für die große Mehrheit der Patienten auch mit schizophrenen und manischen Störungen die fehlende Möglichkeit einer Zwangsbehandlung kein Problem war. Es verblieb aber eine insgesamt kleine Anzahl von Patienten, die über längere Zeit nicht behandelt werden konnten und bei denen es in der Folge zu deutlich gehäuften aggressiven Übergriffen auf Patienten und Personal und nachfolgend wiederum zu deutlich mehr mechanischen Zwangsmaßnahmen kam. Obwohl es sich um wenige Patienten handelte, waren die Auswirkungen den Beobachtungen zufolge für die gesamten psychiatrischen Behandlungsbedingungen gravierend. Derartige unbehandelte Patienten zum Beispiel mit einer Manie prägen die Atmosphäre einer psychiatrischen Station in hohem Maße, vor allem wenn sich dies über Wochen oder gar Monate hinzieht. Weniger schwer kranke Patienten auf denselben Stationen wurden wiederholt Opfer von Übergriffen, fühlten sich bedroht und brachen die Behandlung so schnell wie möglich ab. Auf den Stationen, auf denen solche Patienten behandelt wurden, war deshalb ein unerwünschter Übergang zu einer kustodialen Atmosphäre zu beobachten, wie sie eigentlich aus der Zeit der vor-neuroleptischen Ära bekannt war. Am Ende nahmen manche dieser wenigen anhaltend behandlungsunwilligen Patienten schließlich doch Medikamente ein, andere wurden in Übereinstimmung mit den zuständigen Gerichten wegen Aussichtslosigkeit entlassen (nicht selten mit nachteiligen Folgen), einzelne verblieben mit wiederholt verlängerter Unterbringung so lange stationär, bis nach der erfolgten Gesetzesnovellierung eine Behandlung möglich wurde, die schließlich auch eine Entlassung möglich machte.

In der forensischen Psychiatrie waren die Beobachtungen ähnlich, aber in Folge der geringeren Aufnahmezahlen und längeren Aufenthaltsdauern weniger ausgeprägt, wenngleich es in Einzelfällen durchaus zu erheblichen Problemen der geschilderten Art kam. Die Auswirkungen waren insgesamt geringer als in der Allgemeinpsychiatrie, weil die meisten der Patienten in der forensischen Psychiatrie zum Zeitpunkt der Entscheidungen des Bundesverfassungsgerichts schon länger in Behandlung waren, von ihrer psychotischen Störung schon weitgehend remittiert waren und dementsprechend Krankheitseinsicht hatten und die verordneten Medikamente freiwillig einnahmen. In der Allgemeinpsychiatrie ist demgegenüber die Zahl akut erkrankter Patienten mit fehlender Behandlungseinsicht wesentlich höher.

Die genannten Beobachtungen stehen in Übereinstimmung mit Erfahrungen, die in den Niederlanden gemacht wurden. Dort war die Entwicklung in gewisser Weise genau umgekehrt wie bei uns. Bereits in den 1990er Jahren wurden die Möglichkeiten zu einer Zwangsbehandlung gesetzlich sehr restriktiv gefasst; darüber hinaus bildete sich ein ethischer Konsens, dass Zwangsbehandlungen und auch Fixierungen als extrem eingreifende Maßnahmen möglichst abzulehnen seien, während die Isolierung ein milderes Mittel darstelle. In der Folge war die Entwicklung in der Niederlanden zunehmend durch die höchsten aus Europa berichteten Raten von Patientenübergriffen (Nijman et al. 2005) bei gleichzeitig im europäischen Vergleich exorbitant langen und häufigen Isolierungen (Steinert et al. 2010) gekennzeichnet. Um diese Fehlentwicklung zu korrigieren, investierte der niederländische Staat 20 Millionen Euro für Programme zur Reduzierung von Isolierungen; Medikation wird wieder zunehmend gebraucht und in den Niederlanden ist nun sogar die Einführung der Möglichkeit einer ambulanten Zwangsbehandlung geplant. Vor diesem Hintergrund in den Niederlanden durchgeführter Studien zeigten, dass Zwangsbehandlungen tendenziell für die betroffenen Patienten subjektiv weniger belastend sind als Fixierungen und Isolierungen (Georgieva et al. 2012), dass Patienten, befragt nach Alternativen, zumindest teilweise die Medikation vorziehen (Veitkamp et al. 2008) und dass eine Präferenz für die Anwendung von Medikation mit einer Halbierung des Gebrauchs von Isolierungen einhergeht (Georgieva et al. 2013).

VIII. Die Perspektive des Patienten

Die vielfach von Ärzten vorgetragene Vorstellung, dass Patienten in einem Zustand der Uneinsichtigkeit eine Behandlung ablehnen, später aber dafür dankbar sind und erklären, dies sei in ihrem besten Interesse gewesen, entspricht einem Idealbild. Dies kommt natürlich vor, besonders dann, wenn es sich um Zustände handelt, in denen der Patient ohne Intervention verstorben wäre und die er nach erfolgter Behandlung mit einer vollständigen Gesundung erfolgreich hinter sich lassen konnte. Dies trifft zum Beispiel in hohem Maße für postoperative Delirien oder auch Alkoholentzugsdelirien zu. Weniger gut ist die Akzeptanz aber auch ex post bei jenen Störungen, bei denen die Patienten häufig eine sehr gute Erinnerung an den erlebten Zwang haben und bei denen sie gelegentlich auch auf lange Sicht das Krankheitsmodell des Arztes nicht oder nur unvollständig teilen. Dies sind die schizophrenen und - weniger - die bipolaren Störungen.

Aus Nachuntersuchungen wissen wir, dass – sowohl in Bezug auf Unterbringung als auch in Bezug auf Behandlung – etwa ein Drittel der Patienten die Maßnahme im Nachhinein akzeptiert. Etwa ein weiteres Drittel verbleibt ambivalent, ein Drittel bezeichnet die Maßnahme auch im Nachhinein als ungerechtfertigt und nutzlos (Kjellin et al. 1997). Entsprechend ablehnend haben sich auch die meisten organisierten Verbände der Psychiatrie-Erfahrenen positioniert, sowohl der in vielerlei Hinsicht radikale anti-psychiatrische Positionen vertretende Bundesverband der Psychiatrie-Erfahrenen (BPE) als auch der – aus ärztlicher Sicht für abgewogene und moderate Positionen bekannte – Landesverband der Psychiatrie-Erfahrenen in Baden-Württemberg. Andererseits hat die trialogisch (d. h. mit Psychiatern, Angehörigen und Betroffenen) arbeitende Deutsche Gesellschaft für Bipolare Störungen deutlich gemacht, dass aus ihrer Sicht eine Zwangsbehandlung in bestimmten Fällen (akute Manie) bei fehlender Krankheitseinsicht notwendig sein kann, um unangemessen lange Freiheitsentziehungen oder schwere Belastungen für die Angehörigen und Folgeschäden wie den sozialen Ruin für die Betroffenen zu vermeiden (Deutsche Gesellschaft für Bipolare Störungen 2012). Bei allen organisierten Patientenvertretern, die Extrempositionen vertreten, stellt sich freilich nicht zuletzt auch die Frage ihrer ungeklärten Legitimität und Repräsentativität.

Eigene Erfahrungen aus der Zeit, in der Zwangsbehandlungen nicht genehmigungsfähig waren, sprechen dafür, dass manche Patienten dies tatsächlich als Gewinn an Autonomie, Freiheit und Rechten erlebten. Auch das jetzt erforderliche aufwändigere Genehmigungsverfahren mit Begutachtung und Richtervorbehalt wird, sofern es überhaupt verstanden wird, dem Eindruck nach hinsichtlich seiner rechtsstaatlichen Qualität geschätzt. Nicht selbst betroffene Mitpatienten reagierten dagegen oft mit Unverständnis und verlangten, dass Patienten auf der Station, die sozial schwer abweichendes oder gefährliches Verhalten zeigten, dringend behandelt werden müssten.

IX. Die Perspektive des Pflegepersonals

Der tägliche Umgang mit akut psychisch kranken, in einer Klinik untergebrachten Patienten obliegt zuvorderst den dort tätigen Krankenschwestern und -pflegern. Von ihnen wird heutzutage ein sehr breites Kompetenzspektrum erwartet. Sie sollen selbst mit schwierigsten Menschen empathische Beziehungen herstellen, spezifische psychotherapeutische Programme durchführen, Gruppen leiten, gut geschult sein in Deeskalationsmaßnahmen in Krisensituationen und nicht zuletzt auch in der Lage sein, in bedrohlichen Situationen sich selbst, Kollegen und Mitpatienten zu schützen und Sicherungsmaßnahmen wie Fixierungen oder Isolierungen durchzuführen, ohne sich selbst oder den Patienten dabei zu verletzen. Das psychiatrische Pflegepersonal hat auf den Stationen eine zentrale Rolle darin, die Atmosphäre einer therapeutischen Gemeinschaft herzustellen und tragfähige Beziehungen zu den Patienten aufzubauen. Bei durchschnittlichen Behandlungszeiten von ca. 3 Wochen in der klinischen Psychiatrie (ganz anders in der forensischen Psychiatrie, wo mehrjährige Aufenthalte überwiegen) stellt dies hohe Anforderungen dar. Patienten auf der Station, die über längere Zeit schwer sozial auffällige Verhaltensweisen zeigen, bedrohlich, laut, distanzlos und übergriffig sind, stellen vor diesem Hintergrund eine extreme Herausforderung dar und verändern das therapeutische Milieu einer Station entscheidend. Dies war in der Situation, als zwangsweise Behandlungen nicht möglich waren, deutlich zu beobachten. Selbst wenige Patienten, zu denen ein Zugang aufgrund ihres krankheitsbedingten Verhaltens nicht gelingt, vermögen die Atmosphäre entscheidend zu verändern. Das Pflegepersonal reagierte geduldig, gezwungenermaßen aber auch teilweise kustodial. Zunehmende Anzeichen von Erschöpfung und Ausgebranntsein waren zu beobachten. Das von Kritikern vorgebrachte Argument, psychiatrische Behandlung könne ja wohl kaum nur in der Gabe von Medikamenten bestehen und ohne diese in sich zusammenbrechen, ist natürlich richtig. In manchen Fällen können jedoch zur Behandlung eingesetzte Medikamente am Ende erst Vertrauensbildung, Beziehungsaufbau und soziale Re-Inklusion ermöglichen. Den ganzen Tag über beschimpft und beleidigt zu werden und Opfer von aggressiven Übergriffen zu werden, ist für jedermann und auch für fachlich hoch kompetente Pflegepersonen schwer erträglich. Hätte der Zustand der fehlenden Genehmigungsfähigkeit von Zwangsmedikation auch in extremen Fällen angehalten, hätten wir es verbreitet wahrscheinlich mit einem viel gravierenderen Problem zu tun bekommen: Qualifizierte Pflegekräfte (und Ärzte) wären, wie dies schon beginnend zu beobachten war, einfach in andere Bereiche abgewandert, in denen sich Patienten freiwillig behandeln lassen und dafür dankbar sind, was immerhin bei der ganz überwiegenden Mehrzahl der psychischen Erkrankungen der Fall ist. Welche Negativspirale dann gerade für die Behandlung der schwerst psychisch Kranken eingesetzt hätte, ist leicht vorstellbar.

Tilman Steinert

X. Die Perspektive der Angehörigen

Während Vertreter von Patientenorganisationen Zwangsbehandlung häufig ablehnen, sprechen Angehörige sich sehr häufig unter Berufung auf prägnante Einzelfälle dafür aus. Allerdings gibt es hier auch ein weiteres Spektrum von Meinungen und Erfahrungen. In der Zeit, als Zwangsbehandlungen nicht genehmigungsfähig waren, erlebten wir viel Verbitterung und Vorwürfe von Angehörigen, die sich mit ihren Problemen allein gelassen fühlten. Tatsächlich wurden in manchen Fällen Unterbringungen nicht verlängert oder erst gar nicht genehmigt, weil sich gemäß ärztlicher Einschätzung durch eine solche Maßnahme keine Behandlungsperspektive eröffnen würde. Meistens nähert sich die Perspektive der Angehörigen derjenigen der Patienten an, wo es um Rechte auf menschenwürdige, vielfältige und den eigenen Bedürfnissen entsprechende Behandlung und Versorgung geht; in der Frage der Behandlungsnotwendigkeit bei Einsichtsunfähigkeit liegen die Meinungen offizieller Vertreter sehr nahe bei denen der Ärzteschaft. Einzelne Angehörige vertreten aber durchaus auch dieselben ablehnenden Sichtweisen wie die betroffenen Patienten. In der Praxis ist es dann sehr wenig aussichtsreich, eine Behandlung gegen den Willen von Patienten und deren Angehörigen durchsetzen zu wollen.

XI. Die Perspektive des Betreuers

Gesetzliche Betreuer befinden sich in Bezug auf Zwangsbehandlungen immer in einer schwierigen Lage. Sie sollen zum Wohle des Betreuten handeln und dessen Entscheidungen unterstützen. Die gerichtliche Genehmigung einer von einem Betreuer beantragten Zwangsbehandlung signalisiert stets, dass dieser Prozess gescheitert ist und das wünschenswerte Einvernehmen zwischen Betreuer und Betreutem nicht hergestellt werden konnte. Betreuer stehen in einem konflikthaften Verhältnis zwischen den subjektiven und nach Maßen einer schwer zu bestimmenden Normalität als objektiv anzunehmenden Bedürfnissen des Betreuten und den Anforderungen Dritter. Letztere beziehen sich in der Regel auf Sozialverhalten im engeren oder weiteren Sinne (das Spektrum reicht von »asozialen« Verhaltensweisen wie Pöbeln, Sachbeschädigung oder Bedrohung bis zu schwerer Selbstvernachlässigung, Unterernährung, Aufenthalt in der Kälte in unangemessener Bekleidung, Vernachlässigung körperlicher Erkrankungen und Suizidalität). Die Ansprüche, hier einzugreifen, werden typischerweise von Angehörigen, zufälligen Kontaktpersonen (Nachbarn) oder dem Betreuungspersonal von Einrichtungen (Krankenhaus, stationär und ambulant betreutes Wohnen, Sozialpsychiatrischer Dienst) an den Betreuer herangetragen. Hier die Balance zu finden und tatsächlich stets »im besten Interesse« des Betreuten und in engerer Kooperation mit ihm bzw. ihr zu handeln, ist ein zuweilen schwieriges Unterfangen. Besonders schwierig wird es, wenn eine Patientenverfügung ins Spiel kommt, deren Reichweite und Gültigkeit interpretiert werden muss (Stolz u. Steinert 2014).

Aus allen genannten Gründen ist das Verhältnis zwischen Betreuer und Betreutem nicht selten auch spannungsbelastet und ein hohes Maß an Neutralität und Objektivität ist auf Seiten des Betreuers von Nöten. Deshalb ist es zumindest bei Psychosekranken sehr sinnvoll, dass die Betreuung nicht von Familienangehörigen übernommen wird (in Fällen von geistiger Behinderung oder Demenz gelten diese Bedenken sehr viel weniger). Es gibt Fälle, in denen bei schwerst verwahrlosten Kranken in erbärmlichem Zustand Familienangehörige mit ebenfalls offensichtlichen psychischen Störungen die gesetzliche Betreuung inne haben und jedes hilfreiche Eingreifen zum Wohle des Patienten völlig verhindern. Ein Betreuerwechsel ist meistens nicht durchzusetzen, weil bei der Auswahl des Betreuers dem Willen des Betreuten Vorrang einzuräumen ist, der sich am Ende trotz Ambivalenz mit seinem natürlichen Willen meistens im Sinne einer Aufrechterhaltung des status quo zu äußern pflegt.

XII. Schlussfolgerungen

Die Entscheidungen des Bundesverfassungsgerichts und auch die Stellungnahmen des Deutschen Instituts für Menschenrechte haben die Sensibilität für die Problematik der Ausübung von Zwang und für den Umgang mit Willensäußerungen erheblich erhöht. Dies ist unbedingt zu begrüßen. Die erfolgte Novellierung des Betreuungsrechts und die Schritt für Schritt erfolgenden Novellierungen der Landesgesetze zur öffentlich-rechtlichen Unterbringung sind aus psychiatrischer Sicht angemessen und praktikabel. Weitere Fortschritte psychiatrischer Institutionen im Hinblick auf die Vermeidung von Zwangsmaßnahmen sind erforderlich. Anstelle von Maximalzielsetzungen sollte jedoch eine Balance erhalten werden, die die Autonomiewünsche von Patienten, ihre Rechte auf individuelle Würde, Freiheit und Inklusion sowie auch die Rechte derjenigen, die mit ihnen leben, berücksichtigt.

Literatur

Beauchamp TL, Childress JF. Principles of Biomedical Ethics. 6th ed. New York: Oxford University Press (2009)

Bloch S, Green SA. An ethical framework for psychiatry. Br J Psychiatry; 188: 7-12 (2006)

Bundesgerichtshof (BGH). Entscheidung v. 20.6.2012. http://juris.bundesge richtshof.de/cgi-bin/rechtsprechung/document.py?Gericht=bgh&Art= en&nr=60970&pos=0&anz=1 (2012)

Bundesverfassungsgericht (BVerfG). Entscheidung v. 23.3.2011. BVerfG, 2 BvR 882/09 v. 23.3.2011, Absatz-Nr. (1-83), http://www.bverfg.de/entschei dungen/rs201103 232bvr088209.html (2011a)

Bundesverfassungsgericht (BVerfG). Entscheidung v. 12.20.2011. BVerfG, 2 BvR 633/11 v. 12.10.2011, Absatz-Nr. (1-47), http://www.bverfg.de/entschei dungen/rs20111012_2bvr063311.html (2011b)

Deutsche Gesellschaft für Bipolare Störungen (DGBS). Stellungnahme der DGBS zur neuen Rechtsprechung des Bundesgerichtshofes über Zwangsmaßnahmen in der Psychiatrie. http://www.dgbs.de/zwangsmassnahmen.html

Deutsches Institut für Menschenrechte: Stellungnahme v. 10.12.2012. http://www. institut-fuer-menschenrechte.de/fileadmin/user_upload/Publikationen/Stellungnahmen/ MSt_2012_Stellungnahme_Psychiatrie_und_Menschenrechte.pdf (2012)

Dreßing H, Salize HJ. Zwangsunterbringung und Zwangsbehandlung psychisch Kranker. Gesetzgebung und Praxis in den Mitgliedsländern der Europäischen Union. Psychiatrie-Verlag, Bonn (2004)

Finzen A, Haug HJ, Beck A, Lüthy D. Zwangsmedikation im psychiatrischen Alltag. Bonn: Psychiatrie-Verlag (1993)

Flammer E, Steinert T. Auswirkungen der vorübergehend fehlenden Rechtsgrundlage für Zwangsbehandlungen auf die Häufigkeit aggressiver Vorfälle und freiheitseinschränkender mechanischer Zwangsmaßnahmen bei Patienten mit psychotischen Störungen Psychiat Prax, im Druck (2014)

Georgieva I, Mulder CL, Whittington R. Evaluation of behavioral changes and subjective distress after exposure to coercive inpatient interventions. BMC Psychiatry 12;54 (2012)

Georgieva I, Mulder CL, Noorthoorn E. Reducing seclusion through involuntary medication: a randomized clinical trial. Psychiatry Res 205; 48-53 (2013b)

Jaeger S, Pfiffner C, Weiser P, Längle G, Croissant D, Schepp W, Kilian R, Becker T, Eschweiler G, Steinert T. Long-term effects of involuntary hospitalization on medication adherence, treatment engagement and perception of coercion. Soc Psychiatry Psychiatr Epidemiol 48; 1787-1796 (2013)

Jandl M, Baumhauer-Gessler H, Kaschka WP, Steinert T. Arzneimittelzulassungen und »Off Label Use« bei Psychopharmaka. Psychopharmakotherapie 18; 220-226 (2011)

Kirsch P, Steinert T. Natürlicher Wille, Einwilligungsfähigkeit und Geschäftsfähigkeit. Begriffliche Definitionen, Abgrenzungen und relevante Anwendungsbereiche. Krankenhauspsychiatrie 17: 96-102 (2006)

Kjellin L, Andersson K, Candefjord IL et al. Ethical benefits and costs of coercion in short-term inpatient psychiatric care. Psychiat Serv 48: 1567-1570 (1997)

Nijman, HL, Palmstierna T, Almvik, R et al. Fifteen years of research with a staff observation aggression scale: Review. Acta psychiatrica Scandinavica 111; 12-21 (2005)

Steinert T. Nach 200 Jahren Psychiatrie: Sind Fixierungen in Deutschland unvermeidlich? Psychiat Prax 38: 348-351 (2011)

Steinert T, Borbé R. Zwangsbehandlung. PSYCHup2date 7: 185-197 (2013)

Steinert T, Lepping P, Bernhardsgrütter R et al. Incidence of seclusion and restraint in psychiatric hospitals: a literature review and survey of international trends. Soc Psychiatry Psychiatr Epidemiol. 45: 889-897 (2010)

Steinert T, Müller J, Finzen A et al. Memorandum der DGPPN zur Autonomie und Selbstbestimmung von Menschen mit psychischen Störungen. Der Nervenarzt 83; 1491-1493 (2012)

Stolz K, Steinert T. Psychiatrische Patientenverfügungen und öffentlich-rechtliche Unterbringung. BtPrax, im Druck (2014)

Theodoridou A, Schlatter F, Ajdacic V et al. Therapeutic relationship in the context of perceived coercion in a psychiatric population. Psychiatry Res 200; 939-944 (2012)

United Nations. Übereinkommen über die Rechte von Menschen mit Behinderungen. www.un.org/Depts/german/uebereinkommen/ar61106-dbgbl.pdf (2009)

United Nations. Report of the Special Rapporteur on torture and other cruel, inhuman or degrading treatment or punishment, Juan E. Méndez. Human Rights Council, 22nd session, 1.2.2013. http://www.hr-dp.org/files/2013/10/28/A.HRC_.22_.53_Special_Rapp_Report_.2013_.pdf (2013)

Veitkamp E, Nijman H, Stolker JJ et al. Patients' preferences for seclusion or forced medication in acute psychiatric emergency in the Netherlands. Psychiat Serv 59; 209-211 (2008)

Vollmann J. Patientenverfügungen von Menschen mit psychischen Störungen. Gültigkeit, Reichweite, Wirksamkeitsvoraussetzung und klinische Umsetzung. Der Nervenarzt 83: 25–30 (2012)

Wiesing U. Stellungnahme der Zentralen Kommission zur Wahrung ethischer Grundsätze in der Medizin und ihren Grenzgebieten (Zentrale Ethikkommission) bei der Bundesärztekammer: Zwangsbehandlung bei psychischen Erkrankungen. Dt Ärztebl 110; A1334-1338 (2013)

Kriminologische und rechtstatsächliche Überlegungen zur Zwangsbehandlung in der Psychiatrie

Katrin Höffler

I. Empirische Erkenntnisse als Bedingung für die Fortentwicklung der rechtlichen Rahmenbedingungen der Zwangsbehandlung

Überlegungen zu materiell-strafrechtlichen Fragen der Zwangsbehandlung zeigen, dass psychisch Kranke im Vergleich zu somatisch Kranken häufiger eine ärztliche Behandlung gegen ihren Willen dulden müssen.[1] Der »nur« somatisch Kranke darf auch aus den unvernünftigsten Gründen krank sein und bleiben.[2] Dahinter steht wohl der alte Gedanke, dass psychisch Kranke eben in aller Regel »doch nicht ganz« freiverantwortlich handeln, selbst wenn sie noch nicht einwilligungsunfähig im eigentlichen Sinn sind. Dies wird meist nicht offen benannt, steckt aber hinter vielen Formulierungen, die versuchen, die Freiverantwortlichkeit in diesem Krankheitsbereich gesondert zu bestimmen.[3] Aus rechtsstaatlichen Gründen, auch mit Blick auf den Grundrechtsschutz der Kranken, ist dies allerdings nicht hinzunehmen.

Zu den Grenzen der Freiverantwortlichkeit und Einwilligungsfähigkeit wären viel genauere Untersuchungen in *tatsächlicher* Hinsicht nötig; in diesem Feld besteht ein erheblicher kriminologischer (betreffend psychisch kranke Straftäter als Patienten im Maßregelvollzug), aber auch (forensisch-)psychiatrischer (betreffend Patienten der (Allgemein-)Psychiatrie) Forschungsbedarf. Gleiches gilt für die Epidemiologie und die Effektivität psychiatrischer Zwangsbehandlungen.

Gerade mit Blick darauf, dass durch Zwangsbehandlungen in erheblicher Weise in die Grundrechtspositionen der Betroffenen eingegriffen

---

1 Ähnlich auch *Hartmann*, Umfang und Grenzen ärztlicher Zwangsbehandlung im Maßregelvollzug, 1997, 83. Gesonderter Beitrag der *Verf.* hierzu in Vorbereitung.
2 Auf die unterschiedliche Behandlung somatisch und psychisch Kranker geht bspw. *Schreiber*, Rechtliche Grundlagen der psychiatrischen Begutachtung, in: Pohlmeier u.a. (Hrsg.) Forensische Psychiatrie heute – Festschrift für Venzlaff, 1986, 16 ff. differenziert ein.
3 Hierzu in gesondertem Beitrag, vgl. FN. 1.

wird (vgl. Art. 1 Abs.1 und Art. 2 Abs. 1 und 2 GG), ist der aus der Verfassung folgende Grundsatz der Verhältnismäßigkeit (Art. 20 Abs. 3, Art. 1 Abs. 3 GG) zu beachten. Aus diesem Grund dürfen nur solche Mittel eingesetzt werden, die überhaupt geeignet sind, das angestrebte Ziel (welches selbstverständlich auch verfassungsrechtlich gerechtfertigt sein muss) zu erreichen. Unter mehreren gleich geeigneten Mitteln ist das mildeste zu wählen. Erforderlich ist daher, der Frage nach der Wirksamkeit von Zwangsbehandlungen und der Wirksamkeit möglicher Alternativen (empirisch) nachzugehen, um nicht gegen das Übermaßverbot zu verstoßen.

II. Rechtswirklichkeit und Forschungsbedarf

In einem ersten Schritt sollen einige bislang durchgeführte Untersuchungen, die zur Zwangsbehandlung vorliegen, sowie solche, die Bezüge zu den aufgeworfenen Fragen aufweisen, dargestellt und gewürdigt werden. In einem zweiten Schritt wird ein Forschungsdesign zu einer Untersuchungsidee skizziert.

1. Vorliegende empirische Befunde

Der Forschungsbedarf im Bereich der Zwangsbehandlungen ist erheblich.[4] Verlässliche, repräsentative Zahlen für psychiatrische Zwangsbehandlungen, gerade speziell im Maßregelvollzug, liegen nicht vor. Dieser Umstand ist natürlich auch ein Befund, und vor dem Hintergrund der Qualität der Grundrechtseingriffe in diesem Bereich ein umso erschreckenderer.

a) Erkenntnisse zu Zwangsbehandlungen

aa) Es existieren diverse Schätzungen für die Allgemeinpsychiatrie. So wird angegeben, dass etwa 10% der stationär behandelten Patienten Zwangsmaßnahmen[5] unterworfen werden.[6] Ähnliche Zahlen (2-8% bei den stationär untergebrachten Patienten) geben *Steinert & Kallert* an, die eine systematische Recherche betreffend Studien zur Zwangsbehandlung

---

4   So auch *Steinert/Kallert*, Psychiatrische Praxis 2006, 160, 168.
5   Darunter sollen fallen: Fixierung, Isolierung und das zwangsweise Verabreichen von Psychopharmaka.
6   *Ketelsen/Driessen/Zechert*, Psychiatrische Praxis (Supplement 2 2007), 208 ff.

angestellt haben und den Datenmangel beklagen; betroffen seien vorwiegend Patienten mit bipolaren oder schizophrenen Störungen.[7] Exemplarisch sollen einige Befunde aufgezeigt werden:

Schmied & Ernst erhoben im Züricher Burghölzli für das Jahr 1981 77 Zwangsmedikationen bei 43 Patienten; jeder achte aufgenommene Patient war betroffen.[8] Diese litten vor allem unter schizophrenen und manischen Störungsbildern sowie akuten exogenen Reaktionen.

Eine Untersuchung in der Psychiatrischen Universitätsklinik Basel ergab, dass im Langzeitbereich für psychisch Kranke nahezu jeder Patient mit einer Erkrankung aus dem schizophrenen Formenkreis eine Zwangsmedikation erlebt hatte,[9] Suchtkranke hingegen praktisch nie.[10] 62 der 199 befragten Patienten waren im Laufe ihrer »psychiatrischen Karriere« zwangsmedikamentiert worden, 38 waren es während des aktuellen Klinikaufenthaltes.[11] In der Studie wurden die zwangsmedikamentierten Patienten mit den übrigen verglichen. Die Geschlechterverteilung war nicht signifikant unterschiedlich, die Zwangsbehandelten waren aber jünger[12], häufiger hospitalisiert[13] und öfter mit Neuroleptika medikamentiert[14].[15] Die Diagnose »schizophrene Psychose« kam fast doppelt so häufig vor wie bei den Nicht-Zwangsbehandelten.[16]

Interessant sind auch die Befunde zu den Begleitumständen, die im Rahmen einer Patientenbefragung ermittelt wurden: Bei 34 Personen waren vor der Zwangsmedikation Folgen für den Fall der Weigerung angedroht worden,[17] bei 17 hingegen nicht. 36 Personen erhielten eine Injektion, 17 Personen nahmen das Medikament in Tablettenform ein. 56% der

---

7 *Steinert/Kallert*, Psychiatrische Praxis 2006, 160 ff.
8 Es wurden 348 Patienten aufgenommen; es waren 24 Männer und 19 Frauen; vgl. *Schmied*, Isolierung und Injektion gegen den Willen des Kranken im Urteil von Patient und Pflegepersonal, 1983.
9 Allerdings nur im Langzeitbereich; es gab auch schizophren Kranke ohne Zwangsbehandlungen, s. a. Abbildung 1, *Finzen/Haug/Beck/Lüthy*, Hilfe wider Willen, 1993, S. 66; ähnlich zu einer weiteren Befragung *ebenda*, 86 unter Hinweis auf Selektionseffekte, und bei einer prospektiven Aktenauswertung *ebenda*, 90. Die schizophrenen Kranken sind deutlich stärker belastet, vgl. *dieselben*, 140.
10 *Finzen/Haug/Beck/Lüthy*, Hilfe wider Willen, 1993, 50-52; n=199.
11 *Finzen/Haug/Beck/Lüthy*, Hilfe wider Willen, 1993, 60.
12 $t=2.9$, $df=141$, $p<.005$.
13 $t=2.5$, $df=87$, $p<.02$; widersprüchlich insofern die Zusammenfassung auf S. 68.
14 $Chi^2=8.2$, $df=1$, $p<.005$.
15 *Finzen/Haug/Beck/Lüthy*, Hilfe wider Willen, 1993, 65.
16 *Finzen/Haug/Beck/Lüthy*, Hilfe wider Willen, 1993, 67.
17 13 Mal Ausgangssperre und/ oder Isolation (13 Mal) und/ oder Zwangsspritze (28 Mal), *Finzen/Haug/Beck/Lüthy*, Hilfe wider Willen, 1993, 70.

Patienten berichteten, bei der Zwangsmedikation festgehalten worden zu sein.[18] Als Motiv für die Weigerung, das Medikament einzunehmen, gaben die Patienten sehr häufig an, sie hätten sich nicht krank gefühlt, sie hätten Angst vor Nebenwirkungen gehabt oder sich von Arzt und Bezugsperson nicht verstanden gefühlt.[19] Nur ein Drittel gab im Nachhinein an, dass die Zwangsbehandlung Erleichterung gebracht habe, die Übrigen hielten sie für sinnlos; immerhin 39% stuften sie als schwere Demütigung und Kränkung, 31% als Strafe ein.[20] Als Alternativen wurden insbesondere Gespräche mit dem Arzt oder der Bezugsperson genannt.[21] Eine prospektive Aktenuntersuchung für das Jahr 1991 ergab, dass bezogen auf die Anzahl der Aufnahmen 5,7% der Patienten zwangsbehandelt wurden, wobei dies am häufigsten in den ersten Tagen des Aufenthalts geschah.[22]

bb) Evaluationsstudien, in denen die Wirksamkeit der Zwangsbehandlung überprüft wird, liegen nur ganz vereinzelt vor, insbesondere für medikamentöse Zwangsbehandlungen bei stationärer Unterbringung[23] - was mit Blick auf die Verhältnismäßigkeitsprüfung sehr bedenklich erscheint, schließlich müsste die Zwangsbehandlung – wie oben erläutert – jedenfalls ein *geeignetes* Mittel sein. *Steinert & Schmid*[24] haben Patienten mit schizophrenen Störungen (n=88) untersucht und sind dabei der Frage nachgegangen, inwiefern sich der Behandlungserfolg bei Patienten unterschied, die eine freiwillige bzw. unfreiwillige Behandlung erfahren haben (unter verschiedensten Aspekten des Zwangs). Von 88 Patienten erhielten fünf eine Zwangsmedikation. Die Autoren konstatieren, dass schizophrene Patienten von der Behandlung profitieren, egal ob die Behandlung freiwillig erfolgte oder nicht.

In ihrer Meta-Analyse berichten *Steinert & Kallert* von Studien aus den USA zur medikamentösen Zwangsbehandlung unter ambulanten Bedingungen. In einer New Yorker Studie zeigten sich bei einem randomisierten

---

18 N=30; 24 Personen verneinten diese Frage, *Finzen/Haug/Beck/Lüthy*, Hilfe wider Willen, 1993, 72.
19 *Finzen/Haug/Beck/Lüthy*, Hilfe wider Willen, 1993, 73, Tabelle 9; ähnlich in einer weiteren Befragung *Finzen/Haug/Beck/Lüthy*, Hilfe wider Willen, 1993, 117.
20 *Finzen/Haug/Beck/Lüthy*, Hilfe wider Willen, 1993, 74 f., insbesondere Tabelle 11.
21 *Finzen/Haug/Beck/Lüthy*, Hilfe wider Willen, 1993, 74.
22 *Finzen/Haug/Beck/Lüthy*, Hilfe wider Willen, 1993, 89, 95 f., 112.
23 *Steinert/Kallert*, Psychiatrische Praxis 2006, 160, 162.
24 *Steiner/ Schmid*, Psychiatr Serv 2004, 786 ff.; zitiert nach *Steinert/Kallert*, Psychiatrische Praxis 2006, 160, 162, die berichten, dass ähnliche Ergebnisse aus einer Studie aus den USA folgen (s. dort weitere Nachweise).

Untersuchungsdesign keine Unterschiede (Krankheitsbild, Häufigkeit von Gewaltkriminalität, Wahrnehmung von Zwang und Lebensqualität) zwischen den Patienten, die zusätzlich zu einer intensiven Nachbetreuung noch Antipsychotika erhalten, und denen, die nur eine intensive Nachbetreuung bekommen hatten.[25] In ihrer Meta-Analyse schildern sie weiter die North-Carolina-Studie, die Unterschiede erst nach mindestens sechsmonatiger medikamentöser Behandlung und dies erst nach zwölf Monaten zeigte;[26] als besonders effektiv erwies sich die medikamentöse Behandlung bei schizophrenen Patienten.

Betrachtet man die Perspektive der Patienten, so haben sich diese teils sehr kritisch geäußert.[27] In der Studie an der Universitätsklinik Basel[28] wurden 54 von einer Zwangsmedikation betroffene Patienten befragt; über die Hälfte berichtete von hierbei angewandtem körperlichem Zwang. Drei Viertel der Patienten gaben an, dass nach ihrer Einschätzung die Zwangsmedikation durch andere Maßnahmen (Gespräche u.a.) vermeidbar gewesen wäre.

b)   Erkenntnisse zu Bezugsfragen

Weiter liegen Befunde zu angrenzenden Bereichen vor.

aa) Anhaltspunkte gibt eine – wenngleich etwas ältere – vergleichende Meta-Analyse mit einer juristischen Fragestellung von *Ehrhardt*[29] betreffend Studien zur Behandlungsverweigerung bei psychisch Kranken. Er kommt zu dem Schluss, dass bei Pharmakotherapien die Angst vor Nebenwirkungen, die tatsächlich häufig auftreten, ein gewichtiger Motivationsgrund (neben weiteren Gründen) ist, wobei die Datenlage sehr heterogene Ergebnisse liefert. Aus der Behandlungsverweigerung allein darf natürlich nicht auf eine Einwilligungsunfähigkeit geschlossen werden.

---

25   *Steinert/Kallert*, Psychiatrische Praxis 2006, 160, 162 f. m. Nachweisen zur Studie. (*Steadman et. al* 2001) Nachbeobachtungszeiträume: 1,5 und 12 Monate.
26   *Steinert/Kallert*, Psychiatrische Praxis 2006, 160, 163 m. zahlreichen Belegen zu den Studienergebnissen. Es ergab sich, dass Gewalttaten, Viktimisierung und Verhaftungen seltener waren, auch die Lebensqualität war verbessert, allerdings ergab sich auch eine erhöhte Wahrnehmung von Zwang.
27   Vgl. die Darstellung bei *Steinert/Kallert*, Psychiatrische Praxis 2006, 160, 163 f.
28   Vgl. FN. 15.
29   *Ehrhardt*, Behandlung und Behandlungsverweigerung untergebrachter psychisch Kranker – Eine vergleichende Untersuchung zum deutschen und amerikanischen Recht, 1989, 39.

bb) Interessant ist auch, welche Krankheitsbilder die Patientenpopulation im Maßregelvollzug aufweist; exemplarisch sei auf eine Untersuchung von *Seifert/Jahn/Bolten* verwiesen, die von 1997 bis 2003 Daten zu 188 Probanden aus 23 Maßregelvollzugseinrichtungen/Abteilungen (Psychiatrie) erhoben und diese mit Daten aus einer Querschnittsuntersuchung von 1994 verglichen haben. Danach waren 1994 im Maßregelvollzug 33,7% wegen einer schizophrenen Psychose, 29,1% hatten eine Persönlichkeitsstörung mit, 22,3% ohne eine Minderbegabung. Eine hirnorganische Störung wiesen 5,0% auf, eine intellektuelle Behinderung 7,7%. In der untersuchten Gruppe der Entlassenen war die Verteilung verschoben; hier dominierten die schizophrenen Psychosen (45,9%), gefolgt von der Persönlichkeitsstörung ohne (18,3%) und der mit Minderbegabung (13,3%).[30] Dies deutet darauf hin, dass die schizophren Kranken im Maßregelvollzug insgesamt überrepräsentiert sind, allerdings auch bessere Entlassungschancen haben. Fraglich bleibt natürlich, ob dies nur durch eine zwangsweise Behandlung erreicht werden kann. Dass die Patientengruppe, die krankheitsbedingt ein hohes Risiko für Zwangsmedikationen hat (schizophrener Formenkreis), im Maßregelvollzug überrepräsentiert ist, unterstreicht die Dringlichkeit des Forschungsbedarfs.[31]

cc) Empirische Befunde deuten darauf hin, dass Personen in Unterbringung im psychiatrischen Krankenhaus (nicht nur Maßregelvollzug) und in Haft ein höheres Suizidrisiko aufweisen.

Die Selbstmordrate in der Psychiatrie ist um das 10-fache erhöht.[32] Laut der großen »Klinik-Suizid-Verbundstudie II«,[33] in der Suiziddaten von 442 Suizidenten berücksichtigt wurden, brachten sich mehr Männer als Frauen (62,2% Männer) um. Die meisten Suizide fanden im ersten Behandlungsjahr statt (91,9%). Bei Betrachtung der Krankheitsbilder dominierten die schizophrenen Psychosen (51%), gefolgt von den affektiven

---

30 *Seifert/Bolten/Jahn*, Fortschr Neurol Psychiat 2001, 250.
31 Hinzukommt, dass Patienten mit einer schizophrenen Erkrankung oder anderen Psychosen unter den zwangsweise untergebrachten Patienten (bezogen auf die Allgemeinpsychiatrie) auch überrepräsentiert sind und zugleich häufig durch eine mangelnde Krankheitseinsicht und fehlende Behandlungsbereitschaft gekennzeichnet sind; hierzu *Jaeger et al.*, Soc Psychiatry Psychiatr Epidemiol 2013, 1787, 1788 m.w.N., die untersuchten, ob eine zwangsweise Unterbringung die weitere Behandlung der Patienten beeinflusst.
32 *Weber*, Rechtliche Aspekte bei der Therapie Suizidaler, in: Bronisch (Hrsg.), Psychotherapie der Suizidalität, 2002, 108 ff.
33 *Lehle*, Krankenhauspsychiatrie 16 (1), 2005, 34 ff.; *Lehle*, Psychiatrie 2, 2007, 40 ff.

Psychosen (25%). Klinisch wird darauf hingewiesen, dass trotz der Gefahr von Suizidhandlungen im Rahmen der Behandlung einerseits Freiräume für eine effektive Therapie von Nöten sind (bspw. Lockerungen, Öffnungen), andererseits aber auch bei allergrößter Vorsicht Suizide bei schweren psychischen Erkrankungen eben nicht verhindert werden können.[34] Somit ist die Zweck-Mittel-Relation bei Eingriffsmaßnahmen hier besonders streng zu hinterfragen.

Auch in Haft sind die Selbstmordraten immens erhöht; nach der Studie von *Bennefeld-Kersten*[35] haben sich von 2000 bis 2005 572 Gefangene das Leben genommen, davon sechs Frauen. Die »gefährlichste« Zeit ist die des Haftbeginns; 50% der Suizide fielen in den Zeitraum der ersten drei Monate der Haft. Erklärt wird dies oft mit dem sog. »Inhaftierungsschock«, in dem die neue Situation »Haft« mit Schuldgefühlen und extremer Verunsicherung zusammentrifft.[36]

Aus diesen erhöhten Raten kann natürlich – wie oben angesprochen – eine erhöhte Fürsorgepflicht resultieren; letztlich trägt neben der psychischen Erkrankung die staatliche Aktion des »Einsperrens« sicher auch zur Ausnahmesituation bei. Dennoch und gerade deshalb darf dies nicht einer Entmündigung des Einwilligungsfähigen gleich kommen. Der Staat muss sich vielmehr die »Zeit« nehmen, es »sich etwas kosten lassen« (z.B. durch bessere Personalschlüssel für ein »Mehr« an Betreuung), dass die Kommunikation mit den Patienten/ Inhaftierten verbessert wird und diese wieder »Lebens«- oder auch »Behandlungsmut« schöpfen!

2. Eigenes Forschungsdesign

Es ist – wegen der starken Mehrfachbelastung dieser Population[37] – dringend erforderlich, eine rechtstatsächliche, empirische Untersuchung zur Zwangsbehandlung im Maßregelvollzug durchzuführen.

---

34 Vgl. hierzu *Wolfersdorf*, Suizidprophylaxe 2003, 102, 103, insbes. Tabelle 1.
35 *Bennefeld-Kersten*, Suizide in Justizvollzugsanstalten der Bundesrepublik Deutschland in den Jahren 2000 bis 2005. Unveröffentlichter Bericht an die Justizministerien der Bundesländer; zitiert nach *Körner*, Suizid, 2012, 257.
36 *Körner*, Suizid, 2012, 257 f.
37 Einerseits für Suizide wegen der haftähnlichen Unterbringung und andererseits wegen der Überrepräsentation der Krankheiten aus dem schizophrenen Formenkreis, die einerseits auch das Suizidrisiko erhöhen und andererseits das Risiko »Opfer« einer Zwangsbehandlung zu werden.

a) Forschungsgegenstand

Zuvorderst sind mögliche Untersuchungsfragen zu klären, in einem zweiten Schritt ist die Umsetzung zu planen, wobei Machbarkeitsfragen besonders zu berücksichtigen sind.

Von Interesse ist zunächst durchaus, zur Ausleuchtung der Rechtswirklichkeit, die Beantwortung rein deskriptiver Fragen, insbesondere, wie viele Zwangsbehandlungen durchgeführt werden. Hier stellen sich weitere Unterfragen: Wird ein Patient meist mehrmals einer Zwangsbehandlung unterworfen, also gibt es hier eine Häufung des »Opferwerdens«? Welcher prozentuale Anteil der Patienten wird einer Zwangsbehandlung unterworfen? Was kennzeichnet die Patienten, die einer Zwangsbehandlung unterworfen werden? Haben situative und zeitliche Faktoren Einfluss auf das »Ob« einer Zwangsbehandlung und falls ja, welche sind das?

Von weiterem Interesse ist, welche Arten von Zwangsbehandlungen vorwiegend durchgeführt werden und wie diese in rechtlicher und tatsächlicher Hinsicht gestaltet werden. Auch sollte versucht werden, herauszuarbeiten, ob es sich um in rechtlicher Hinsicht zulässige Zwangsbehandlungen handelt.

Daneben ist regionalen oder klinikbedingten Unterschieden nachzugehen.

Schließlich ist ein zentraler Punkt die Frage nach der Wirksamkeit von Zwangsbehandlungen, die aufgrund eines hypothesengeleiteten Forschungsdesigns anzugehen ist: Wie wirken Zwangsbehandlungen? Kommt es zu Heilungen? Kommt es zu (früheren) Entlassungen? Wie ist die Legalbewährung? Eine mögliche Forschungshypothese wäre also: Patienten mit (medikamentöser) Zwangsbehandlung werden nach Entlassung aus dem Maßregelvollzug längere Zeit nicht rückfällig als Patienten ohne eine solche.

b) Forschungsdesign i.e.S.

Die Untersuchung sollte überregional angelegt werden.

Schritt 1:

Um zu erheben, wie viele Zwangsbehandlungen durchgeführt werden, sollten alle Maßregelvollzugsanstalten angeschrieben werden. Wünschenswert wäre die Abfrage der Daten zu drei Zeitpunkten, bspw. 1990, 2000 und 2010, um auch eine Längsschnittperspektive zu bekommen. Er-

gänzend könnte noch in den Bundesländern, in denen Meldepflichten gegenüber der Aufsichtsbehörde bestehen,[38] eine Datenabfrage bei diesen getätigt werden. Bei den Amtsgerichten könnte zudem nach Zwangsbehandlungen im Rahmen von Betreuungsverfahren gefragt werden, für diejenigen Betreuten, die im Maßregelvollzug befindlich sind.
Damit könnte man allerdings nur das sog. Hellfeld erfragen.

Schritt 2:

Um ein vollständiges Bild zu erhalten, sollten auch noch Ärzte und Patienten direkt befragt werden, wie häufig sie Zwangsbehandlungen durchführen bzw. unterworfen sind. Hier müsste man sich aus forschungsökonomischen Gründen natürlich auf einige ausgewählte Anstalten beschränken, idealerweise in unterschiedlichen Bundesländern. In diesen Anstalten sollten dann auch noch Auswertungen der Patientenakten stattfinden, um Material für die obengenannten Einzelfragen zu sammeln (bspw. was sind »Risiko-« was »protektive Faktoren« betreffend des »Opferwerdens« einer Zwangsbehandlung?).

Problematisch wäre bei der Befragung einerseits, dass psychisch kranke Patienten eine sehr schwer zu befragende Untersuchungsgruppe sein dürften. Auch der Zugang zu dieser Untersuchungsgruppe könnte sowohl seitens der Behörden als auch seitens der Patienten selbst schwierig werden. Allerdings befinden sich – jenseits des Bereichs des »akuten« § 20 StGB – durchaus befragungsfähige Patienten im Maßregelvollzug. Zudem könnte man die Befragung zeitlich mit der Entlassung verknüpfen, so dass von einem stabilen Geisteszustand auszugehen sein sollte.

Schritt 3:

Für die eigentliche Evaluation wäre natürlich ein experimentelles Design wünschenswert.

Idealerweise hätte man zwei Modellanstalten, in die die Patienten nach dem Zufallsprinzip oder nach dem Prinzip der matched pairs (»twins«) eingewiesen würden. In einer Modellanstalt gäbe es Zwangsbehandlungen, in der anderen Klinik nicht. Dort würde vielmehr verstärkt nach einvernehmlichen Behandlungsoptionen gesucht, bspw. entsprechend dem »Hamburger-Modell«[39]. Nach einigen Jahren würde man »Erfolgs- und

---

38 Wie bspw. nach dem Rheinland-Pfälzischen Maßregelvollzugsgesetz, § 6 Abs. 6.
39 So wird aus der sozialpsychiatrischen Ambulanz im Krankenhaus der Hamburger Universität mitgeteilt: Dort setzt man auf ambulante Versorgung; die Patienten leben zuhause, werden dort von Ärzten visitiert und können im Bedarfsfall auch eine Notfallnummer wählen. Die Zahl der Zwangsmaßnahmen sei stark gesun-

Wirksamkeitsfaktoren« untersuchen, so beispielsweise: Gab es weniger Selbst- und Fremdverletzungen durch die Patienten? In welcher Klinik war die Aufenthaltsdauer der Patienten kürzer? Bei welchen Patienten kam es zu Rückfällen?

Allerdings sprechen in juristischen und auch medizinischen Sachverhalten gewichtige ethische Gründe gegen solche Zufallszuweisungen, jedenfalls wenn man davon ausgeht, dass eine Maßnahme »besser« wirkt als die andere, weil man niemandem die optimale Behandlung vorenthalten darf (vgl. nur Art. 3 Abs. 1 GG). Die Mediziner haben hier teilweise weniger Bedenken, jedenfalls wenn sie vom einwilligungsfähigen Patienten ausgehen. Anders sieht es schon in der Psychiatrie aus – hier kann man fragen, ob man überhaupt »intramural« forschen darf; hinzukommt, dass die hohen Suizidraten eine große Gefahr darstellen. Ähnlich zugespitzt ist die Situation in Settings, in denen sich der staatliche Strafanspruch manifestiert, indem der Einzelne einer (stationären) Sanktion unterworfen wird. In der Regel geht man hier nur dann von der Zulässigkeit einer experimentellen Untersuchungsanordnung aus, wenn ohnehin nicht genügend Plätze in der »vermutlich besseren« Maßnahme zur Verfügung stehen, so dass durch das Experiment nicht mehr Personen ausgeschlossen würden als ohne das Experiment.[40]

Realistischerweise würde man daher versuchen, Daten in einer Anstalt zu erheben, in der auf Zwangsbehandlungen weitgehend verzichtet wird (die also nach der Umfrage wenige Fälle angab), und demgegenüber eine Anstalt auszuwählen, in der viele Fälle von Zwangsbehandlung bekannt sind. Dann könnte man - im Nachhinein - matched pairs bilden und so eine Experimental- und eine Kontrollgruppe generieren (quasi-experimentelles Design).

Hilfsweise und ergänzend könnte man noch Experteninterviews mit Ärzten der Allgemeinpsychiatrie durchführen, die im Anschluss an das Bundesverfassungsgerichtsurteil von 2011 andere Strategien entwickelt haben (bspw. in der Klinik in Heidenheim[41]).

---

ken; vgl. den Bericht von *Bock*, Leiter der Ambulanz, in: *Grefe/Albrecht*, Behandeln oder fixieren? In: ZEIT v. 07.12.2012.
40 Vgl. die Studie von Ortmann, Sozialtherapie im Strafvollzug, 2002.
41 So der positive Bericht des Chefarztes der Psychiatrie in Heidenheim (*Zinkler*, in einem offenen Brief an die Justizministerin Leutheusser-Schnarrenberger v. 12.11.2012), betreffend die Entwicklungen seitdem es »keine rechtliche Grundlage für die Zwangsbehandlung mehr gebe«: die Zusammenarbeit mit den Patienten sei vertrauensvoller geworden, durch die Versicherung, man werde nicht zwangsbehandeln, würde das Klima verbessert und so erreicht, dass letztlich neue Möglichkeiten der Behandlung entdeckt würden (insbesondere geduldiges

Würde sich dann herausstellen, dass die Verweildauer in den Kliniken, die Heilung (jedenfalls für einen bestimmten Zeitraum) und Legalbewährung der Patienten nach dem Einsatz von Maßnahmen der Zwangsbehandlung nicht verbessert wäre, im Vergleich zu solchen Patienten, bei denen keine Zwangsbehandlung angewandt wurde, dann wäre an der Verhältnismäßigkeit selbiger zu zweifeln.

III. Resümee

Bei Durchsicht der vorhandenen Literatur und Studien zum Thema Zwangsbehandlung bei Patienten der (Maßregelvollzugs-)Psychiatrie wurde deutlich, dass die Sichtweise von Medizinern und Juristen teils stark differiert,[42] was sicher aus der unterschiedlichen Zielsetzung der Beschäftigung mit dem Thema resultiert. Das Ende des Selbstbestimmungsrechts des psychisch kranken Patienten ist in den Grenzfällen schwer zu bestimmen, und deshalb auch der Beginn eines Rechts bzw. einer möglicherweise bestehenden Pflicht zur Zwangsbehandlung. Die Fragestellung kann keine der beteiligten Professionen für sich alleine lösen, da die Problematik in der (Rechts-)Wirklichkeit eben genau im Schnittbereich von Recht und Psychiatrie angesiedelt ist. Die (Rechts-)Wirklichkeit wird in den Augen der behandelnden Ärzte von den Juristen zu wenig zur Kenntnis genommen,[43] tatsächlich sind bereits viele Fragen rein deskriptiver Natur nicht hinreichend geklärt, erst recht nicht Wirksamkeitsfragen beantwortet. Auf der anderen Seite fürchten viele einen rechtsfreien Raum hinter den geschlossenen Mauern.

Um die Fragestellungen des Rechts aber hinreichend bei empirischen Untersuchungen berücksichtigen zu können, sind notwendigerweise inter- und multidisziplinäre Forschungsverbünde zu bilden. Beide Disziplinen sollten vorhandene Erkenntnisse der jeweils anderen Profession zur Kenntnis nehmen und gemeinsam nach einer weiteren Ausleuchtung dieses sensiblen Bereichs suchen. Nur auf diesem Weg können zufriedenstel-

---

Verhandeln und Gespräche). Die Zahl der Übergriffe oder dergleichen von Patienten habe – wider Erwarten – nicht zugenommen.
42 Hierzu s. bspw. auch *Schreiber*, Rechtliche Grundlagen der psychiatrischen Begutachtung, in: Pohlmeier u.a. (Hrsg.) Forensische Psychiatrie heute – Festschrift für Venzlaff, 1986, 19.
43 Vgl. hierzu die Stellungnahme der DGPPN zur Zwangsbehandlung v. 16.01.2012, abrufbar unter https://www.dgppn.de/publikationen/stellungnahmen/detailansicht/article/141/zum-urteil-d-1.html, zuletzt abgerufen am 13.08.2014.

lende Lösungswege gefunden werden, die das Patientenwohl, das Recht auf Selbstbestimmung der Patienten und die Sicherheitsbelange der Allgemeinheit so berücksichtigen, dass der Verhältnismäßigkeitsgrundsatz gewahrt wird.

Verteidigung und Psychosachverständige

Rüdiger Deckers

I. Abgrenzung

Der allgemeinen Thematik der Ringvorlesung folgend, konzentriere ich mich auf solche Sachverständigengutachten, die sich mit der Frage der ausgeschlossenen (Exkulpation) oder verminderten (Dekulpation) Schuldfähigkeit des Täters bei der Tatbegehung befassen, §§ 20, 21 StGB.

Diese Beweisfrage stellt sich vorrangig in Kapitalstrafverfahren, die solche Delikte untersuchen, denen eine versuchte oder vollendete lebensvernichtende Tat zugrundeliegt. Diese Delikte, die zumeist im sozialen Nahbereich der beteiligten Personen geschehen (Beziehungstaten), zeichnen sich häufig dadurch aus, dass ihnen ein Konflikt – inner- und/oder interpersonal – zugrundeliegt. Nicht selten erfolgen sie spontan im Rahmen eines Streits, der eskaliert und den Blick für gewaltfreie Lösungen verstellt.

Schon *C.G. Jung* hat beklagt, dass die Menschen in unserer Gesellschaft zwar auf berufliche Fähigkeiten hin ausgebildet werden, nicht aber auf das soziale Leben. Beziehungen und Trennungen werden in einem »Learning-by-doing-Prozess« »erlernt«, viele Tötungsdelikte zeugen von der Unfähigkeit der beteiligten Menschen, ihre Konflikte – etwa in einer vernünftigen Streitkultur – auszutragen, Trennungen zu vollziehen und zu bewältigen.[1]

Rasch hat in seinem Buch »Tötung des Intimpartners« solche Fallkonstellationen nachgezeichnet, die ihm in seiner Praxis als Psychiater begegnet sind. Das Buch (1995 neu aufgelegt) hat an Aktualität nichts eingebüßt. Ausgerechnet in solchen menschlichen Beziehungen, in denen sich Menschen zunächst mit starken positiven Emotionen begegnen, können sich Ungleichzeitigkeiten, Fehlentwicklungen, Wandlungen in der Beziehung ergeben, die die Partner völlig überfordern, ebenso äußere Bedingungen, die das Verhältnis so stark belasten, dass sie als nicht mehr er-

---

[1] Instruktiv zur Unfähigkeit, Konflikte auszutragen und zu bewältigen: *Tavris/Aronson*, Ich habe recht, auch wenn ich mich irre, 2010, S. 229 ff. Kapitel: Der Tod der Liebe, Rechtfertigung in der Ehe; Wunden, Grabenkriege und verhärtete Fronten; Loslassen, Verantwortung übernehmen.

tragbar erscheinen. Stehen diesen Menschen nun nicht die Mittel eines konstruktiven Diskurses oder Hilfe (professioneller) Dritter zur Verfügung, entsteht leicht eine explosive Situation, die in einer lebensvernichtenden Tat münden kann.

Als Verteidiger in Kapitalstrafverfahren bin ich in der überwiegenden Zahl der Fälle mit solchen Fallkonstellationen konfrontiert worden. Sie geben – regelmäßig – Anlass, ein Sachverständigengutachten einzuholen.

II. Ausgangslage

Wird der Verteidiger von einem/einer Beschuldigten bevollmächtigt, dem/der die Begehung eines Tötungsdeliktes vorgeworfen wird, steht er im Geltungsbereich der StPO vor äußerst komplexen und schwierigen Problemen und Fragestellungen:

Die durch Gesetz von 1941 geschaffenen Normen der §§ 211, 212 und 213 unseres Strafgesetzbuches befrachten die Schwurgerichtsverfahren mit Tatsachen- und Rechtsfragen, die sich zuallererst um die Frage ranken, ob die lebensvernichtende Tat sich im Sinne des § 211 StGB mit seinen emotional aufgeladenen Gesinnungsmerkmalen als Mord darstellt und damit die exklusive Sanktionsfolge der lebenslangen Freiheitsstrafe nach sich zieht.[2]

Diese Norm macht auch vor Konflikt-, Beziehungs- und Spontantaten nicht halt, ein falscher Satz des Beschuldigten, ausgesprochen in einer polizeilichen Vernehmung oder in einem Explorationsgespräch beim Sachverständigen, kann die Annahme »niedriger Beweggründe«, der »Habgier«, der »Heimtücke« auslösen, die dem Richter – regelmäßig – keinen Entscheidungsspielraum in der Strafzumessung mehr belässt und – wie *Fischer* in der Zeit vom 12. Dez. 2013 in seinem Artikel »Völkisches Recht« formuliert hat, zum »Gesetzesanwendungsautomaten« degradiert.

Umgekehrt können gerade durch ein Sachverständigengutachten, wenn es zum Ergebnis gelangt, der/die Beschuldigte habe im Affekt gehandelt, Barrieren dagegen aufgebaut werden, den/die Beschuldigten als Subjekt eines Mörders zu qualifizieren, weil durch das Gutachten nicht überwindbare Zweifel am Tötungsvorsatz[3], am Ausnutzungsbewusstsein[4] (Heimtü-

---

2   Zum Reformbedarf und einem konkreten Reformvorschlag: *Deckers/Fischer/König/Bernsmann*, NStZ 2014, 9.
3   Vgl. BGH NStZ-RR 2003, 8; NStZ 2009, 568; *Fischer*, StGB, 2014, § 212 Rn. 12.
4   Vgl. BGH NStZ-RR 2005, 264.

cke) oder dem vorherrschenden niedrigen Beweggrund[5] (im Rahmen eines sog. Motivbündels) vermittelt werden.

Die Frage also, ob der Verteidiger seinen Mandanten, der nicht bestreiten will, die Tat begangen zu haben, von einem Sachverständigen explorieren lässt, muss vor diesem äußerst komplexen Hintergrund erwogen und beantwortet werden.

Ein noch gravierenderes Problem stellt sich der Verteidigung, wenn der/die Beschuldigte – aus welchen Gründen auch immer – die Tat bestreitet oder zu ihr schweigen (§ 136 StPO) möchte, der Verteidiger die Beweislage aber als kritisch ansieht und für den Fall eines Geständnisses erhebliche Anknüpfungstatsachen für eine De- oder Exkulpation nach den §§ 20, 21 StGB erkennt. Dieser Strategiekonflikt ist – im Grundsatz – nach der gegenwärtigen Gesetzes- und Verfahrenslage nicht lösbar.[6]

Es wird gemeinhin als schwerer Kunstfehler der Verteidigung angesehen, einen Beschuldigten von einem psychiatrischen oder psychologischen Sachverständigen explorieren zu lassen, der die Tat bestreitet oder zu ihr schweigt; denn die sachverständige Exploration muss sich – regelmäßig – mit dem Tatgeschehen auseinandersetzen, die Beweisfrage lautet, ob der Täter bei der Tat aus Gründen einer seelischen Störung im weitesten Sinne ohne oder in verminderter Schuld gehandelt hat. Die Tat zu bestreiten und gleichzeitig darüber zu sprechen, aus welchen Gründen der Beschuldigte bei Begehung der Tat in keiner oder geringerer Schuld gehandelt habe, wäre ein unauflösbarer Widerspruch.

Möchte der Beschuldigte demnach die Chancen der Beweislage nutzen oder verneint er gegenüber dem Verteidiger, die Tat begangen zu haben, ist der Weg verstellt, ein Sachverständigengutachten zu §§ 20, 21 StGB einzuholen.

Ergibt sich später in der Hauptverhandlung, dass das Gericht zu einer Verurteilung kommen wird, so ist es – regelmäßig – nicht mehr möglich, die Verteidigungsstrategie noch umzustellen und zu verlangen, dass nun ein Sachverständigengutachten eingeholt wird.

Dieses Dilemma wäre nur bei einer Zweiteilung der Hauptverhandlung zu lösen, wenn also zunächst die Tat- und Schuldfrage untersucht und anschließend – in einem zweiten Abschnitt – zur Rechtsfolge und Strafzumessung verhandelt würde.

---

5 Vgl. BGH StV 2001, 230 LS; StV 1996, 211.
6 Zum Tatinterlokut – zweigeteilte Hauptverhandlung – *Baumann et al.*, Alternativ-Entwurf Novelle zur Strafprozessordnung Reform der Hauptverhandlung 1985.

Ein solches – formelles – Schuldinterlokut hat schon Roxin für den deutschen Strafprozess gefordert.[7]

Eine weitere Komplikation folgt für die Verteidigung in Kapitalstrafverfahren aus der Normfassung des § 211 StGB deshalb, weil durch sie den Ermittlungsbeamten geradezu auferlegt wird, »für den Tatbestand zu ermitteln« – wie *Rasch/Hinz*[8] in einer Untersuchung aufgezeigt haben, d.h. den Beschuldigten in der Ermittlungsvernehmung dazu zu veranlassen, auf seine verbrieften Rechte – zu schweigen (§ 136 StPO) und/oder einen Anwalt zu konsultieren (§ 137 StPO) – zu verzichten. In der weitaus überwiegenden Zahl der Fälle gelingt dies auch. Der Verteidiger kommt daher häufig erst dann ins Mandat, wenn der Beschuldigte bereits vollständig vernommen worden ist und nicht selten auch den Inhalt seiner polizeilichen Vernehmung beim Untersuchungs- und Haftrichter bestätigt hat[9] – was die Verlesung des Vernehmungsprotokolls als Geständnis nach § 254 Abs. 1 StPO ermöglicht.

Sollte der Beschuldigte gegenüber seinem Verteidiger reklamieren, dass wesentliche Inhalte dieser Vernehmungsschriften nicht seine wirkliche Sicht auf die Dinge wiedergeben, stellen sich die Fragen, ob das bisherige Aussagematerial gesperrt (Einwand des Verwertungsverbots, Beispiel: § 136a StPO – verbotene Vernehmungsmethoden –, Belehrungsfehler § 136 StPO) oder durch eine Korrektur im Explorationsgespräch beim Sachverständigen relativiert werden kann. Letzteres ist nicht ganz unproblematisch, denn der Sachverständige kann durchaus bei einer Korrektur wesentlicher (innerer) Tatsachen den Eindruck gewinnen, der Beschuldigte gebe nicht sein tatsächliches Erleben wieder, sondern suche – etwa nach Beratung mit dem Verteidiger – nur nach Wegen, seine Lage zu seinem Vorteil zu verändern.

Alle genannten Verfahrenskonstellationen, die die Lage der Verteidigung mit Blick auf die Ausgangsfrage erheblich erschweren, ob sie initiiert, ein Sachverständigengutachten einzuholen, geben Anlass, eine Gesetzesnovelle zu fordern, die sowohl das materielle (§§ 211, 212, 213 StGB) als auch das formelle Recht betrifft.[10]

---

7 Vgl. *Roxin/Schünemann*, Strafverfahrensrecht, 2012, § 44 Rn. 81.
8 *Rasch/Hinz*, Für den Tatbestand ermitteln..., Kriminalistik 1980, 377.
9 Vgl. zum Verwertungsverbot bei Verletzung des Rechts auf Verteidigerkonsultation: BGH 3 StR 435/12 = NStZ 2013, 604 m. Anm. *Britz*; *Jahn*, Jus 2013, 1047; Anm. *Eisenberg* StV 2013, 779.
10 Vgl. auch: Stellungnahme des DAV zur Reform der Tötungsdelikte (StN-Nr. 1/2014); Interview mit dem Bundesminister für Justiz und Verbraucherschutz Heiko Maas in SZ 08.02.2014 S. 6; ders. http://mobil.zeit.de/politik/deutschland/2014-02/heiko-maas-mord-reform (zuletzt abgerufen am 13.8.2014).

III. Praxis

Will sich die Verteidigung für den Weg entscheiden, bereits im Ermittlungsverfahren einen Antrag zu stellen, ein Sachverständigengutachten einzuholen, muss sie zunächst klären, auf welche Merkmale der ersten Stufe des § 20 StGB ein solcher Antrag abzielen soll. Die Merkmale der krankhaften seelischen Störung, des Schwachsinns und der schweren anderen seelischen Abartigkeit (SASA) bergen, werden sie im Gutachten positiv diagnostiziert, die Gefahr in sich, dass anschließend die Feststellung getroffen wird, vom Täter sei aufgrund einer Gesamtwürdigung seiner Person und seiner Tat zu erwarten, dass er infolge seines Zustandes erhebliche rechtswidrige Taten begehen werde, deshalb müsse er nach § 63 StGB untergebracht werden.

In bestimmten Fallkonstellationen, bei denen schon aus dem Tatgeschehen auf ein manifestes seelisches Krankheits- oder Störungsbild zu schließen ist, werden sich Unterbringungsanordnungen nicht vermeiden lassen. Dann ist – regelmäßig – Schuldunfähigkeit nach § 20 StGB gegeben, der Angeklagte wird im Prozess freigesprochen und die Unterbringung in einem psychiatrischen Krankenhaus angeordnet. In solchen Fällen ist gem. § 246a StPO obligatorisch, dass ein psychiatrisches Gutachten eingeholt wird.

In den Fällen, in denen zweifelhaft sein kann, ob die übrigen Störungsbilder kausal für die Tathandlung geworden sind, muss die Verteidigung das Risiko abwägen, ob sie sich mit dem erhofften Strafmilderungseffekt zugleich eine Unterbringungsanordnung »einhandelt«. Der verantwortungsvolle Umgang mit diesem Risiko dürfte der sein, ein Sachverständigengutachten im Verfahren zu vermeiden und stattdessen – parallel zum Verfahren – ambulante oder stationäre therapeutische Hilfe zu beanspruchen.

Anders ist dies zu beurteilen, wenn es um das Merkmal der tiefgreifenden Bewusstseinsstörung geht (Beispiel: Affekt). Gelangt der psychiatrische oder psychologische Sachverständige nach Untersuchung zu dem Ergebnis, dass der Täter bei Begehung der Tat im Affekt gehandelt hat, so kann dies sowohl der Annahme von Mordmerkmalen und des Tötungsvorsatzes (kognitives und voluntatives Element) entgegenstehen, als auch ein minder schwerer Fall des Totschlages anzunehmen sein, in Extremfällen kann die Schuld auch ganz entfallen.[11]

---

11 Vgl. BGHSt 53, 31 f.; BGH StV 2012, 88.

Mit der Strafmilderung oder – in seltenen Fällen – einem Freispruch sind für den Angeklagten keine anderweitigen Folgen verbunden. Es zeigt sich, wie bedeutsam dieses Merkmal für die Verteidigung – namentlich bei Tötung als Beziehungstat – sein kann. Die Verteidigung muss sich mit den Voraussetzungen für die Annahme einer tiefgreifenden Bewusstseinsstörung intensiv befassen[12]. Sie muss insbesondere die – klassischen – entgegenstehenden Umstände kennen: Planung der Tat; Fähigkeit, die Tatausführung zurückzustellen; Tatvorbereitung; gedankliche Vorgestaltung; Fehlen eines tatauslösenden Reizes; komplexes Tathandlungsgeschehen; Schutzmaßnahmen vor Entdeckung; umsichtiges Vorgehen nach der Tat[13]. Umgekehrt ist ein zielgerichtetes Handeln während der Tat kein Umstand, der zwingend der Annahme entgegensteht, der Täter habe im Affekt gehandelt.[14]

Die Feststellung einer schuldrelevanten Bewusstseinsstörung bedarf regelmäßig der Einholung eines Sachverständigengutachtens.[15]

Die Aufgabenstellung für den Sachverständigen haben *Winckler/ Foerster*[16] wie folgt beschrieben:

> »Ist der Proband bereit, Angaben zu der ihm vorgeworfenen Straftat zu machen, so ist deren Erörterung der Kernbereich der gutachtlichen Untersuchung. Allerdings ist es nicht Aufgabe des psychiatrischen Sachverständigen, ein unklares Tatgeschehen zu erforschen oder sich als Ermittlungsbeamter zu betätigen. Widersprüche zwischen den Angaben des Probanden und seinen Feststellungen sollte er aber benennen, ohne jedoch hieraus Schlussfolgerungen zu ziehen. Die gutachtliche Untersuchung ist keine Vernehmung, denn die Intentionen des psychiatrischen Sachverständigen sind andere als die der polizeilichen Vernehmungsbeamten: Ihm geht es um die Erfassung der psychischen, ggf. psychopathologischen Symptomatik und der emotionalen Befindlichkeit des Täters. Dabei kann es im günstigen

---

12 Vgl. *Fischer*, StGB, 2014, § 20 Rn. 29 ff.; *Foerster/Venzlaff*, Die »tiefgreifende Bewusstseinsstörung« und andere affektive Ausnahmezustände, in: Venzlaff/ Foerster, Psychiatrische Begutachtung, 2009, S. 281 ff.
13 Vgl. *Fischer* a.a.O. Rn. 32.
14 Situationsgerechtes und zielgerichtetes Verhalten stehen nicht entgegen: BGH StV 1990, 544; BGH StV 2000, 17; BGH StV 2002, 17 LS (...) Daß der Täter überlegt und zielgerichtet gehandelt hat, schließt erheblich verminderte Schuldfähigkeit nicht aus. Auch bei geplantem und geordnetem Vorgehen kann die Fähigkeit erheblich eingeschränkt sein, Anreize zu einem bestimmten Verhalten und Hemmungsvorstellungen gegeneinander abzuwägen und danach den Willensentschluß zu bilden.« BGH NStZ-RR 2003, 8: zielgerichtetes Handeln und Affekt schließen sich nicht aus; vgl. auch BGH NStZ 2007, 696, relativ geordnetes Verhalten eines alkoholgewöhnten Täters.
15 *Fischer*, a.a.O., Rn. 32.
16 *Foerster/Winckler* in: Venzlaff/Foerster, Psychiatrische Begutachtung, 4. Aufl. 2004, S. 81 ff., 84; zum Affekt vgl. auch *Foerster*, StraFo 1977, 165 ff.

Fall im Rahmen eines gemeinsamen Bemühens von Proband und Sachverständigem gelingen, die Tat bzw. die Taten zu verstehen und zu interpretieren, wobei ein solches Verstehen natürlich nicht mit entschuldigen oder verzeihen gleichgesetzt werden darf.«

1. *Zur Auswahl des Sachverständigen*

Es versteht sich von selbst, dass die Auswahl des Sachverständigen entscheidenden Einfluss auf das Ergebnis der Untersuchung nimmt.[17] Zwar darf sich das erkennende Gericht nicht ohne eigene Prüfung den Inhalt und das Ergebnis des Sachverständigengutachtens zu eigen machen, viele Richter neigen aber dazu, die Beantwortung der Beweisfrage an den Sachverständigen zu delegieren und sich dessen überzeugenden Ausführungen anzuschließen. Die höchstrichterliche Rechtsprechung hat versucht, dem einen Riegel vorzuschieben, indem sie aus der Diagnose einer Störung allein nicht schon auf das Vorliegen der Voraussetzungen der §§ 20, 21 StGB geschlossen hat, erforderlich sei vielmehr, dass der Richter die Rechtsfrage wertend entscheide,[18] ob die Beeinträchtigung in ihren konkreten Auswirkungen auf die intellektuellen und emotionalen Anteile der Persönlichkeit des Täters dessen Motivations-, Entscheidungs- und Handlungsmöglichkeiten in solchem Maße eingeengt hat, dass er bei der Begehung der Tat die dem Einzelnen von Rechts wegen abverlangte psychische Kraft zu normgemäßem Verhalten nicht oder nur eingeschränkt aufzubringen vermochte.[19]

Ungeachtet dieser Vorgaben bleibt es aber für die Verteidigung ein zentrales Problem, ob sie Einfluss darauf nehmen kann, welcher Sachverständige mit der Bearbeitung der Beweisfrage betraut wird.

Dass sie – grundsätzlich – nicht bestimmen kann, welcher Sachverständige gewählt wird, entspricht der Lage des Gesetzes und der höchstrichterlichen Rechtsprechung[20], dabei hätte sie durchaus ein Steuerungsmoment in den Händen, indem der Beschuldigte/Angeklagte erklärt, nur mit dem Gutachter ein Explorationsgespräch führen zu wollen, in dessen fachliche

---

17 Zu »Tendenzvorgaben« des Auftraggebers an den Sachverständigen: *Jordan/Gresser*, Deutsches Ärzteblatt, Feb. 2014, A 210; zur Auswahl durch den Richter nach den §§ 73, 78 StPO versus der durch den Staatsanwalt nach § 161a Abs. 1 S. 1 StPO: *Deckers* in: Widmaier [Hrsg.], Münchener Anwaltshandbuch Strafverteidigung, 2006, S. 2574.
18 BGH NStZ 99, 395; StV 2013, 440, (442).
19 Vgl. *Fischer*, a.a.O., Rn. 42 a.
20 Vgl. BGHSt 44, 26.

Qualifikation er auch vertrauen kann. Aber der erste Strafsenat des BGH hat gerade diese Einflussmöglichkeit der Verteidigung negiert und gemahnt, dass der Beschuldigte möglicherweise seinen Anspruch auf Aufklärung dieser Beweisfrage ganz verliert, wenn er es ablehnt, sich von einem Gutachter explorieren zu lassen, der von der Staatsanwaltschaft oder dem Gericht beauftragt worden ist. Die Problematik hat sich verschärft durch die Einfügung des § 161a StPO ins Verfahrensrecht in den 1970er Jahren, seither kann auch die Staatsanwaltschaft im Ermittlungsverfahren einen Auftrag an einen Sachverständigen vergeben. Die Norm gerät in Konflikt zu § 73 StPO, der besagt, dass die Auswahl der hinzuzuziehenden Sachverständigen und die Bestimmung ihrer Anzahl durch den Richter erfolgt. Diese grundsätzliche Auswahlkompetenz des Richters muss – auch im Ermittlungsverfahren – durch die Verteidigung angesprochen werden, wenn es Differenzen im Ermittlungsverfahren mit der Staatsanwaltschaft gibt. Zwar gebietet Nr. 70 RiStBV, dass die Staatsanwaltschaft, will sie einen Sachverständigenauftrag erteilen, der Verteidigung vor Auswahl eines Sachverständigen Gelegenheit zur Stellungnahme geben soll. Dies wird aber häufig nicht beachtet und das Bestimmungsrecht liegt in der Hand der Staatsanwaltschaft, unabhängig vom Inhalt der Stellungnahme der Verteidigung. Die Entscheidung des 1. Strafsenats[21] empfiehlt der Verteidigung, in Streitfällen den Richter (Untersuchungsrichter oder Vors. Richter der zukünftig erkennenden Kammer) anzurufen.[22]

Gelingt es der Verteidigung nicht, auf die Auswahl des Sachverständigen Einfluss zu gewinnen, kann das Schweigerecht wahrgenommen werden.

Kommt der Verteidiger erst spät ins Verfahren, hat sich der Beschuldigte bereits einem Explorationsgespräch gestellt und ist das vorläufige schriftliche Gutachten mängelbehaftet, so sollte der Verteidiger eine methodenkritische Stellungnahme eines anderen – qualifizierten – Psychiaters und/oder Psychologen einholen und diese zur Grundlage eines Antrages machen, den Ursprungsgutachter von der Pflicht zur Gutachtenerstattung zu entbinden (§ 76 Abs. 1 S. 2 StPO), oder ein alternatives Gutachten einzuholen.

Die Parameter, mit denen die Verteidigung, aber auch der Gutachtenkritiker das Ursprungsgutachten überprüft, können den Ergebnissen einer Arbeitsgruppe von Juristen und Psychowissenschaftlern entnommen wer-

---

21 BGHSt 44, 26, (31).
22 Zur Problematik: *Erb*, ZStW 121 (2009), 882, (912).

den, die als Mindeststandards für Schuldfähigkeitsgutachten in der NStZ[23] veröffentlicht worden sind.

Vorrangiges Prüfkriterium ist die notwendige strenge Trennung zwischen Befunderhebung und Befundbewertung.

2. *Im Übrigen gilt*[24]*:*

A. Formelle Mindestanforderungen[25]

1) Nennung von Auftraggeber und Fragestellung
2) Darlegung von Ort, Zeit und Umfang der Untersuchung
3) Dokumentation der Aufklärung
4) Darlegung der Verwendung besonderer Untersuchungs- und Dokumentationsmethoden (z. B. Videoaufzeichnung, Tonband-aufzeichnung, Beobachtung durch anderes Personal, Einschaltung von Dolmetschern)
5) Exakte Angabe und getrennte Wiedergabe der Erkenntnisquellen
   a) Akten
   b) Subjektive Darstellung des Untersuchten
   c) Beobachtungen und Untersuchung
   d) Zusätzlich geführte Untersuchungen (z. B. bildgebende Verfahren, psychologische Zusatzuntersuchungen)
   e) Eindeutige Kenntlichmachung der interpretierenden und kommentierenden Äußerungen und deren Trennung von der Wiedergabe der Informationen und Befunde
   f) Trennung von gesicherten medizinischen (psychiatrischen, psychopathologischen, psychologischen) Wissen und subjektiver Meinung oder Vermutungen des Gutachters
   g) Offenlegung von Unklarheiten und Schwierigkeiten und den daraus abzuleitenden Konsequenzen, ggf. rechtzeitige Mitteilung an den Auftraggeber über weiteren Aufklärungsbedarf
   h) Kenntlichmachung der Aufgaben- und Verantwortungsbereiche der beteiligten Gutachter und Mitarbeiter

---

23 *Boetticher et al.*, NStZ 2005, 57 ff.
24 *Boetticher et al.*, a.a.O.; zur aussagepsychologischen Begutachtung: BGHSt 45, 164.
25 *Boetticher et al.*, a.a.O., S. 59 f.

i) Bei Verwendung von wissenschaftlicher Literatur Beachtung der üblichen Zitierpraxis
j) Klare und übersichtliche Gliederung
k) Hinweis auf die Vorläufigkeit des schriftlichen Gutachtens

B. *Inhaltliche Mindestanforderungen*[26]:

1) Vollständigkeit der Exploration, insbesondere zu den delikt- und diagnosespezifischen Bereichen (z.B. ausführliche Sexualanamnese bei sexueller Devianz, detaillierte Darlegung der Tatbegehung)
2) Benennung der Untersuchungsmethoden. Darstellung der Erkenntnisse, die mit den jeweiligen Methoden gewonnen wurde. Bei nicht allgemein üblichen Methoden oder Instrumenten: Erläuterung der Erkenntnismöglichkeiten und deren Grenzen
3) Diagnosen unter Bezug des zugrunde liegenden Diagnosesystems (i.d.R. ICD-10 oder DSM-V). Bei Abweichung von diesen Diagnosesystemen: Erläuterung, warum welches andere System verwendet wurde.
4) Darlegung der differentialdiagnostischen Überlegungen
5) Darstellung der Funktionsbeeinträchtigungen, die im Allgemeinen durch die diagnostizierte Störung bedingt werden, soweit diese für die Gutachtensfrage relevant werden könnten
6) Überprüfung, ob und in welchem Ausmaß diese Funktionsbeeinträchtigungen bei dem Untersuchten bei Begehung der Tat vorlagen
7) Korrekte Zuordnung der psychiatrischen Diagnose zu den gesetzlichen Eingangsmerkmalen
8) Transparente Darstellung der Schweregradbewertung der Störung
9) Tatrelevante Funktionsbeeinträchtigung unter Differenzierung zwischen Einsichts- und Steuerungsfähigkeit
10) Darstellung von alternativen Beurteilungsmöglichkeiten.

---

26 Entnommen aus *Boetticher et al.*, a.a.O., S. 60.

3. Mindestanforderungen bei der Schuldfähigkeitsbeurteilung von Beschuldigten mit Persönlichkeitsstörungen oder sexueller Devianz

Die hier vorgelegten Anhaltspunkte sind immer dann heranzuziehen, wenn die Untersuchung Hinweise für akzentuierte Persönlichkeitsmerkmale und Auffälligkeiten ergibt, die unter dem Begriff der schweren anderen seelischen Abartigkeit zu fassen sind. Dies betrifft auch Gutachten bei Sexualstraftaten, da Störungen der psychosexuellen Entwicklung in der Mehrzahl der Fälle eng mit Persönlichkeitsauffälligkeiten verschränkt sind.

A. Begutachtung von Persönlichkeitsstörungen[27]

1) Sachgerechte Diagnostik

Die von ICD-10[28] oder DSM-V[29] aufgestellten Kriterien zur Diagnose einer Persönlichkeitsstörung sollten bei der Erstellung des Gutachtens Berücksichtigung finden. »Insbesondere muss auf die allgemeinen definierenden Merkmale von Persönlichkeitsstörungen nach ICD-10 und DSM-V eingegangen werden. Die Mindestanforderungen verlangen, dass »in jedem Fall die Diagnose anhand der diagnostischen Kriterien der einzelnen Persönlichkeitsstörungen zu spezifizieren«[30] ist. Weiter heißt es dort:

»Da zum Konzept der Persönlichkeitsstörungen eine zeitliche Konstanz des Symptomenbildes mit einem überdauernden Muster von Auffälligkeiten in den Bereichen Affektivität, Kognition und zwischenmenschlichen Beziehungen gehört, kann eine zeitlich umschriebene Anpassungsstörung die Diagnose nicht begründen. Um die Konstanz des Symptombildes sachgerecht begründen zu können, darf sich das Gutachten nicht auf die Darstellung von Eckdaten beschränken, sondern muss die individuellen Interaktionsstile, die Reaktionsweisen unter konflikthaften Belastungen sowie Veränderungen in Folge von Reifungs- und Alterungsschritten oder eingeleiteter therapeutischer Maßnahmen darlegen«[31]. Von

---

27 Instruktiv: *Kröber*, Persönlichkeitsstörungen, Theorie und Therapie, 1997, 161.
28 Kriterien der WHO; zum Beweiswert der Klassifikationen: BGH StV 2004, 264; OLG Karlsruhe StV 2004, 477.
29 Kriterien der American Psychatric Association.
30 *Boetticher et al.*, a.a.O., S. 60.
31 *Boetticher et al.*, a.a.O., S. 60.

herausgehobener Bedeutung sind Neigungen zu stereotypen Verhaltensmustern bei Konflikt- und Stresssituationen, sowie biographische Brüche. Im Gutachten sollten Erkenntnisse hierzu besonders betont und herausgestellt werden.

Psychopathologische Merkmale einer Persönlichkeitsstörung müssen streng von den rezidivierenden, sozial devianten Verhaltensweisen unterschieden werden. Die Folgen einer Persönlichkeitsstörung erschöpfen sich nicht in strafrechtlicher Auffälligkeit, diese stellt lediglich einen Teilaspekt dar.

Eine diagnostizierte Persönlichkeitsstörung stellt nicht automatisch eine schwere andere seelische Abartigkeit dar. Der klinische Begriff der Persönlichkeitsstörung und der juristische Begriff der schweren anderen seelischen Abartigkeit stehen zunächst getrennt nebeneinander.

2) *Sachgerechte Beurteilung des Schweregrads*[32]

Aufgrund der abgestuften Betrachtung durch das Gericht sollten Stellungnahmen zum Schweregrad der diagnostizierten Persönlichkeitsstörung nicht mit Abhandlungen zur Einsichts- bzw. Steuerungsfähigkeit vermengt werden. Es ist eine isolierte Darstellung geboten. Der BGH[33] spricht in diesem Kontext von einer Prüfung in einem aus mehreren Schritten bestehenden Verfahren, ohne dass damit zwingende Vorgaben an den Gutachter verknüpft seien. Zunächst sei die Feststellung erforderlich, ob eine psychische Störung vorliegt, die unter die Eingangsmerkmale des § 20 StGB falle. Sodann sei der Ausprägungsgrad der Störung und deren Auswirkungen auf die soziale Anpassungsfähigkeit des Exploranden zu untersuchen, schließlich sei festzustellen, ob, in welcher Weise und in welchem Umfang sie sich auf das Tatverhalten ausgewirkt haben.[34]

---

32 Die Diagnose oder Symptombeschreibung einer Persönlichkeitsstörung besagt allein noch nichts über ihren Schweregrad: *Fischer*, StGB, 2014, § 20 Rn. 42; BGH NStZ 2006, 154.
33 BGH NStZ 2013, 53; BGH 4 StR 308/12 bei *Pfister*, NStZ-RR 2013, 161.
34 *Kröber* in PTT 1997, 161, (162) formuliert: »Falls eine psychiatrische Störung vorliegt (…), ist gutachterlich in einem zweiten Schritt zu prüfen, ob eine relevante Kausalbeziehung zwischen der Störung und der vorgeworfenen Tat besteht (…), ob die Störung zu einer Aufhebung (§ 20) oder zumindest erheblichen Beeinträchtigung (§ 21) der Einsichtsfähigkeit oder der Steuerungsfähigkeit (synonym: des Hemmungsvermögens) geführt hat.«

Aus jedem Gutachten muss hervorgehen, welcher Orientierungsrahmen bei der Beurteilung des Schweregrades der Persönlichkeitsstörung herangezogen worden ist. Eine schwere andere seelische Abartigkeit liegt nur dann vor, wenn die in Folge einer Persönlichkeitsstörung auftretenden psychosozialen Leistungseinbußen mit Defiziten zu vergleichen sind, die regelmäßig bei forensisch relevanten krankhaften Zuständen zu beobachten sind. Für die Einstufung einer Persönlichkeitsstörung als schwere andere seelische Abartigkeit können folgende Erscheinungen sprechen[35]:

- erhebliche Auffälligkeiten der affektiven Ansprechbarkeit bzw. der Affektregulation,
- Einengung der Lebensführung bzw. Stereotypisierung des Verhaltens,
- durchgängige oder wiederholte Beeinträchtigung der Beziehungsgestaltung und psychosozialen Leistungsfähigkeit durch affektive Auffälligkeiten, Verhaltensprobleme sowie unflexible, unangepasste Denkstile,
- durchgehende Störung des Selbstwertgefühls,
- deutliche Schwäche von Abwehr- und Realitätsprüfungsmechanismen

Umgekehrt sprechen folgende Punkte gegen die Einstufung einer Persönlichkeitsstörung als schwere andere seelische Abartigkeit[36]:

- Auffälligkeiten der affektiven Ansprechbarkeit ohne schwerwiegende Beeinträchtigung der Beziehungsgestaltung und psychosozialen Leistungsfähigkeit,
- weitgehend erhaltene Verhaltensspielräume,
- Selbstwertproblematik ohne durchgängige Auswirkungen auf die Beziehungsgestaltung und psychosoziale Leistungsfähigkeit,
- intakte Realitätskontrolle, reife Abwehrmechanismen,
- altersentsprechende biographische Entwicklung

---

35 Entnommen aus *Boetticher et al.*, a.a.O., S. 60.
36 Entnommen aus *Boetticher et al.*, a.a.O., S. 60.

3) Psycho(patho)logisch-Normative Stufe: Einsichts- und Steuerungsfähigkeit:

Es besteht kein Automatismus dahingehend, dass alleine die Symptome einer Persönlichkeitsstörung regelmäßig eine relevante Beeinträchtigung der Einsichtsfähigkeit begründen[37].

Eine verminderte Einsichtsfähigkeit ist strafrechtlich nur dann von Bedeutung, wenn sie dazu führt, dass die Einsicht vollständig fehlt.[38] Ist die Einsicht in das Tatunrecht zwar eingeschränkt, aber im Grunde erhalten und war die Steuerungsfähigkeit nicht erheblich eingeschränkt, ist der Täter als voll schuldfähig anzusehen und darf nicht nach § 63 StGB untergebracht werden.[39]

Wurde eine schwere andere seelische Abartigkeit festgestellt, muss deshalb geprüft werden, ob zwischen Persönlichkeitsstörung und Tat ein Konnex besteht. Ein Konnex besteht dann, wenn die Tat Ausdruck einer schweren anderen seelischen Abartigkeit ist (sog. Symptomcharakter der Tat).

Nur die akribische Analyse der Begleitumstände der Tat erlaubt eine sach- und fachgerechte Beurteilung der Steuerungsfähigkeit.

»Für forensisch relevante Beeinträchtigungen der Steuerungsfähigkeit sprechen über den vorgenannten Aspekt hinausgehend folgende Punkte«[40]:

- Konflikthafte Zuspitzung und emotionale Labilisierung in der Zeit vor dem Delikt,
- abrupter impulshafter Tatablauf,
- relevante konstellative Faktoren (z.B. Alkoholintoxikation),
- enger Zusammenhang zwischen (»komplexhaften«) Persönlichkeits-problemen und Tat.

»Gegen eine erhebliche Beeinträchtigung der Steuerungsfähigkeit bei Persönlichkeitsstörungen, nicht aber notwendigerweise bei anderen Störungen (z.B. beim Wahnsyndrom) sprechen Verhaltensweisen, aus denen sich Rückschlüsse auf die psychischen Funktionen herleiten lassen:«[41]

---

37 S. o. FN. 28.
38 BGH NStZ-RR 2012, 366.
39 BGH NJW 2013, 246.
40 Entnommen aus *Boetticher et al.*, a.a.O., S. 61.
41 Vgl. dazu schon: *Walter Ritter von Bayer*, Neurose, Psychotherapie und Gesetzgebung, 1959 wo das von 1871 bis 1941 geltende Unterscheidungskriterium zwischen Mord und Totschlag der »Vorüberlegung« aufscheint, dazu: *Deckers/Fischer/König/Bernsmann* a.a.O.; Zitat aus *Boetticher et al.*, a.a.O., S. 61.

- Tatvorbereitung,
- Hervorgehen des Deliktes aus dissozialen Verhaltensbereitschaften,
- planmäßiges Vorgehen bei der Tat,
- Fähigkeit, zu warten, lang hingezogenes Tatgeschehen,
- komplexer Handlungsablauf in Etappen,
- Vorsorge gegen Entdeckung,
- Möglichkeit anderen Verhaltens unter vergleichbaren Umständen

Eine schwere andere seelische Abartigkeit hat zumeist lediglich eine erhebliche Verminderung der Steuerungsfähigkeit zur Folge. Mindeststandards sind keine Schemata, die bei der Prüfung »abgehakt« werden[42], ein Gutachten bleibt stets im Gesamtkontext zu sehen. Nicht selten wird hinter den kategorialen Vorgaben von einzelnen Gutachtern konfirmatorisches Hypothesentesten »versteckt«, die Nomenklatur besagt noch nichts über die Qualität des Gutachtens.

Eben aus diesen Gründen liegt die Betonung darauf, dass es sich bei der Beurteilung eingeschränkter oder ausgeschlossener Schuldfähigkeit um eine **richterliche Entscheidung** handelt,[43] bei der empirische (Sachverstand) und normative Gesichtspunkte zusammenfließen.[44] Das Gericht muss auch entscheiden, ob der Täter das Unrecht der Tat eingesehen hat oder einsehen konnte. Die Frage der Steuerungsfähigkeit ist erst dann zu prüfen, wenn die Unrechtseinsicht erhalten geblieben ist.[45]

Der Antrag auf Einholung eines Gutachtens muss frühzeitig, spätestens im Zwischenverfahren gestellt werden. In diesem Verfahrensabschnitt gibt § 83 StPO dem Richter die Möglichkeit, einen neue Begutachtung durch dieselben oder durch andere Sachverständige anzuordnen, wenn er das Gutachten für ungenügend erachtet. Dies gilt vor allem, wenn der Ursprungsgutachter wegen Besorgnis der Befangenheit erfolgreich abgelehnt worden ist, etwa, weil sich im vorläufigen schriftlichen Gutachten Gründe gefunden haben, die eine Voreingenommenheit besorgen lassen.[46]

---

42 Zur Kritik vgl. *Eisenberg*, NStZ 2005, 304.
43 BGH NStZ 2013, 53.
44 Kritisch: *Fischer,* StGB, 2014, § 20 Rn. 43
45 BGH bei *Pfister*, NStZ-RR 2013, 161.
46 Vgl. dazu *Eisenberg,* NStZ 2006, 368 ff.

B. *Beweisantrag in der Hauptverhandlung auf Einholung eines oder eines alternativen Sachverständigengutachtens*

Sollte weder die Staatsanwaltschaft noch das Gericht im Ermittlungs- oder Zwischenverfahren die Notwendigkeit gesehen haben, ein Gutachten zur Schuldfähigkeit einzuholen, bleibt der Verteidigung der Beweisantrag in der Hauptverhandlung, wenn sie ausreichende Anknüpfungstatsachen dafür sieht, dass eine erhebliche seelische Beeinträchtigung des Täters bei der Tatbegehung vorgelegen habe.

Der Beweisantrag fordert – zumal, wenn er substantiiert begründet wird – den formalen Dialog im Streit um den zu findenden Sachverhalt und die Rechtsfolge ein – ganz im Sinne der Formulierung *Max Alsbergs*: »Den hochgemuten, voreiligen Griff nach der Wahrheit hemmen will der Kritizismus des Verteidigers«.[47]

Paradigmatisch ist dies in einer Entscheidung des 1. Strafsenats des BGH[48] ausgedrückt worden:

«Denn es entspricht der Lebenserfahrung, dass eine als gesichert erscheinende Überzeugung durch die Beweisaufnahme wider Erwarten umgestoßen werden kann (LR-Gollwitzer, 25. Aufl., § 244 RN 182)«.

Der Beweisantrag auf Einholung eines Sachverständigengutachtens weist stets auf die Grenzen des richterlichen Wissens, er appelliert also an das Bewusstsein des Entscheidungsträgers über die Grenzen seiner Sachkompetenz.

Über die Integration des Sachverstands in den Strafprozess nimmt zugleich das in der Gesellschaft verankerte Fachwissen – idealiter auf seinem höchsten Stand – Einfluss auf die konkrete Aufklärung.

Die durch das Gesetz dem Richter auferlegte geistige Leistung bei der Erhebung eines Sachverständigengutachtens im Strafprozess besteht darin, dass er das vorgetragene Fachwissen kritisch prüft, kontrolliert und – nur bei Nachvollziehbarkeit – sich zu eigen macht, keinesfalls darf der Richter die Beantwortung der Beweisfrage über den Sachverständigenauftrag an diesen delegieren und das vorgetragene Ergebnis unkritisch übernehmen.

Die Schnittstelle, an der einerseits das Bewusstsein über die Begrenztheit eigenen Wissens, andererseits die notwendige Prüfung und Kontrolle des Sachverständigengutachtens loziert, ist die Behauptung der eigenen Sachkunde (§ 244 Abs. 4 S.1 StPO), mit der sowohl der Beweisantrag auf

---

47 Die Philosophie der Verteidigung, 1930, S. 11.
48 BGH StV 2002, 350, 352.

Einholung eines Gutachtens als auch der auf Einholung eines weiteren Gutachtens abgelehnt werden kann.

Zielt der Beweisantrag darauf ab, ein psychiatrisches Gutachten zur Frage der Schuldfähigkeit einzuholen, und sind nachvollziehbare Anknüpfungstatsachen benannt, wird der Richter regelmäßig nicht eigene Sachkunde annehmen können. Anders ist dies schon, wenn die Verteidigung beispielsweise ein psychologisches Zusatzgutachten oder ein Gutachten aus dem Bereich der Sexualwissenschaften begehrt, häufig lehnen dies Gerichte mit der Argumentation ab, durch den angehörten psychiatrischen Sachverständigen ausreichende eigene Sachkunde vermittelt bekommen zu haben.

Solche Ablehnungen sind nicht selten problematisch.

Der 2. Strafsenat des BGH hat in verschiedenen grundlegenden Entscheidungen zu diesem Kontext Stellung bezogen:

2 StR 367/04[49]:

»Zu den Anforderungen an ein psychiatrisches Sachverständigengutachten über die Schuldfähigkeit des Angeklagten und die Voraussetzungen seiner Unterbringung in einem psychiatrischen Krankenhaus sowie zu den Prüfungsanforderungen an das Gericht bei Vorliegen eines methodenkritischen Gegengutachtens«

2 StR 535/09[50]:

»Wenn der Tatrichter einen Beweisantrag auf Einholung eines weiteren Sachverständigengutachtens, der auf substantiiert dargelegte Mängel des (vorbereitenden) Erstgutachtens gestützt ist, allein mit der Begründung zurückweist, er verfüge selbst über die erforderliche Sachkunde, darf er sich in den Urteilsgründen hierzu nicht dadurch in Widerspruch setzen, dass er seiner Entscheidung das Erstgutachten ohne Erörterung der geltend gemachten Mängel zugrundelegt« (sog. Inkongruenzverbot).

C. Im Einzelnen: Wie begründet die Verteidigung ihren Antrag?

1) Antrag auf Einholung eines Sachverständigengutachtens

- Zunächst ist die Beweisfrage zu bestimmen.
- Sodann sind die Anknüpfungstatsachen zu benennen, die es erforderlich machen, das besondere Fachwissen eines Sachverständigen hinzuzuziehen. Mit der Genauigkeit und Sorgfalt dieses Vortrags – orien-

---

49 StV 2005, 124 ff.
50 BGHSt 55, 5 m. Anm. *Eisenberg*, JZ 2010, 471 ff; *Deckers* in: FS Rissing van Saan, 2011, S. 87 ff.

tiert an den wissenschaftlichen Kategorien der Erkenntnisse des in Anspruch zu nehmenden Fachgebiets – wächst die Durchschlagskraft des Antrags. Zugleich wird begründet, aus welchen Gründen die eigene richterliche Sachkunde zur sachgerechten Behandlung der Beweisfrage – regelmäßig – nicht ausreicht.
- Es ist das vom Antragsteller erwartete Ergebnis der Begutachtung in der Beweisbehauptung bestimmt zu bezeichnen.
- Es wird eine Auswahl bestimmter Sachverständiger angeboten und ihre besondere Qualifikation zur Bearbeitung der Beweisfrage vorgetragen.[51]

2)   Antrag auf Einholung eines weiteren Sachverständigengutachtens: § 244 Abs. 4 S. 2 StPO

- Es ist in allen Einzelheiten zu begründen, weshalb die Sachkunde des früheren Gutachters zweifelhaft ist – mit der Begründungstiefe wächst die Durchschlagskraft des Antrags. Diese Begründung hat sich – regelmäßig – mit dem vorläufigen schriftlichen wie auch dem mündlich erstatteten Gutachten auseinanderzusetzen.
- Geht das frühere Gutachten von unzutreffenden Tatsachen aus?
- Enthält das frühere Gutachten Widersprüche?
- Verfügt der neue Sachverständige über überlegene Forschungsmittel?

3)   Ultima ratio: Präsentation des Sachverständigen durch die Verteidigung nach §§ 245 Abs. 2 , 38 StPO

In Fragen der Glaubhaftigkeitsbeurteilung einer (Zeugen-)Aussage hat sich die Präsentation eines Sachverständigen durch die Verteidigung »eingebürgert« und bewährt. Da Gerichte einem Beweisantrag der Verteidigung den Ausnahmecharakter einer Glaubhaftigkeitsbegutachtung durch einen psychologischen Sachverständigen entgegenhalten,[52] sieht sich die Verteidigung häufiger in der Situation, mit einem »Privatgutachter« Zweifel an der Glaubhaftigkeit der Aussage zu wecken und aufzuzeigen.

---

51   Zum Ganzen: *Deckers*, Der strafprozessuale Beweisantrag, 2013, S. 73 ff.
52   Vgl. *Fischer*, Aussagewahrheit und Glaubhaftigkeitsbegutachtung, in: FS Widmaier, 2008, S. 191 ff.

Aussagepsychologen nehmen solche Aufträge der Verteidigung regelmäßig an, sie sind auch dann zur Unparteilichkeit verpflichtet und ihrem Wissen und Gewissen verantwortlich (§ 79 Abs. 2 StPO).

Bei Schuldfähigkeitsbegutachtungen stößt die Verteidigung nicht selten auf Ablehnung, wenn sie einen Auftrag erteilen möchte. Einige Psychiater berichten von erheblichen Schwierigkeiten, die ihnen bei Gericht als »Gutachter der Verteidigung« widerfahren.[53]

Die Verteidigung sollte durch aktive Intervention auch in diesem »Beweisfeld« mit der Überzeugungskraft sachlicher und fachlicher Qualifikation des methodisch und inhaltlich überlegenen Sachverstands im Strafprozess eine Bresche für den Experten und/oder die »second opinion« schlagen.

Der Sachverständige, der sich für jede Seite offenhält, wird sich einseitigen Einflussnahmen eher verweigern. Das Gericht, das die Alternativ- oder Gegenhypothese akzeptiert, die durch die Verteidigung mit einem von ihr präsentierten Sachverständigen vertreten wird, entgeht am ehesten den Gefahren der Selbstrechtfertigung i.S. des »confirmation bias«.[54]

---

53 Vgl. dazu *Rasch/Jungfer*, Die Ladung des psychiatrisch-psychologischen Sachverständigen nach § 220 StPO – ein Disput -, StV 1999, 513.
54 *Tavris/Aronson*, a.a.O., S. 25 ff.; *Schünemann*, StV 1998, 391.

Verzeichnis der Autorinnen und Autoren

Dr. h.c. Rüdiger Deckers, Düsseldorf
Fachanwalt für Strafrecht, Seniorpartner der Sozietät tdwe
Lehrbeauftragter an der Fernuniversität Hagen

Prof. Dr. Manuela Dudeck, Günzburg/Ulm
Professur für Forensische Psychiatrie und Psychotherapie, Universität Ulm
Ärztliche Direktorin der Klinik für Forensische Psychiatrie und Psychotherapie am Bezirkskrankenhaus Günzburg

Prof. Dr. Heiner Fangerau, Ulm
Inhaber des Lehrstuhls für Geschichte, Theorie und Ethik der Medizin, Universität Ulm

Prof. Dr. Katrin Höffler, Göttingen
Inhaberin des Lehrstuhls für Strafrecht und Kriminologie, Georg-August-Universität Göttingen

Prof. Dr. Johannes Kaspar, Augsburg
Inhaber des Lehrstuhls für Strafrecht, Strafprozessrecht, Kriminologie und Sanktionenrecht, Universität Augsburg

Prof. Dr. Michael Lindemann, Bielefeld
Inhaber des Lehrstuhls für Strafrecht, Strafprozessrecht und Kriminologie, Universität Bielefeld

Dr. med. Stefan Orlob
Chefarzt der Klinik für Forensische Psychiatrie am HELIOS Hanseklinikum Stralsund
Lehrbeauftragter an der Ernst-Moritz-Arndt Universität Greifswald – Studiengang Kriminologie an der Rechts- und Staatswissenschaftlichen Fakultät

Verzeichnis der Autorinnen und Autoren

Prof. em. Dr. Heinz Schöch, München
Ehem. Inhaber des Lehrstuhls für Strafrecht, Kriminologie, Jugendrecht und Strafvollzug, Ludwig-Maximilians-Universität München

Prof. Dr. Tilman Steinert, Weissenau
Ärztlicher Direktor, Klinik für Psychiatrie und Psychotherapie Weissenau, Klinik für Psychiatrie und Psychotherapie I der Universität Ulm

Stichwortverzeichnis

A

Actio libera in causa 25

Aktuarische Prognoseinstrumente 64

Alkoholabhängigkeit 19

Alkoholintoxikation 218

Alkoholrausch 17, 25

Allgemeines Persönlichkeitsrecht 112

Altersdelinquenz 62

Alzheimer-Krankheit 17

Antidepressiva 96

Antisoziale Persönlichkeitsstörung 87, 90

— Diagnostische Kriterien 90

Antisozialität 87, 91

— Ätiologische Konzepte 91

Arzt-Patienten-Beziehung 79

Autonomiekonzept 83

B

Basisratenproblem 50

Behandlungsverweigerung 197

Belastungsreaktion 19

Bestimmtheitsgrundsatz 146

Betreuungsrecht 171 f.

Beweisantrag 220

Bohlmann, Hans-Jürgen 109

Borderline-Persönlichkeitsstörung 95

Brandstiftungsdelikte 27

C

Cycle of Violence 92

D

Delinquenzanamnese 57

Depression 96

Determinismus 13

Dialektisch-Behaviorale Therapie 95

Dissoziale Persönlichkeitsstörung 60, 91

— Diagnostische Kriterien 91

Dissozialität 59

Dittmann-Liste 64

Drogenabhängigkeit 17, 19

Drogenrausch 25

DSM-IV 15, 19, 26, 60

DSM-V 88, 90, 214 f.

Dürer-Attentäter 109, 122

E

Eingangsprognose 62

Einsichtsfähigkeit 14, 20 f., 23 ff., 153, 218

Einwilligungsfähigkeit 179, 193

Empathie 93

Ermittlungsverfahren 212

F

False negatives 49

False positives 50, 109, 115

Folter 173

Forensische Psychiatrie 40, 44, 75

Führungsaufsicht 119

G

Gebot bestmöglicher Sachaufklärung 108

Gefährlichkeitsprognose 24, 28 f., 48 f., 57, 64, 113

Gewaltdelinquenz 87

Gewaltstraftäter 94

Gewohnheitsverbrechergesetz 77

H

Hang 44, 128

Hangtäter 44

Heidelberger Delinquenzprojekt 59

Hegel, Georg Wilhelm Friedrich 112

Hirnforschung 13, 111

Hirnverletzung 16

I

ICD-10 15 f., 19, 26, 60, 88, 90, 214 f.

Impulskontrolle 96

In dubio pro reo 23, 25, 123

Informed Consent 83

Integrierte Liste der Risikovariablen 64

Interventionsprognose 63

J

Jugendkriminalität 90

Jugendliche 1

Jung, Carl Gustav 205

K

Kinder 11

Kleptomanie 20

Körperverletzungsdelikte 27, 107

Kohlhaas, Michael 136

Kraepelin, Emil 87, 139

Krankhafte seelische Störung 16, 209

Krankheitsbegriff 14 f., 73

Kriminalitätsfurcht 41

Kriminalprognose 29, 44, 49 f., 53

— Basisrate 53

— Relevanz 53

— Segreganz 53

— Sensitivität 53

— Spezifität 53

L

Lebenslange Freiheitsstrafe 206

Libet, Benjamin 13

Lockerung 40

Luhmann, Niklas 133, 144

M

Magersucht 175

Maßregelvollzug 39, 42 f., 75, 77, 103, 167, 198

— Entwicklung der Unterbringungen 42
— Patientenpopulation 198

Maßregelvollzugsgesetz 168 f.

Medikamentenabhängigkeit 19

Medizinethik 178

Menschenwürde 11, 183

Mindestanforderungen für Prognosegutachten 30, 40, 55

Mindestanforderungen für Schuldfähigkeitsgutachten 27

Mollath, Gustl 23, 42, 103, 116

Moralentwicklung 96

Mord 06

Motivierende Gesprächsführung 95

N

Nachträgliche Sicherungsverwahrung 29

Negation der Negation 113

Neuroleptika 96

Neurosen 14, 18 f.

Normative Ansprechbarkeit 12 f.

Notfallbehandlung 182

O

Offenbarungspflichten 80

Ordnungswidrigkeit 110

P

Paranoide Persönlichkeitsstörung 109

Paraphilien 26

Patientenautonomie 81, 83, 178

Persönlichkeitsstörung 15 f., 18 f., 26, 34, 77, 88, 92, 154, 215

Pharmakotherapie 96, 197

Posttraumatische Belastungsstörung 95

Prefiling order 151

Prinzipien-basierte Ethik 178

Prognoseinstrumente 50

Prognosemethoden 51
— Intuitive Methode 51
— Klinisch-idiographische Prognose 52
— Klinische Methode 51
— Nomothetische Prognose 52
— Statistische Methode 51

Prognosetafel 51
Prognosetatsachen 47
Psychische Störung 33 ff.
Psychopathy 59, 64, 77, 88, 91, 93
Psychopathy-Checkliste (PCL-R) 88
Psychosen 17
Psychotherapie 94, 96
Pyromanie 20

Q

Querulantenparagraph 145
Querulantenwahn 137, 139, 143, 153
Querulanz 135 ff.
— Begriffsbestimmung 138
— Einsichts- oder Steuerungsfähigkeit 153
— Psychiatrische und psychologische Erklärungsansätze 141
— Rechtsschutzbedürfnis 149
— Soziologische Erklärungsansätze 144

R

Rechtskraft 123
Rechtsmissbrauch 135
Rechtspsychologie 44
Rechtsschutzgarantie 146
Rechtsstaatsprinzip 12, 108
Rechtssystem 147

Resilienz 61
Risikofaktoren 59, 61, 92
— Dynamische Risikofaktoren 60
— Statische Risikofaktoren 59
Risikomanagement 63

S

Sachverständige 27, 47 f.
— Haftung 47
Sachverständigengutachten 23, 130, 206, 209
Schutzfaktoren 61
Self-fulfilling prophecy 50
Schizophrenie 17
Schneider, Kurt 12, 15, 88
Schuld 12
Schuldausgleich 112
Schuldbegriff 13
Schuldfähigkeit 11, 14, 36, 205
— Bestimmung 14
— Eingangsmerkmale 14
— In dubio pro reo 23, 25, 36
— Psychisch-normative Methode 14
Schuldinterlokut 208
Schuldprinzip 25
Schuldunfähigkeit 23, 111 f., 209
Schneider, Kurt 12, 15
Schwachsinn 18, 209
Schweigepflichten 79

Schwere andere seelische Abartigkeit 14, 16, 18, 154, 209, 217 f.

Sexualdelikte 27, 215

Sexuelle Verhaltensabweichung 19

Sicherungsstrafe 77

Sicherungsverwahrung 28, 33 f., 44, 109, 114, 118

Sonderopfer 114 f.

Sozialtherapeutische Anstalt 162

Spielsucht 20

Steuerungsfähigkeit 14, 20 ff., 153, 218

Strafrahmenmilderung 25

Strafzumessung 24

Subsidiarität 31

Suizid 198

T

Theory of Mind 93

Therapieunterbringungsgesetz 33 f.

Therapieversuch 170

Tötungsdelikte 20, 22, 27, 41, 205

Tiefgreifende Bewusstseinsstörung 17 f., 209

Totale Institutionen 165

Traumatisierung 92

U

UN-Konvention über die Rechte von Menschen mit Behinderungen 172

Unrechtseinsicht 25

Unsound mind 34 f.

Unterbringung im psychiatrischen Krankenhaus 24 f., 28 f., 30, 44, 103, 108, 154 f., 175, 209

— Anhörung 132
— Anlasstat 26
— Anwendungspraxis 32, 103
— Bagatelltaten 126
— Beendigungsmöglichkeiten 119
— Empirische Erkenntnisse 123
— Erledigung 121
— Gefährlichkeitsprognose 113, 126
— Reformvorschläge 103, 124
— Sicherungszweck 109
— Sonderopfer 114 f.
— Stellung externer Gutachter 131
— Symptomatischer Zusammenhang 115
— Verhältnismäßigkeit 30
— Voraussetzungen 110 ff.
— Zeitliche Begrenzung 129
— Zweck 103, 108

Unterbringung in einer Entziehungsanstalt 25, 28 f., 31, 44

— Anwendungshäufigkeit 32
— Behandlungsdauer 31

Unterbringungsgesetz 167, 169

Unterbringungsrecht 176
Untherapierbarkeit 109

V
Verfassungsbeschwerde 107
Verhältnismäßigkeitsgrundsatz 12, 24 f., 29 f., 108, 114, 120, 156 f., 168, 194, 204
Verminderte Schuldfähigkeit 16, 24, 26, 28, 32, 111, 117, 153
— Anwendungshäufigkeit 26
Vernehmungsprotokoll 208
Vikariierungsprinzip 28, 118
Vollzugslockerung 45
Vorläufige Unterbringung 156

W
Wahnhafte Störung 20, 107
Wahnvorstellung 23
Weltgesundheitsorganisation 15
Wiederaufnahme des Verfahrens 106
Willensfreiheit 12
World Psychiatric Association 84

Z
Zwangsbehandlung 74, 167 ff., 182, 193
— Praktische Probleme 182
Zwangsernährung 175
Zwangsmaßnahmen 74, 83